精品化教材
High Quality Textbooks

普通高等教育“十一五”国家级规划教材
二十一世纪“双一流”建设系列精品教材

统计学

（第六版）

TONGJIXUE

主　编　庞皓
副主编　马丹　黎春

西南财经大学出版社
中国·成都

图书在版编目(CIP)数据

统计学/庞皓主编．—6版．—成都：西南财经大学出版社，2020.1
ISBN 978-7-5504-4254-2

Ⅰ.①统… Ⅱ.①庞… Ⅲ.①统计学—高等学校—教材 Ⅳ.①C8

中国版本图书馆CIP数据核字(2019)第275462号

统计学(第六版)

主　编　庞皓

副主编　马丹　黎春

责任编辑：杨婧颖

封面设计：墨创文化　张姗姗

责任印制：朱曼丽

出版发行	西南财经大学出版社(四川省成都市光华村街55号)
网　　址	http://www.bookcj.com
电子邮件	bookcj@foxmail.com
邮政编码	610074
电　　话	028-87353785
照　　排	四川胜翔数码印务设计有限公司
印　　刷	郫县犀浦印刷厂
成品尺寸	185mm×260mm
印　　张	14.75
字　　数	335千字
版　　次	2020年1月第6版
印　　次	2020年1月第1次印刷
印　　数	1—2000册
书　　号	ISBN 978-7-5504-4254-2
定　　价	39.80元

第六版前言

作为教育部"十一五"国家级规划教材，本书第一版自1998年出版以来，做过五次修订，并被多家高等院校选作教材。从2009年第五版出版至今，已经10年时间，经听取校内外教师的建议，第六版在第五版的基础上又做了适当修改。

本版修订内容

第六版的修订主要遵循以下原则：

（1）作为经济学和管理学专业核心课程教材，经过20年的教学实践，本书第五版的内容体系基本上符合中国经济学和管理学各专业教学的实际。所以，本书的第六版继续保持第五版修订后的内容体系，对教材的基本内容没有做大的调整。

（2）对第五版教材中某些不清晰或不准确之处，做了适当的修改和补充。

（3）对各章的案例、思考题和练习题进行了全面更新和调整。

本版修订人员

本书第六版的修订工作，主要由西南财经大学统计学院的马丹教授和黎春副教授承担，由庞皓教授修改定稿。

由于编者能力所限，本书仍有不少疏漏和错误之处，恳请读者提出宝贵的意见和建议，以便进一步修改。

编者

2019年6月

第五版前言

本书是为经济学和管理学等专业核心课程“统计学”编写的教材。本书第一版由庞皓、杨作廪主编，是作为西南财经大学“211 工程”规划教材于1998年6月出版的，历经十年，其间曾作过四次修改，被众多院校选作教材使用，并受到读者广泛的欢迎。2000年本书被教育部高教司列为全国推荐教材，2002年被国家统计局全国统计教材编审委员会评为“全国优秀统计教材”，2006年本书又被教育部评定为“普通高等教育‘十一五’国家级规划教材”。经过多年的建设，2007年西南财经大学的统计学学科被评为了国家级重点学科，西南财经大学的“统计学”课程被评为国家级精品课程，2008年西南财经大学的统计专业被评为国家级特色专业。为了进一步提高国家级精品课程主干教材《统计学》的质量，在总结长期教学经验和体会的基础上，我们听取了校内外教师的建议，对教材的内容又作了全面的调整和修改。

这一次修订的教材主要有以下特点：

（1）本书系统介绍了统计学的基本思想、基本理论、基本方法，突出了统计学在社会经济中的实际应用。编写过程中尽可能做到概念明确、层次分明、条理清晰、深入浅出。

（2）本书是在大学本科时已经学习过《概率论》的基础上所开设的统计学课程教材，既包括了描述统计的基本内容，又包括了经济管理类各专业原来《概率论与数理统计》中所要求的数理统计的内容。十多年来我们坚持经济管理类各专业的数学课程只讲授概率论部分，数理统计部分则全部在统计学课程中讲授。这样既增加了概率论的学时，加强了对学生概率论基础的培养，又避免了课程间教学内容的重复。事实证明这是统计学教学上成功的改革。为更清晰地体现这一改革的要求，在这一次修订中我们删去了“概率与概率分布”一章，进一步加强了数理统计的理论和方法，对描述统计中某些内容再次作了精简，删去了“国内生产总值统计”一章，还特别注意了描述统计与数理统计某些概念的统一。

(3) 由于各类院校各个专业的教学要求及学时有差异，为适应各种不同的要求，第五版在适当拓展教学内容，加强数理统计的理论和方法的基础上，部分章节（以 * 号表示）是供教学中选择使用的内容。

(4) 继续坚持统计学方法的应用与计算机软件的有机结合，对每一章讲的统计分析方法，都结合案例介绍如何用 Excel 软件去具体实现，而且所有的练习题都要求学生通过 Excel 软件完成，这有利于对学生实证分析能力和软件使用能力的培养。

(5) 进一步充实了每一章末的“本章小结”，对每一章的案例、思考题和练习题作了更新，使之更加具有启发性，并尽可能使用最新的实际数据，目的是使其在教学中更好使用。

承担本书修订任务的是：庞皓教授（第一章、第七章）；苏远琳副教授（第二章）；向蓉美教授（第三章）；谢小燕教授、夏一凡博士（第四章）；周惠彬教授、马丹博士（第五章）；王青华副教授（第六章）；徐浪教授（第八章）；雷敏副教授（第九章）。主编庞皓教授负责全书的总纂和定稿。

由于水平所限，书中还难免有疏漏和错误，恳请各位同行和广大读者批评指正。

编者

2009 年 3 月

教学指南

一、课程教学目标

1. 掌握定量分析的基本原理、基本方法和基本技能。

2. 能正确解读和利用有关经济及统计年鉴中的统计数据。

3. 能够从事数据的实际调查、整理和分析工作。

4. 能够正确绘制统计图表，撰写分析报告。

4. 能够清晰地理解和评价他人运用统计理论和方法得出的结论。

5. 熟练应用 Excel 或其他软件进行统计计算和分析。

6. 具备文献搜索的能力、数据收集和汇总整理能力、分析综合和提炼能力、撰写调查分析报告的能力、统计软件运用能力。

二、课时与教学建议

第 1 章　总论　3 学时

学习目的和要求：

1. 理解统计的含义，理解统计资料、统计工作、统计学三者的关系。

2. 理解统计研究对象的特点、统计学的研究方法。

3. 了解统计的产生和发展、统计学的类型。

4. 了解总体、总体单位、样本的概念，理解总体的特点、总体和样本的关系。

5. 理解统计数据的计量尺度、统计数据的种类。

第 2 章　统计数据的收集与整理　3 学时

学习目的与要求：

1. 了解统计数据收集的意义，掌握统计调查的方式。

2. 理解统计分组的概念、意义和作用，理解分布数列的概念，掌握变量数量的编制。

3. 了解统计表的构成和编制、次数分布图。

第 3 章　统计数据的描述　7 学时

学习目的和要求：

1. 理解总量指标的概念和种类。

2. 掌握相对指标的概念、经济意义及计算方法。

3. 理解平均指标的概念，掌握平均指标的计算方法，能够正确运用平均指标来分析问题。

4. 掌握平均发展速度的计算和应用。

5. 理解变异指标的概念和作用，掌握变异指标的计算方法及其应用。

6. 能够在计算机上利用 Excel 对原始数据进行分组，掌握频数、频率及累计频数、平均数以及标准差的计算。

第 4 章　统计量与抽样分布　6 学时

学习目的和要求：

1. 了解总体和样本的概念及其联系，理解由实物总体到总体分布的抽象过程，了解样本和总体的关系。

2. 理解样本的性质，掌握样本的联合分布的求解方法和性质。

3. 理解样本统计量的概念，熟练掌握判断统计量的标准，能鉴别和构造样本统计量。

4. 掌握常用的统计量类型，掌握一些简单的统计量，如样本均值的分布。

5. 理解抽样分布的定义，熟练掌握几种常用的抽样分布（正态分布、χ^2 分布、t 分布和 F 分布）的样本条件、分布的性质、构造公式及适用的统计量，熟练掌握每种分布的分位数求解方法和 Excel 操作。

第 5 章　参数估计　6 学时

学习目的和要求：

1. 理解抽样估计中的基本概念，理解随机抽样的方式的主要特点及其应用，了解抽样调查的意义和抽样估计的一般程序。

2. 掌握抽样平均误差和抽样极限误差的计算原理和计算方法。

3. 理解估计量与估计值的概念，了解衡量估计量好坏的标准，理解点估计的优缺点，熟练运用总体均值、比例、标准差等参数常用的估计量。

4. 理解置信区间和置信度的概念，掌握单个正态总体均值、方差及总体比例的区间估计方法及其应用。

5. 理解样本量与抽样误差及置信区间的关系，能够根据估计误差和置信度的要求计算所需样本量。

6. 能够在计算机上利用 Excel 实现以上置信区间的计算，解释计算结果的实际意义。

第6章　假设检验与方差分析　6学时

学习目的和要求：

1. 理解假设检验的基本思想，理解假设检验中的基本概念，掌握假设检验的一般步骤，了解建立原假设的原则。

2. 理解假设检验中两类错误的含义及可能犯两类错误的概率之间的关系。

3. 掌握单个正态总体均值和方差的假设检验方法及其应用。

4. 掌握单个总体比例的 Z 检验法及其应用。

5. 能够在计算机上运用 Excel 软件实现以上假设检验。

6. 理解检验结论的含义，解释和分析计算结果的实际意义。

第7章　相关分析与回归分析　6学时

学习目的和要求：

1. 理解相关分析中的基本概念，理解相关关系、函数关系、因果关系的概念及区别和联系，了解相关关系的种类。

2. 理解相关系数和判定系数的概念，掌握相关系数的计算原理和计算方法。

3. 理解回归分析的概念和意义，理解回归分析与相关分析的关系，了解回归分析的种类。

4. 掌握线性回归的确定，能够利用最小平方法估计线性回归模型。

5. 理解回归估计标准差的概念、回归估计标准差和相关系数的关系。

6. 了解线性相关的显著性检验，包括相关系数、回归系数的 t 检验和回归方程的显著性检验(F 检验)；了解回归预测方法。

7. 能够在计算机上利用 Excel 实现相关系数的计算、回归方程的建立和回归系数、回归方程的显著性检验，解释输出结果的实际意义。

第8章　时间序列分析与预测　5学时

学习目的和要求：

1. 了解时间序列的概念和要素，能够准确判别时间序列的种类，深刻理解时间序列的编制原则。

2. 掌握时间序列的不同组合成分、长期趋势的分析方法，熟知移动平均法的特点，能够用最小平方法对趋势方程的参数进行估计；能够正确解释方程中参数的经济意义。

3. 理解季节变动的含义，掌握原资料平均法和趋势剔除法的原理、步骤和应用条件，能够正确解释季节比率并理解季节比率的应用。

4. 了解回归预测模型，并能结合季节调整方法进行实际应用。

第 9 章　统计指数与综合评价　6 学时

学习目的和要求：

1. 理解统计指数的概念和作用，了解指数的各种分类，准确把握各种指数的含义并能准确加以区分。

2. 深刻理解综合法指数的基本原理，理解同度量因素的概念、作用；理解拉氏指数与派氏指数的意义，明确我国实际编制综合法指数及应用指数体系进行因素分析时同度量因素的固定方法；熟练掌握综合法指数的计算和利用指数体系进行因素分析的方法。

3. 深刻理解平均法指数的含义，明确什么条件下平均法指数是综合法指数的变形；熟练掌握作为综合法指数变形的平均法指数的计算和利用指数体系进行因素分析的方法；了解具有独立形式（不是综合法指数变形）的平均法指数，了解实际经济的几种重要指数，如居民消费价格指数、工业生产指数、工业品出厂价格指数等。

4. 熟练掌握总平均数对比分析中利用指数体系进行因素分析的原理，理解总平均数和平均法指数的不同。

5. 了解综合评价的意义，了解各种评价方法的特点、公式的含义及应用中应注意的问题；掌握不同指标同度量化和同向化的方法；掌握并能应用综合评价的常用方法。

目 录

第 1 章
总论

在日常工作和生活中,我们经常会接触到“统计”和“统计数据”。例如,在每年公布的《政府工作报告》中,总是要列举大量的有关国内生产总值增长率、居民消费、物价指数等数据,用以说明国民经济的发展状况。为了掌握全国的人口数量和结构,要定期举行全国的人口普查,并公布人口的平均年龄和各年龄段男女人口的数量,等等。什么是统计? 什么是统计数据? 怎样获取和分析统计数据,从而探求事物的规律性? 这是统计学要研究的基本问题。

§1.1　什么是统计学

§1.1.1　“统计”的含义

在日常工作与生活中我们接触的数据很多,例如为了监督商品的质量,质量监督部门经常从市场上抽取部分商品加以检验,并在媒体上公布某类商品的合格率;足球比赛时,解说员经常会引用竞赛双方比赛中攻门的次数和成功率,以说明球队的实力和所发挥的水平;汽车生产企业的管理人员为了经营决策,要随时关注自己产品的生产数量和市场占有率的变化;每年高考后,学校和学生都非常关心考试的成绩、升学率和各高校的平均录取分数;各类药品的说明书中,都注明了该药品对某些疾病的有效性和产生副作用的可能性;等等。这些数据都是通过统计而获得的,常被称为统计数据。事实上,可以运用统计数据从数量上去说明和分析研究的问题十分广泛,所研究的事物可以是某种社会经济现象,例如全国各民族人口的分布状况、各地区居民收入的差距等;也可以是某种自然现象,例如一个地区地震或灾害性气候发生的频率和强度等。

“统计”作为在日常生活中经常使用的名词具有多重含义,一般泛指统计实践活动和统计学,有时也指统计数据或统计资料。统计活动是人们为了认识客观事物,对所研究事物加以观测、分析,以获取数据信息的实践活动。统计资料包括统计数据和依据统计数据所做的分析报告,统计资料是统计活动的成果,它可以为人们制定决策提供依据。人类的统计活动历史久远,可以说自从有了国家便开始了统计实践。据史料记载,中国夏禹时代(公元前两千多年)就有人口的记载,为了赋税、徭役和兵役的需要,历代都有田亩和户口的记录。在古代巴比伦、埃及和罗马帝国都有对人口和资源数量的详细记录。到中世纪,西欧各国都有了人口、军队、领地、职业、财产等数量的记录。

统计学是对统计实践活动规律性的科学总结,是通过研究如何合理测定、收集、整理、显示和分析反映客观现象的数据,以探索事物数量规律性的方法论学科。统计学研究的是怎样用数据去表现事物内在数量规律性的方法,数据是统计学科最基础的核心,因而统计学也可称为是“数据的科学”。世间万事万物依据特定的性质予以归类,可形成作为研究对象的各种群体——现象的总体。无论是属于自然的,还是社会经济的,凡是可以用数据表现的总体,都可以作为统计的研究对象。现在,统计思想和统计方法已经渗透到经济、管理、自然环境、科学实验、工程技术、气象、地震、医药卫生等几乎社会的每一个角落,统计学不仅在以上这些领域得到了发展,即使是在一些过去与数量无多少联系的学科,如政治学、法学、历史学、艺术学、考古学等领域,也都对统计方法技术的应用加以研究和实践。我们已进入信息时代,信息的主体是数据,而凡是有数据的地方就离不开统计学。

§1.1.2　统计学的产生与发展

与人们的统计实践活动相比,统计学产生的历史并不算长,至今只有三百多年。统计学(Statistics)这一名词最早来自欧洲。17 世纪中叶德国的海尔门·康令创立了“国势学”,用文字记述国家的地理、历史、政治组织、社会制度、商业和军事力量。1749 年,国势学派的主要代表阿亨瓦尔在《近代欧洲各国国势学论》一书中,首次提出了“统计学”这个名词。统计学的另一个来源是英国的政治算术学派,英国人威廉·配第(William Patty)在所著的《政治算术》一书中用大量的数字、重量、尺度等定量的方法,对英国、法国、荷兰三国的经济实力进行了分析和比较。马克思在《资本论》中曾给予威廉·配第很高的评价,认为他“是政治经济学之父,在某种程度上也可以说是统计学的创始人”。此外,英国人约翰·格朗特(John Graunt) 在 1662 年出版了《关于死亡表的自然观察与政治观察》一书,他通过大量观察的方法,研究并发现了人口与社会现象中重要的数量规律性。在研究中,格朗特不但探索了人口变化和发展的一些数量规律,而且还对伦敦市总人口数量做出了较为科学的估计。如果说威廉·配第是政府统计的创始人,那么约翰·格朗特可被认为是人口统计的创始人。可以看出,统计学最早是由于国家和社会管理的需要对社会经济状况的数量描述而产生的。

现代统计学的进一步发展与数学的分支——概率论是分不开的。由于航海、保险、赌博等的兴起,在对具有偶然性现象的研究中,发现某些偶然现象从个别事件看似乎没有什么规律,但通过大量观察又可以发现其中具有一定的规律性。数学家们在研究赌博中的数量规律时,从大量偶然现象中寻找其规律性,于是逐步形成了概率论。在对机会游戏研究的基础上,数学家帕斯卡尔(B. Pascal)和费马特(Pierre de Fermat)将赌博中出现的各种具体问题,归纳为一般的概率原理,为后来概率论和统计学的发展奠定了重要的基础。比利时统计学家凯特勒(Adolphe Quetelet)把概率论的原理引进了统计学,运用大数定律证明社会现象和自然现象的发展变化并非偶然,而是具有内在规律性。概率论引入统计学后,使统计方法发生了很重要的飞跃,在各个领域都创立了许多有效的统计方法,如生物遗传学中的相关回归方法;人口学中抽样方法的应用。这样,逐步形成了建立在概率论基础上的以推断统计方法为中心的数理统计学。数理统计学的产生使统计方法,特别是统计推断方法发生了重大变化,不仅极大地丰富了统计方法体系,同时也使统计方法具有了更加严谨的数学基础。

20 世纪初,大工业的发展引起对产品质量检验问题的高度重视,对于大批量产品的生产,要做全面的质量检验特别是破坏性检验已经不可能,从而提出了只抽取少量产品作为样本对全部产品的质量做出推断的要求。1907 年,英国人戈赛特(W. S. Gosset)提出了小样本 t 统计量的概念,指出从大量的产品中只抽取较小的样本就可以完成对全部产品质量的检验和推断,从而使统计学进入了现代统计学(主要是推断统计学)的新阶段。以后费喧(R. A. Fisher)给出了 F 统计量、极大似然估计、方差分析等方法和思想,内曼(J. Neyman)和皮尔逊(E. S. Pearson)提出了置信区间估计和假设检验,沃尔德(A. Wald)提出了序贯抽样和统计决策函数,等等,到 20 世纪中叶构筑起了现代统计学的基本框架。

从 20 世纪 50 年代以来,统计理论、方法和应用进入了一个全面发展的新阶段。统计学受计算机科学、信息论等现代科学技术的影响,理论统计学新的研究领域层出不穷,例如多元统计分析、时间序列分析、贝叶斯统计、非参数统计、生存分析、线性统计模型、探索性数据分析、数据挖掘,等等。统计学的应用也日益扩展,已涉及社会科学和自然科学的各个领域,形成了社会与人口统计学、经济统计学、管理统计学、生物统计学、医药卫生统计学、气象统计学等应用统计学科。现在,统计学已经发展成为研究领域十分广泛的学科体系。

§1.1.3　统计学研究的特点

统计学是收集、整理、显示和分析统计数据的方法论学科,统计研究或统计活动的目的是为了探索客观事物内在的数量规律性,对客观事物的统计学研究具有以下一些共同特点:

(1)数量性

统计是用来处理数据的,数据由数字组成,但它不仅是单纯的数字,数据是有特定内容的数字,统计是要从有特定内容的数据中寻求有价值的数量信息。所以,统计总是与所研究对象的数量特征相联系的。一切事物都有质和量两个方面,从质和量的辩证统一中研究现象的数量特征,从数量上认识事物的性质和规律性,这是统计研究的基本特点。用统计数据去具体描述和分析事物的数量特征,可以更确切地表现事物发展的状态和程度,通过数据去揭示的数量规律性,能更具体、更准确地说明事物之间的内在联系。所以,从数量上表现和分析事物的特征和规律,是认识客观世界的重要方式。表现事物数量特征的统计数据通常不是指个别的数字,而是指同类的众多数据。因为事物发展变化的数量规律性通常隐藏在大量统计数据之中,需要通过大量观察,利用统计方法对数据进行加工整理,并运用专门的统计方法进行分析才能将其揭示出来。例如,在农业生产中,要从大量的农业试验数据中用统计方法才能探索施肥量与粮食产量之间具体的数量关系;又如,商品广告费用支出与商品销售量的数量关系,要通过大量的广告费用支出和销售量数据才能进行分析并得出结论。统计学正是运用科学的方法去收集、整理、显示和分析事物的数量特征，从而寻求数据中所体现的现象内在联系及数量规律。统计的目的在于对用统计数据所表现的现象数量特征进行研究，离开了统计数据，统计方法乃至统计学就失去了它存在的意义。需要强调的是，统计学研究的是有特定内容的具体数量，例如要研究“工业产品产量”，就必须明确什么是工业，什么是工业产品，如何去计量产品产量；要研究“失业人口”，就必须事先明确怎样去界定就业与失业。统计研究在对事物的数量特征和规律做出结论时，不能脱离所研究事物的具体性质，这是与数学原则所区别的。

(2)总体性

统计研究的总是由同类事物构成的群体的数量特征，单个事物的数量一般可以直接测定，例如了解某一个职工的月工资，只要查阅其工资表即可知道，不需要运用更多的统计方法。所以，单一个体的数量特征一般不是用统计方法研究的对象，而对于一个大的公司或一个地区全体职工的月平均工资，就不能直接观测，而需要用统计方法才能确定。这种由同类事物构成的群体也称为总体。统计总是针对一定的总体，目的是反映总体的数量特征，因为由总体内在必然因素决定的事物内在的数量规律性，要在特定总体中才能体现出来。而个体现象的具体数量特征是内在因素与其他众多偶然因素共同作用形成的，作用于个体的偶然性因素只有在总体中才能在一定程度上被中和或抵消。能够反映现象本质特征的由内在因素决定的总体规律性，只有着眼于总体层面才能被认识。例如，个别商品的价格由于多种因素的影响，在一定时期可能有升有降，而社会商品的价格总水平的变动，则是该时期经济规律和经济政策作用的综合结果。虽然总体的数量特征一般不能直接度量，我们只能对某些个体的特征进行具体观测，但是必须明确，统计研究的主要对象是总体，并不是具体的个体。从对参差不齐的个体数量特征的观测入手，运用科学的方法获得表现总体一般特征的综合数量，这正是统计研究的基本思想和突出特点。统计学提供了一系列的方法，专门用来收集数据、整理数据、显示数据的特征，进而分析和探索(或推断)事物总体的数量规律性。当然，如果事物本身的数量规律比较简单，所用的统计方法也就相对容易；如果事物本身的数量规律错综复杂，所运用的统计方法也就相对复杂。

(3)差异性或不确定性

任何客观事物都是必然性与偶然性的对立统一。同样，任何一个数据，也都是必然性因素与偶然性因素共同作用的结果。必然性因素是相对稳定的，它决定着客观事物内在的本质和联系，是有规律可循的。而偶然性因素导致了该事物每个具体表现形式的差异性和不确定性。如果客观事物只有必然性一个方面的特征，事物的表现形式就会比较简单，就可以比较容易把握它的规律性。正是由于偶然性和不确定性的存在，造成事物的表现形式与必然规律性发生偏移，从而形成了表面特征的千姿百态，也就形成数据表现形式的千差万别。这样，必然的数量规律性就被掩盖在表面的差异性或不确定性之中了。统计所研究的事物总体是由众多个体组成的，这些个体的数量特征由于受多种偶然因素的作用具有差异性和不确定性，我们正是要根据不确定的经验数据去做出推断，从个体的这种差异中去描述或推断总体的特征或必然规律，这才产生了统计学。假如已知一个公司全体职工的总体中每个职工的月工资没有差异,那么对于这些无差异的个体,只需随意了解其中任何一个职工的月工资,也就知道了其他职工的工资水平和全公司职工的平均工资,在这种情况下也就不需要运用什么统计方法了。从大量包含偶然性的有差异性的现象中揭示出事物的必然特征和统计规律性,这是一种基本的统计思想。

§1.2　统计学的学科体系

统计学按照研究的领域和研究的重点不同,可以分为许多类型和分支。各种统计方法从实践中产生之后,经过概括、归纳、总结,形成了统计学的一般理论和方法,即理论统计学。理论统计学又可分为描述统计学和推断统计学。将统计方法运用于某些特定领域的统计问题,又形成了各种应用统计学,例如国民经济统计学、企业经营统计学、人口统计学、卫生统计学等。正确认识统计学学科体系,对于全面促进统计科学的繁荣与发展是至关重要的。

§1.2.1　理论统计学

(1)描述统计学

描述统计学研究对现象数量特征的度量与表现方式,包括调查方案的设计、收集数据和整理数据的方法,以及显示数据与分析数据并从中提取有用信息的方法,它是整个统计学的重要基础。在客观世界中,有的现象的数量特征比较直观,例如一个学校的学生人数,这时可以直接对现象加以观测和描述。而有的现象,特别是一些相当复杂的社会经济现象,其数量特征并不是那么容易描述,例如对一个国家居民生活水平的描述,涉及居民生活的众多方面;又如对通货膨胀的描述,涉及众多商品和服务的价格变动;再如对整个国民经济运行整体状况的描述,所涉及的问题就更为复杂了。对这类问题的描述涉及许多方面的问题,需要结合所研究现象的实质,确定一些能够反映数量特征的变量或范畴,这些变量或范畴在统计学中也常被称为统计指标。由于一个统计指标只能说明某一个方面的问题,或者同一方面的问题可能用多种统计指标去说明,因此确定各种统计指标时需要对现象进行深入的研究,并且要运用一些特定的统计方法。有的社会经济现象还需要运用若干个相互联系的统计指标,同时去反映所研究问题的各个侧面,这些相互联系的统计指标形成一定的统计指标体系。例如,对整个国民经济运行的描述,就要求建立国民经济核算体系去规范有关的概念、分类和指标,规范各种数据的收集方法和数据的处理方式,并规范数据的描述形式。因为统计学研究的领域十分广泛,各种现象的数量特征又有不同的性质和特点,如何正确地运用统计方法描述这些现象的数量特征,是需要专门加以研究的问题。

(2)推断统计学

推断统计学研究如何根据部分样本数据去推论总体数量特征的方法。某些情况下,我们可以收集到总体的有关数据(例如人口普查),这时或许可以直接得到总体的数量特征并揭示其数量规律。但是通常由于客观条件的限制，对总体所有单位并不是都可以直接调查与观测的，有时可能从观测成本考虑，并没有必要与可能对构成总体的所有单位都进行直接观测。例如，对所生产的灯泡的使用寿命，就不可能将生产的所有产品都用于其使用寿命检验；又如研究全国人口的年龄结构和婚姻状况，就没有必要对全国每一个人都进行调查。特别是自然现象的总体很多是无限的，例如在气象学研究中，气温是随时随地在变化的，事实上我们不可能每时每刻对每个地点全部都去观察。这些情况下，通常是采用抽取部分样本进行观测，在此基础上对总体的数量特征做出推断。由于样本只是总体的一部分，样本所包含的总体信息并不完备，而且样本是随机抽取出来的，用样本去推断总体会出现一定误差，推断的结论是否可靠也不确定。推断统计学根据概率论的原理对推断所产生的不确定性加以度量，研究用样本对总体特征做出更为可靠推断的理论与方法。

显然，描述统计和推断统计都是统计方法论的组成部分。应当强调的是，描述统计是统计学的基础，如果没有描述统计去确定应该观测现象的什么特征，应该用什么方式去度量这些数量特征，怎样科学地去描述其数量特征等问题，就没有有效的样本信息，推断统计方法也就只能是无源之水。如果没有描述统计提供准确的样本数据，再高明的推断统计方法也将难以得出正确的结论。同时也应强调，从样本去推断总体的特征是现代统计学的核心，没有推断统计学就不能从数据中揭示总体更深层次的数量规律性，没有推断统计学就不可能使统计方法论更为完善。所以学习和应用统计学既要熟悉描述统计的基本原理，又要掌握推断统计的基本思想和方法。

§1.2.2 应用统计学

统计学是一门收集和分析数据的科学。由于在社会科学、自然科学和工程技术的所有研究和实际工作中，几乎都要运用数据来分析和解决问题，因此，统计方法的应用也自然扩展到几乎所有的研究领域。

在经济学、管理学、社会学、人口学、教育学等社会科学研究中，很多问题都需要用统计学方法去描述或分析。例如，研究某些社会或自然因素与犯罪率的关系；研究交通规则及交通设施与交通事故发生率的关系；又如，分析某种教学方式的有效性，就要研究这种教学方式与学生学习成绩分布的关系；人口学中关于人口的出生、死亡、结婚、离婚、就业、性别比例的研究，以及生命表的编制和应用等，都离不开统计方法。在自然科学研究中，统计方法也得到广泛应用。例如，某种实验结果的可靠性研究，需要用统计方法处理实验数据；在农业实验的设计和分析中，各类品种种子增产效果的研究，各种配合饲料和喂养方式获得的家禽家畜增重效果分析；在医药卫生学中，关于吸烟与肺癌发病率关系的分析，关于某种新药治疗效果的研究，都普遍使用统计学方法；在气象学和气象预报科学中，以及地质学、地震学中统计学更是被广泛应用。

从应用的角度看，人们把统计学一般方法论与各领域的实质科学结合起来，形成了各领域的应用统计学。例如统计方法在生物学中的应用形成了生物统计学；统计方法在医学中的应用形成了医疗卫生统计学；统计方法在风险管理与保险中的应用形成了保险精算学；统计方法在微观企业管理中的应用形成了管理统计学；统计方法在宏观经济中的应用形成了国民经济统计学等。

本书是为经济学和管理学类各专业编写的教材，经济学与管理学是统计学应用最为广泛也最为特殊的领域。首先，从统计学产生的历史看，统计学最初就是产生于经济管理的需要。而且，虽然统计数据可以是通过试验得到的“实验数据”，也可以是通过对实际过程的观察而获取的“观测数据”，但是经济与管理是人所参与的活动，其影响因素比自然现象要复杂得多，人所从事的经济活动和管理活动几乎没有完全的可重复性。通常对社会经济现象规律性的认识，不可能像研究物理、化学现象那样在严格控制的实验室条件下去反复试验，而只能被动地对实际的经济关系和经济活动进行观测，也就是说经济学和管理学更多地依赖于实际观测数据。在这一点上，经济学家和管理学家所面对的很类似于气象学家和地震学家面对的问题。正因为如此，无论是宏观经济的研究，还是公司企业的有效经营决策，离开了统计学几乎就不可能，所以在经济学研究和管理学分析中都特别依赖于统计学。此外，由于社会经济活动影响因素的多样性和变异性，社会经济统计面临很多与其他领域不同的复杂问题，社会经济现象的数量特征也有一些特殊的描述方式，经济和管理领域的统计分析有一些专门的方法需要研究，例如表现价格综合变动的统计指数方法、国民经济核算的方法、经济管理中的综合评价方法，从而产生了一些专门用于经济管理统计的方法论。也正是这样，经济统计学和管理统计学也成了经济学和管理学不可或缺的组成部分。

还应该指出，尽管统计学在各个领域的应用非常广泛而有效，但是统计学毕竟只是一种工具，统计学的有效应用，不但要熟练掌握各种统计方法，而且必须具备所研究领域的专业知识。例如，统计学虽然能够描述经济增长的程度，但揭示经济增长的根本原因还要依靠经济学知识；统计学虽然能够表明产品质量提高或降低的状况，但产品质量升降的根本原因还需要工程技术知识才能解释；统计学虽然可以说明吸烟与肺癌发病率高度相关，但吸烟引发肺癌的具体成因，还需医学知识去加以说明。在各个领域应用的统计方法，除了具有很多共性以外，由于各研究领域有其特殊性，用于某些领域的应用统计学还有一些专门的课题需要研究。

本书作为经济学和管理学类各专业必修的核心课程教材，主要介绍在社会经济统计领域经常使用的统计理论与方法，既包括描述统计学的理论与方法，也包括推断统计学的基本理论与方法。

§1.3　统计学的若干基本概念

§1.3.1　变量及统计数据

在统计研究中，说明现象某一特征的概念常被称为变量(varible)，变量是随不同时间或不同空间而变化的特征。变量的具体取值称为变量值或者数据(data)。对于统计所研究的现象来说，数据是有特定内涵的、表明所研究现象某种特征的具体数值。统计数据是所研究的总体或总体单位某一特征的具体表现，是对客观现象进行观测与统计分析的结果。在社会经济统计中，常把反映现象特征的概念(变量的名称)称为标志,常把反映现象数量特征的概念和数值(变量的名称和变量值)称为统计指标。通过实际观测与统计调查取得的变量值,以及运用统计方法加工整理与分析得到的数据,都可称为统计数据。

无论是搜集总体的数据还是样本的数据,总是要对客观现象进行具体的计量,才能获得用来表现客观现象数量特征的数据。由于所表现事物的性质不同,对数据计量的尺度不同,也就可能有多种计量方式。第一类计量方式为定量尺度,变量表现的是现象的数量特征,如每个工人的年龄、工资收入、工作时间等,这类说明事物数量特征的变量称为数值型变量或定量变量,其取值是数值型数据。例如,人的体重、身高可能各不相同,分别都是变量。某个人的体重为65千克,身高为1.70米,这些具体数值则是体重和身高这两个定量变量的变量值,即数据。第二类计量尺度为定类尺度,其特点是只能对事物进行平行的分类和分组,各组或各类之间的关系是并列的或平等的,例如人口的性别、民族、婚姻状况和行政区划,等等。这类数值只是作为各种分类的代码,并不反映各类的优劣、数量的大小或顺序的前后。由于这种尺度各组或各类间是并列的或平等的,因而这些组或类别的顺序是可以改变的。例如人口的民族,将哪一类放在前面都是一样的,但各组或各类之间是互相排斥的,就是说某一个人只能属于其中的一类。第三类计量尺度为定序尺度,是对客观现象各类之间的等级差或顺序差的一种测度,表现为各类或各组之间有一定的顺序,可以比较其大小。利用定序尺度不仅可以将研究对象分成不同的类别,而且还可以反映各个类别的优劣和顺序。例如,产品的等级可以分为“一等品”“二等品”和“三等品”;人们的收入可分为“高”“中”“低”;考试成绩可以分为“优秀”“良好”“中等”“及格”和“不及格”;等等。虽然定序尺度不能表明考试成绩一个“优秀”等于几个“良好”,但是显然“优秀”要好于“良好”,“良好”要好于“中等”,等等。与定类尺度相比,定序尺度可以区分不同的类别,而且相互之间可以比较其大小或顺序,所以定类尺度比定序尺度的精确性高一些。但定序尺度不同类别之间的差别还不能量化,其差异还不能精确的计量。需要指出,有时由定量尺度可以转换为定序尺度,例如百分制的考试成绩可以转化为“优秀”“良好”“中等”“及格”和“不及格”等五级分制成绩,但是五级分制成绩却不能确切转换为百分制成绩。

按照变量的可能取值是否连续,变量可分为连续型变量和离散型变量。连续型变量的取值在数轴上是连续不断的,任意两个变量值之间可有无穷多个变量值,无法一一列举,也就是说在一定区间内可以取任意值。例如,某类物体的尺度、某区域某时间范围的温度、某件产品的使用寿命,均无法将所有的可能结果全部列举,都是连续型变量。离散型变量是只能用计数的方式取得可数值的变量,通常只能取有限个值的整数值,是可以一一列举的。例如,某地区的人口数,企业的个数等,都是离散型变量。

按照变量的取值是否确定,变量又可分为确定性变量和随机变量。当变量的影响因素是确定的或可事先控制的时候,变量取值的大小和方向是可以确定的,例如过去某特定时期的利率、存款准备金率是由中央银行已经规定的;又如在研究本年居民消费时,上一年居民的消费支出是已经既定的;再如某特定时点全国的人口数是客观存在的确定数值,对于这样的变量称为确定性变量。当变量的影响因素是不确定的随机因素,或变量决定于众多细小的不确定因素时,变量的取值带有随机性,变量的取值不能事先确定。例如投掷一枚骰子可能出现的点数、当年的消费品价格指数,这样的变量称为随机变量。在社会经济现象中,既有确定性变量,也有随机变量。

§1.3.2　总体

前面讨论过统计具有总体性,统计所研究的是由同类事物构成的总体的数量特征。所谓总体是根据一定的目的确定的所要研究的事物的全体,它是由客观存在的、具有某种共同性质的众多个别事物构成的整体。例如,要研究中国的人口状况,可以"中国的全部人口"作为一个总体;要研究某企业某月某种产品的质量情况,可以将"该企业该月所生产的全部该种产品"作为一个总体。可见,某类人的总和、某类物的总和、某类事件(交易)的总和,都可能成为包含众多基本单位的总体。总体是我们所研究的对象的全体。构成总体基本单位的个别事物称为总体单位或称为个体。例如,相对于"中国的全部人口"这个总体,"中国的每个人"是个体或总体单位,相对于"某企业某月所生产的全部某种产品"这个总体,"该企业该月所生产的每件该种产品"是相应总体的个体或总体单位。

统计实务所面对的是非常具体的现象,总是强调总体是在一定研究目的下所要面对的具体事物的全体。由于总体中个体的某种特征有差异,其取值具有不确定性,总体中个体的该特征是个随机变量,某特定个体该特征的具体数值是这个随机变量的具体取值。所以如果不考虑事物的具体内涵,有时也将总体界定为某随机变量,而将该随机变量的取值界定为个体。在这种意义上强调的是一种观念总体而不是实质总体。①

总体单位是所要研究具体问题的属性、数据的表现者,是总体数量特征的最原始承担者,是从中收集数据的实体,而不是数据本身。总体的数量特征通常无法通过直接观测得到,我们只能对总体单位的特征进行观测。例如研究全校男学生的平均身高,只能对本校全部或部分男学生的身高加以测量,然后用统计方法去测算。原始的统计数据是从对总体单位的观测取得的,所以正确界定总体单位是很重要的。

作为统计研究对象的总体,具有客观性、大量性、同质性、变异性等特征。

首先统计总体总是与某种研究目的相联系的客观存在的事物,例如与研究工业企业流动资金周转速度的目的相联系的,是由全部工业企业形成的统计总体;与研究某市居民家庭消费水平的目的相联系的,是由该市所有居民家庭构成的统计总体,它们都是与特定研究目的有关的客观事物。

其次,统计总体总是由大量的总体单位构成,所谓"大量"单位是相对于"个别"单位而言。各种现象的数量规律性,要在有足够数量的单位组成的总体中才能体现出来。个别单位的数量特征可能各不相同,只有大量单位在总体中的综合,才能表现出客观规律发生作用的结果,也才能体现出总体的内在数量规律性。总体的这种内在的数量规律性正是统计研究所要寻求的。所以总体总是由相当数量的总体单位所构成。

① 在数理统计中,通常从数学上将总体界定为随机变量,将随机变量的取值作为个体。

此外,总体总是依据一定的研究目的由具有同类性质的事物组成。作为一个总体的各个总体单位,至少在某一个方面具有相同性质的特征。总体单位的同质性是它们能够构成一个总体的基础。例如,分析一所大学某年毕业生的英语水平,其同质性指的是该大学那一年毕业的学习英语的毕业生;不是该大学毕业的学生,或者不是那一年毕业的学生,以及不是学习英语的毕业生,都不能构成所研究的总体。

在总体中,由于多种因素的影响,各总体单位的数量特征经常是有差异的,或者说存在着"变异性",总体内各总体单位的这种变异性是事物的客观属性。在同类事物的总体中,不同的个体除了受某些共同因素的影响外,还要受很多其他非共同因素的作用,因而显示出各自的个体差异。总体单位的数量特征的变异性,与统计学研究对象的差异性或不确定性是相联系的,正是存在这样的变异性,才需要我们运用统计方法去寻求整个总体的共同规律性。反之,对于各个总体单位的特征没有差异的总体,只需从中随意抽取一个单位加以观测,就可知道整个总体的状况,严格说来也就不需要统计了。

总体可分为有限总体和无限总体。构成一个总体的单位数量无论有多少,只要其数量是有限的,就称为有限总体。例如全国人口普查,尽管总体单位数量达十几亿,但它还是有限总体。在现实生活中绝大多数社会经济现象都是有限总体。当总体的单位数量多到无限时,这种总体称为无限总体。例如,一个区域一段时间的平均气温,由于可以在这个区域的任意测量点观测其温度,也可以在这段时间内的任意时点观测其温度,从理论上说这时可以有无限多个观测点和无限多种观测方式,所取得的观测值可以是无限多的,这样的总体可视为无限总体。

§1.3.3 样本

统计研究的目的是确定总体的数量特征,但是通常构成总体的单位数很多,不可能或不必要对每个总体单位逐一加以调查,这时通常是以某种方式从总体中抽取一部分单位作为总体的代表加以研究。例如,从生产的全部灯泡中抽取若干个检验其使用寿命。一般把这种从总体中抽取的部分单位组成的整体,称为该总体的样本。

样本是统计学中非常重要的概念。样本既然是从总体中以某种方式抽取出来的,构成样本的每个单位本来就都是构成该总体的总体单位,它们具有与总体同质的数量特征。一个样本包含的个体数量称为样本容量。由于样本容量可大可小,抽取的方式也各种各样,对于既定的总体来说,用不同方式抽取的样本可能有很多个,每次抽取的样本并不完全相同,所以样本具有随机性。

样本只是总体的代表,要想从样本得出有关总体特征的结论来,必须首先明确该样本代表的总体是什么。抽取样本的目的是要由样本提供的信息去推断总体的特征。可是样本毕竟只是总体的一部分,抽取的样本以及获得的样本数量特征均具有随机性,由样本去推断总体的特征也就总是存在一定的代表性误差。如何科学地从总体中抽取样本,怎样控制样本对总体的代表性误差,这是推断统计学研究的重要问题。

本章小结

1. 统计学是对统计实践活动规律性的科学总结,是研究测定、收集、整理、显示和分析反映客观现象的数据,以探索事物数量规律性的方法论学科。数据是统计学科最基础的核心,因而统计学也可称为是"数据的科学"。统计学研究具有数量性、总体性、差异性或不确定性等特点。

2. 统计学分为理论统计学和应用统计学,理论统计学又分为描述统计学和推断统计学。描述统计学研究对现象数量特征的度量与表现方式,推断统计学研究如何根据部分样本数据去推论总体数量特征的方法。

3. 统计研究中,说明现象某一特征的概念称为变量,变量是随不同时间或不同空间而变化的特征。变量的具体取值称为变量值或者数据。通过实际观测与统计调查取得的变量值,或者运用统计方法加工整理与分析得到的数据称为统计数据。对数据计量的尺度分为:定量尺度、定类尺度和定序尺度。

4. 总体是根据一定的目的确定的所要研究的事物的全体,它是由客观存在的、具有某种共同性质的众多个别事物构成的整体。构成总体基本单位的个别事物称为总体单位或称为个体。统计总体具有客观性、大量性、同质性、变异性等特征。总体可分为有限总体和无限总体。从总体中抽取部分单位所组成的整体称为该总体的样本,样本具有与总体同质的数量特征,样本具有随机性,一个样本包含的个体数量称为样本容量。

思考题

1. 试举出日常生活或工作中所用到的统计数据及其统计规律性的例子。
2. 什么是统计学？你怎么理解统计学和统计数据的关系？
3. 举例说明为什么统计学研究具有数量性、总体性、差异性或不确定性特点。
4. 举三个实例说明变量、变量值、统计指标间的关系。
5. 什么是统计总体？举例说明为什么总体具有相对性？
6. 总体和样本的关系是什么？你能从中总结出某种统计思想吗？
7. 举例说明为什么样本会具有随机性。
8. 试举一个实例说明统计总体、样本、总体单位的含义和关系。
9. 如果你要研究以下问题:

(1)研究某县农村居民的受教育情况。

(2)研究某市低保家庭的月消费水平。

(3)研究某市零售市场上出售的方便面的合格率。

如何分别确定总体、个体、样本？

10. 试分析以下几种统计数据所采用的计量尺度属于何种尺度：

(1)年龄；

(2)农村居民纯收入；

(3)职业；

(4)教育程度；

(5)职称职务；

(6)经济增长率；

(7)国内生产总值；

(8)奖学金等级；

(9)性别；

(10)消费品价格指数。

第 1 章思考题答案

第 2 章
统计数据的收集与整理

消费品价格是上升还是下跌了？居民对哪些险种更感兴趣？哪些人容易患肺癌？人们喜欢买大户型还是小户型住房？商品应该怎样陈列才有利于销售？要回答这些问题，需要收集有关的数据进行分析。统计数据是统计工作的核心，是统计分析的基础。追踪其初始来源，所有统计数据都来自调查或实验。当研究的问题确定后，我们就要考虑为进行研究所需要的数据，包括我们从哪里获得数据？向谁收集这些数据？怎样才能获得高质量的数据？怎样具体实施调查？对收集到的反映每个个体特征的大量数据，如何进行分类汇总形成反映现象整体状况的数据，等等。这些问题形成了统计学中数据收集与整理的方法。

§2.1　统计数据的收集

§2.1.1　原始数据的收集

统计数据收集是根据统计研究的目的要求，采用科学的形式和方法，获取所研究变量数据的过程，在社会经济统计中也称为统计调查。它是进行统计数据整理和分析的必要前提。统计数据收集是整个统计活动的起点，是统计分析的基础，决定着统计活动和统计研究的成败。如果收集的数据不可靠、零碎不全，那么以后的整理手段无论怎样科学，统计分析方法无论怎样先进，都不会得到对事物的正确认识。因此，对统计数据收集的基本要求是：准确性、及时性、完整性。准确性是指收集的统计数据真实可靠，如实地反映客观实际。及时性是指在规定的时间内，提供及时有效的统计数据。完整性指对应该调查的单位和项目要无一遗漏，数据要相互配套，才能全面系统地反映所研究现象总体的特征。

按照获取途径的不同，统计数据可以分为原始数据和次级数据。原始数据是直接从各调查单位收集的数据。次级数据亦称二手数据，是从如统计年鉴、报刊、互联网或有关部门业务管理资料中获取的经过加工整理的数据。相对而言，二手数据的收集比较容易，数据收集的成本低、时间快。但是，二手数据并不一定是为研究者的特定目的而产生的，因此在使用二手数据时，要注意数据的定义、内涵、计算口径和计算方法，避免错用、误用、滥用。

(1)统计数据收集的方式

在自然科学和工程技术研究领域,可以通过科学实验的方式获取所需数据;而在社会经济研究领域,通常是通过对既定社会经济活动的观测或统计调查的方式来收集数据。

统计调查有全面调查和非全面调查。全面调查是对调查对象中的所有单位无一例外地都进行调查,目的在于直接获得总体数据。全面调查包括总体单位完整,收集的数据比较全面,能够满足各个层次、各级政府管理的需要,能够为抽样调查提供抽样框;但全面调查花费的人力、物力、财力较大,所需时间较长,调查过程中容易受到各种人为因素的干扰而影响资料的质量。对社会经济问题的全面调查常采用普查的方式。

非全面调查是只对调查对象中的一部分单位进行调查,其目的是了解总体基本情况,或用样本数据推断总体特征。非全面调查可以节约调查费用,提高调查资料的时效性,调查内容可以比全面调查更深入细致,对调查单位的调查误差相对较小,但存在部分单位对总体的代表性误差。对社会经济问题的非全面调查常采用重点调查和抽样调查的方式。

①普查。普查是对调查对象中所有个体单位都进行调查。普查具有信息全面、完整的特点。普查的目的是为了详尽地了解某项重要国情国力,为政府制定规划、方针政策提供依据。世界各国都定期地(一般是10年)进行人口普查、农业普查等。由于普查涉及面广、调查工作量大,所花费的时间、人力、物力、财力都很大,因而只能间隔较长时间进行一次。我国目前已经建立起了周期性的普查制度,每10年进行一次人口普查和农业普查,每5年进行一次经济普查。

进行普查要注意以下几点:第一,统一规定普查的标准时间,即调查资料所属的时间,以避免由于时间变动使资料重复和遗漏。第二,规定统一的普查期限。在普查范围内的各调查点或调查单位的调查登记工作应尽可能同时进行,保证资料的及时性和准确性。第三,统一规定普查内容和指标解释,不得任意改变或增减项目。同类普查,各次调查的项目应尽可能一致,以便于历史资料的对比研究。第四,同类普查应尽可能按周期进行,以便观察现象发展变化的过程和规律。

②抽样调查。广义的抽样包括概率抽样和非概率抽样。概率抽样也称随机抽样,是指按照随机原则从总体中抽取部分单位构成样本。所谓随机原则,就是在抽取样本单位时不受任何主观因素及其他系统性因素的影响,总体的每一个单位都有一定的机会被抽中。随机原则可以用概率来描述,按照随机原则抽样,每个单位被抽中的概率是已知的,或是可以计算出来的;当用样本对总体数量进行估计时,可以计算和控制抽样误差,使推断结果具有一定的可靠性和准确性。

非概率抽样也叫非随机抽样,是指从研究目的出发,根据调查者的经验或判断,从总体中有意识地抽取若干单位构成样本。非概率抽样常用的方式主要有方便抽样和判断抽样。方便抽样是指不考虑抽样的概率,纯粹以便于取得样本的方式进行抽样,如调查员在街头、商店等公共场所进行拦截式的调查。判断抽样是指研究人员根据经验、判断和对研究对象的了解,有目的地选择一些单位作为样本进行调查的抽样方式。非概率抽样操作简便、时效高、成本低,适合探索性的研究,调查结果用于发现问题,为更深入的数量分析提供准备。

概率抽样和非概率抽样是性质不同的两种抽样类型,在调查中采用何种抽样类型,取决于研究问题的性质、使用数据要说明的问题、调查对象的特征、调查费用、调查时间等多方面的因素。统计上所说的抽样一般都是指概率抽样,抽样调查一般都是指随机抽样调查。本教材若无特别说明,抽样均指概率抽样,抽样调查也即对随机样本的调查。

实际调查工作中经常采用的概率抽样方式有以下几种:

A.简单随机抽样。简单随机抽样也称为纯随机抽样,是一种最基本的抽样形式。这种抽样方式无须对总体单位进行任何划分或排队,只需对总体单位进行编号,利用抽签法、随机数表或计算机随机取数法等完全随机地直接从总体中抽取样本单位,每个总体单位入样的概率是相等的。

B.分层抽样。分层抽样也叫分类抽样或类型抽样。这种抽样方式首先将总体单位按有关特征划分为若干层(类或组),然后从各层中按随机原则分别抽取一定数目的单位构成样本。分层抽样是统计分组法与抽样原理的结合,不仅能利用样本估计总体,也能够利用各层子样本推断相应子总体特征,可以深化对现象的认识,满足分层管理的需要;分层抽样保证了样本中包含有各种特征的抽样单位,样本的结构与总体的结构比较相近,从而可以有效地提高估计的精度。分层抽样适用于类间性质差异比较大的情况,比如农产量调查以平原、丘陵、山区为不同的层等。

C.等距抽样。等距抽样也称为系统抽样或机械抽样。这种抽样形式是先将总体单位按照某种标志排队,计算出抽样间隔 k ($k=N/n$, 其中 N 为总体单位数, n 为样本单位数),在第一个抽样间隔内确定一个抽样起点 r ,之后按固定顺序每隔 k 个单位抽取一个样本单位。等距抽样操作比较简便,如果有辅助信息对总体单位进行有组织的排列,能使样本单位在总体中分布比较均匀,提高样本的代表性。

在等距抽样中,如果按有关标志对总体单位进行排队,其抽样效果接近分层抽样;如果按与调查目的无关的标志对总体单位进行排队,其抽样效果接近简单随机抽样。

D.整群抽样。整群抽样也叫集团抽样。它是将总体全部单位分为若干部分,即若干群,然后按随机原则从所有群中抽取一部分群,对抽中群内的所有单位都进行调查。例如居民住户调查或人口抽样调查,常常以一个乡或街道的所有住户或所有人口为一群,对抽中乡或街道的全部住户或人口都进行调查。

整群抽样以群为单位进行抽样,大大简化了抽样组织工作,也便于实施调查和组织管理。但按群抽取,同一群内的单位或多或少地有些相似,在其他条件相同的情况下,整群抽样的样本代表性可能较差。整群抽样适用于群间同质性比较高的情况。

(2)统计数据收集的基本方法

调查单位确定后,收集统计数据的基本方法主要有观察法、报告法、访问法等。各种方法有不同的特点和适合条件,应该根据调查对象的特点、研究目的和任务及统计调查的条件灵活选择调查方法。

①直接观察法。直接观察法是调查人员深入现场对调查单位进行直接观察、记录和计量。如对商品库存进行实地盘点,农产品产量抽样调查采取的实割实测方法,在商场门口对客流量进行计量等,都属于观察法。观察法取得的资料比较客观、具体,能够保证数据的准确性,但观察法需要花费较多的人力、物力和时间,同时由于观察者认识事物的能力不同,并带有主观见解,其结果往往因人而异。

②报告法。报告法是指被调查者按照调查者的要求,根据自己的实际情况如实填报调查内容,以信函、传真、计算机网络等方式向调查者报送数据的方法。该方法对调查者来讲比较省时省力,但资料的真实性取决于被调查者的配合程度,如果对被调查者没有一定的约束机制,就容易发生虚报瞒报的现象。统计报表制度就是一种规范程度比较高的报告法。

③访问法。访问法也称采访法、询问法,是由调查人员提问、被调查者回答来获取数据的方法。访问法的具体方式有多种,如顾客满意度调查,可以是集体访问,也可以个别访问;可以是街头访问,也可以入户访问;可以是面谈访问,也可以电话访问。

除了以上几种传统的调查方法以外,随着计算机网络技术的普及,电子邮件调查法、WED 站点调查法、计算机电话辅助调查等以互联网络为平台进行调查的方法应运而生,其应用范围日益广泛。

(3)统计误差

统计数据的准确性是用统计误差来衡量和表示的。统计误差是指统计数据与客观现象真实数值之间的差异。统计误差可以从不同的角度进行分类。

统计误差可分为登记性误差和代表性误差。登记性误差是指在调查、汇总过程中由于观察、测量、登记、计算等方面的差错或被调查者提供虚假、错误资料而造成的误差。这种误差在任何一种调查形式中都可能产生,如调查过程中对调查单位的登记发生重复和遗漏、被调查者回答误差、被调查者拒绝接受调查、测量工具或测量方法不准确等,都会造成登记性误差。从理论上讲,登记性误差是可以避免的,但是由于各种主观因素的干扰和客观现象的复杂性,一般来说,调查范围越大、调查单位越多,产生登记性误差的可能性也越大。代表性误差是非全面调查特有的,是指由于所调查的部分单位与总体在结构上不完全相同,用部分单位的数据推断总体数量特征所产生的误差。

统计误差还可分为抽样误差和非抽样误差。抽样误差是一种随机的代表性误差,是由于抽样的随机性引起的样本估计量与总体参数之间的误差。对于任何一个随机样本,这种误差都无法避免,但可以计算和控制。非抽样误差是相对于抽样误差而言的,是指除随机抽样以外的各种原因引起的统计数据与客观真实值之间的差异,既包括各种登记性误差,也包括代表性误差中的非随机误差,如抽样调查中的抽样框不完善造成的抽样框误差,或不严格遵守随机原则抽取样本产生的误差。无论是概率抽样还是非概率抽样,或是全面调查,都有可能产生非抽样误差。

§2.1.2　统计调查方案

统计调查涉及面广、工作量大,为保证统计调查工作有计划、有组织的顺利开展,在调查前应该制订一个科学的、周密的调查方案。调查方案的制订是统计设计在调查阶段的具体化。调查方案一般包括以下内容:

(1)确定调查目的和任务

在调查方案中首先应该明确为什么要进行调查,通过本次调查要解决什么问题。只有目的明确才能进一步确定向谁调查、调查什么、用什么方法进行调查等。

(2)确定调查对象、调查单位和报告单位

调查对象是根据调查目的和任务确定所要调查事物的全体,即统计总体。调查单位是所要调查的具体单位,是调查项目的具体承担者,即总体单位。确定调查对象是确定调查范围,确定调查单位是明确具体向谁调查。报告单位(填报单位)与调查单位是两个不同的概念。报告单位是向上报告调查内容、提交统计数据的单位。二者可能一致,也可能不一致。如全国第一次经济普查中,所有的经济活动单位是调查对象,每一个经济活动单位既是一个调查单位,也是一个报告单位;而调查工业生产设备情况,所有的工业生产设备是调查对象,每一台设备是调查单位,而报告单位是各个工业企业。

(3)确定调查项目

调查项目是根据调查的目的和任务,确定调查中需要登记的调查单位的特征。确定调查项目要注意:需要与可能相结合、调查项目的表达要确切具体、同类调查的项目应保持相对稳定。

(4)调查表与问卷设计

把若干调查项目按照一定的顺序排列在表格上,即形成调查表。调查表有单一表和一览表两种。在某些统计调查(如民意调查和市场调查)中,调查表表现为问卷的形式,调查项目主要以提问的形式出现。问卷是以书面文字或表格的形式了解被调查者的意见。问卷的主体部分由一系列问题及备选答案组成。

(5)确定调查组织形式和方法

调查方案要根据研究目的、调查内容和调查对象的性质特点,明确规定调查的组织形式和收集数据的具体方法。

(6)确定调查时间

调查时间有两方面的含义:一是指调查数据所属的时间,即调查的标准时间。如果是时期现象,要明确所要收集的数据所属时期的起止时间;如果是时点现象,要规定收集登记的是现象在哪个时点上的数据。如第四次全国经济普查规定,时点资料的标准时点为 2018 年 12 月 31 日,时期资料的标准时间为 2018 年度。二是指调查期限,即整个调查工作从开始到结束的时间,包括调查登记的时间、数据处理的时间、数据分析的时间。例如第四次全国经济普查规定,单位清查时间为 2018 年 8—12 月,同时对个体经营户开展普查登记工作,普查登记时间为 2019 年 1—4 月。规定调查时间是为了保证调查资料的统一性和及时性,使调查工作有组织、有计划地进行。

(7)制定调查的其他事项

为了保证调查工作顺利进行,在调查方案中还需要制定好组织实施的各项具体计划,包括明确调查的组织机构、宣传、调查人员的选择和培训、经费预算、是否需要试点、资料报送程序和方法、数据处理和质量控制、数据公布、资料管理和开发应用等。

§2.1.3 次级资料的收集

次级资料又称第二手资料,是指以前或别人已经收集好的、并经过一定程度整理的统计资料。次级资料的收集通常称为文案调查,是指利用单位内部和外部的各种信息和情报资料,对所需数据资料进行调查;也称为间接调查、桌面调查和二手资料调查。这种调查不受时空限制,可以获得实地调查难以取得的大量历史资料。次级资料是统计分析研究的重要数据来源,比如进行横向比较、趋势测定、季节波动以及相关关系分析等,都需要有系统的历史资料及相关资料,而这些资料通常都属于次级资料;进行调查或研究设计时,现成数据更是研究人员不可缺少的参考依据。相对于收集原始资料来说,利用次级资料,具有时间短、费用低、资料的分析整理更容易等优点。因此,在统计研究中,要善于充分收集各种渠道的现成数据。

次级资料包括内部资料和外部资料。内部资料主要指企业或单位内部相关的数据或档案,如业务资料、客户情报档案、销售报表、财务报表,以及其他资料(如简报、总结)等;外部资料指通过统计部门、信息咨询机构、电台和电视台、图书和报纸杂志、互联网络等渠道公布的有关资料,如行业研究报告、市场调查报告、上市公司财务报告或公告、政府统计部门发布的统计公报、政府统计部门编辑的各种统计年鉴、政府网站的数据库,以及咨询机构出售的资料等。

随着互联网技术的发展和普及,在网站上查找数据有成为次级资料主要来源的趋势。国家统计局网站(www.stat.gov.cn)、国家发展改革委员会主办的中国经济信息网(www.cei.gov.cn)、国务院发展研究中心信息网(www.drcnet.com)、北京大学教育学院主办的 www.gse.pku.edu.cn 等,有大量的、历年的各种年鉴数据和即时数据。还有一些行业、部门和专业网站,也为次级资料的查阅提供了丰富的二手资料,例如:全国市场调查行业协会网站(www.emarketing.net.cn);中国营销信息网(www.emkt.com.cn);中国医药信息网(www.cpi.gov.cn);中国企业信息化专业网(www.e-works.net.cn)等。一些国际组织的网站则是收集世界各国统计数据的重要渠道,如联合国统计司(unstats.un.org)、联合国粮农组织(www.fao.org)、国际货币基金组织(www.imf.org)、世界银行网站(www.worldbank.org)和经济合作发展组织网站(www.oecd.org)。

§2.2　统计数据的整理

§2.2.1　统计分组

(1)统计分组的概念

统计分组是根据统计研究的目的和要求,将总体中的所有单位按照一定的标志分为若干部分或组别的方法。统计分组对总体而言是“分”,即将总体中具有不同性质的单位分开;对个体而言又是“合”,即将总体中具有相同性质的单位归入同一组中。总体分组后,突出了组与组之间的差异,而抽象了组内各单位的差异。

(2)统计分组的作用

统计分组的作用主要表现在三个方面:第一,区分总体的类型。现象的类型多种多样,不同类型的现象存在本质差别,通过对统计数据的分组,就可以把不同类型的现象区别开来以便进行比较、分析。第二,反映现象内部结构和比例关系。通过分组,总体被划分为若干组成部分,计算各组成部分在总体中的比重和各部分之间的比例关系,可以反映总体的构成特征和基本性质。第三,揭示现象之间的相互依存关系。现象之间总是相互联系、相互依存、相互制约的,在分组基础上计算有关指标,可以观察这些现象之间的内在联系和数量关系。

为了充分发挥统计分组的作用,要注意分组原则的科学性、分组的完备性和互斥性。科学性是指统计分组要从统计研究的目的出发,正确地选择分组标志和划分各组界限。完备性是指分组时任何一个总体单位或原始数据都能归属于某一个组,而不会遗漏在外。互斥性亦称不相容性,指任何一个总体单位或任何一个原始数据,在一种统计分组中只能归属于某一个组,而不能归属于两个或两个以上的组。

§2.2.2　次数分布数列

(1)次数分布数列的概念

将总体各单位按某个标志分成若干组,列出各组的总体单位数或各组单位数在总体单位数中所占的比重,这样形成的数列称为次数分布数列,简称为分布数列或次数分布(分配)。分布在各组的数据个数叫次数或频数;各组数据个数在全部数据个数中所占的比重又称为频率。分布数列是统计整理结果的基本表现形式,在统计分析中具有广泛的用途。分布数列可以反映总体的分布特征、结构,并据以研究总体单位某一标志的集中趋势和离散程度。分布数列由两个基本要素构成:一是分组标志的具体表现;二是各组次数(频率)。

(2)次数分布数列的种类

根据分组标志不同,分布数列可以分为品质分布数列和变量分布数列。品质分布数列是按照品质标志分组而形成的分布数列,简称品质数列,是定性数据数列,用来反映不同属性的各组次数在总体中的分布状况,它由各组名称和各组次数构成。见表 2-1,将 2015 年全国就业人口按产业分组,可以分为第一产业、第二产业和第三产业,这便是各组名称;列出每次产业的就业人数,这便是次数,这样就形成了一个品质数列,这是一个定类数据的数列。表 2-2 是将居民对住房的满意程度分为非常满意、满意、一般、不满意、非常不满意,列出每组的户数,这样就形成了一个品质数列,这是一个定序数据的数列。

表 2-1　2015 年我国就业构成

产　业	就业人数(万人)	比重(%)
第一产业 第二产业 第三产业	21 919 22 693 32 839 24 614	28. 3 29. 3 42. 4
合　计	77 451	100. 0

资料来源:《中国统计年鉴》(2016 年)。

表 2-2　某地区居民对住房状况评价

对住房满意程度	户数(户)	频率(%)
非常满意	58	14. 50
满　意	84	21. 00
一　般	98	24. 50
不满意	119	29. 75
非常不满意	41	10. 25
合　计	400	100. 00

变量分布数列简称变量数列,是按数量标志分组形成的分布数列,由各组变量值及各组次数构成。变量数列可分为单项式变量数列和组距式变量数列。单项式变量数列(如表 2-3)是把每一个变量值作为一组,这种分组通常只适合于离散变量,且在变量值的变动幅度不大的情况下使用。在连续变量或离散变量的变量值变动幅度比较大时,应该编制组距式变量数列。组距式变量数列(如表 2-4、表 2-5)简称为组距数列,是将全部变量值依次划分为若干个区间,将这一区间的变量值作为一组,每一区间两端的值称为组限,各组的最小值称为下限,最大值称为上限。

组距式变量数列组限的表示可以重叠,也可以不重叠。对离散变量一般采取不重叠组限形式,即前一组上限与下一组下限分别用两个数值表示;对连续变量理论上说,应采用重叠组限形式,即前一组上限与后一组下限用同一数值。此时,遵循"上组限不在内"的规定,即如果某个变量值刚好等于组限,将其归入下限所在组。但在实际工作中,也常常对连续变量只取整数,且采取不重叠组限,如表 2-5。

表 2-3　某企业某日工人日产量

日产量(件)	工人人数(人)	比重(%)
10	70	8.75
11	100	12.50
12	380	47.50
13	150	18.75
14	100	12.50
合　计	800	100.00

表 2-4　某地区某年农民人均年收入

人均年收入(元)	人数(千人)
3 000~3 500	40
3 500~4 000	92
4 000~4 500	204
4 500~5 000	120
5 000~5 500	40
5 500~6 000	36
合　计	532

表 2-5　我国第六次人口普查人口年龄结构

年 龄(岁)	总人口数(万人)	比重(%)
0~14	22 245.97	16.60
15~64	99 843.34	74.53
65 及以上	11 883.17	8.87
	24 614	
合　计	133 972.48	100.0

组距式变量数列中,区间的长度称为组距。对重叠形式的组限,组距=上限-下限,如表 2-4 第二组组距为 4 000-3 500=500(元);对于不重叠形式的组限,组距=本组上限-上组上限(或=下组下限-本组下限),如表 2-5 第二组的组距为 64-14=50(岁),或 65-15=50(岁)。如果第一组只有上限,最后一组只有下限,这样的组称为开口组,这样的数列称为开口数列,如表 2-5。开口组一般以相邻组组距为其组距来计算组中值。开口式分组适用于数据集有极端值且较分散的情况。

各组上限与下限的中点值称为组中值,即:组中值 $=\dfrac{上限+下限}{2}$,或 组中值 = 上限(下限) $\mp\dfrac{相邻组组距}{2}$。组距分组掩盖了各组内的数据分布状况,为了反映各组数据的一般水平,通常用组中值作为该组数据的代表值。但这种代表有一个必要的假定条件,即各组数据在本组内呈均匀分布或在组中值两侧呈对称分布。如果实际数据的分布不符合这一假定,用组中值作为一组数据的代表值会有一定的误差。

组距数列按各组组距是否相等分为等距数列和异距数列。如表 2-4 中每组组距均为 500 元,是一个等距数列;表 2-5 中各组组距不等,是个异距数列。等距和异距的选择,应该根据统计研究目的和现象的特点而定。如果为了直接比较各组次数多少,或现象性质特征的变化是比较均匀的,就可以采用等距分组;否则,就需要采用异距分组。

(3)次数分布数列的编制

编制变量数列的目的在于对定量数据及其特征进行观察和分析。在编制变量数列时,首先要根据研究目的和现象的特点确定是编制单项数列还是组距数列,组距数列是采用等距还是异距,是否需要开口等。下面结合具体的例子说明分组的方法和过程。

【例 2-1】下面是某班学生统计学的考试成绩数据,试编制变量数列来反映该班学生成绩的分布特征。该班学生的考试成绩如下:

67	90	52	88	78	91	65	63	66	89	85	77	85	62	76	79
81	42	76	82	84	60	70	85	69	71	76	78	73	86	65	67
75	94	66	83	78	87	70	61	89	75	76	80	72	78	66	88
65	69	64	97	79	76	80									

采用手工分组时,要先对上面的数据进行排序(使用计算机分组不必排序)。分组的具体步骤如下:

第 1 步:确定分组的形式。对考试成绩可编制等距数列。找出数据的最大值和最小值,本例的 55 个数据的最大值是 97,最小值是 42,数据的波动幅度(全距或极差)为 55 分。不及格的有 2 人,最低分数为 42 分,故应该采用开口组。

第 2 步:确定组数。数据分成多少组,一般与数据本身的特点及数据的多少有关。组数太多或过少都不适宜。如果组数太多,数据的分布就会过于分散,组数过少,数据的分布就会过于集中,这都不便于观察数据的分布特征和规律。

第 3 步:确定组距。组距与组数成反比,可根据全部数据的全距(极差)和组数来确定,即组距=全距/组数。本例中全距为 55,组数若为 5,则组距=55/5=11。为便于计算分析,组距宜取 5 或 10 的倍数,而且第 1 组的下限应该低于最小变量值,最高一组的上限应高于最大变量值,因此组距可取 10 分。

第 4 步:确定组限。组限应是引起事物质变的数量界限,并有利于表现总体分布的规律性。因此组限的选择应当能够反映现象本质特征。本例中成绩是连续变量,可采用组限重叠的形式。

第 5 步:计算各组次数,形成变量数列。根据所确定的组数、组距和组限,将全部数据归入各个不同的组,计算出各组的频数或频率,即可编制出变量数列。表 2-6 就是例(2-1)分组整理后所得的变量数列。

表 2-6　某班学生统计学成绩分布表

成　绩	学生人数（人）	比重（%）	向上累计		向下累计	
			人数	频率（%）	人数	频率（%）
60 以下	2	3.64	2	3.64	55	100.00
60～70	15	27.27	17	30.91	53	96.36
70～80	19	34.55	36	65.46	38	69.09
80～90	15	27.27	51	92.73	19	34.54
90～100	4	7.27	55	100.00	4	7.27
合　计	55	100.00	—	—	—	—

（4）累计次数分布与洛伦兹曲线

变量数列只能反映各组次数的分布状况，但有时我们还需要了解大于或小于某个数的次数或百分数的多少，这时就需要计算累计次数。次数累计的方法有向上累计和向下累计两种，向上累计是将各组的次数（频数或频率）由变量值小的组向变量值大的组累加，各组的累计次数表明小于该组上限的次数或百分数共有多少，如表 2-6 中，80 分以下的共有 36 人，占全部人数的 65.46%；向下累计是将各组的次数由变量值大的组向变量值小的组累加，各组的累计次数表明大于该组下限的次数或百分数共有多少，如表 2-6 中，70 分以上的有 38 人，占全班人数的 69.09%。

累计次数分布不仅可以用表格表现，还可以用折线图和曲线图来表示。对表 2-6 中的累计次数，我们可以绘制成折线图，如图 2-1 和图 2-2 所示。

绘制向上累计折线图时，从首组的下限开始将各个累计次数组的下限纵坐标连接起来，目的是使累计折线图的意义与累计次数的意义一致。

累计频率（%）和累计频率折线图可利用 Excel 来求得，其操作方法是在“数据分析”工具中选择“直方图”，在出现的对话框选择“累计百分率”和“图表输出”，即可输出频数分布和直方图的同时输出向上累计频率和向下累计频率折线图。

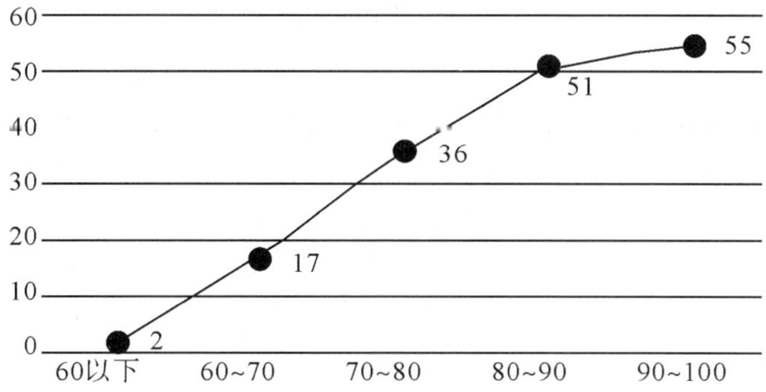

图 2-1　向上累计次数分布图

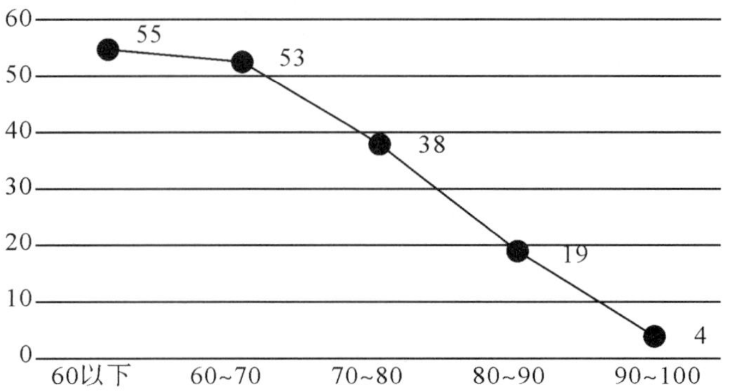

图 2-2　向下累计次数分布图

累计次数分布曲线图在统计分析中应用十分广泛,其中影响较大的是洛伦兹曲线。洛伦兹曲线是 20 世纪初美国的统计学家洛伦兹(M.F.Lorenz)根据意大利经济学家帕累托(V.Pareto)提出的收入分配公式绘制成的描述收入和财富分配性质的曲线,如图 2-3 所示。

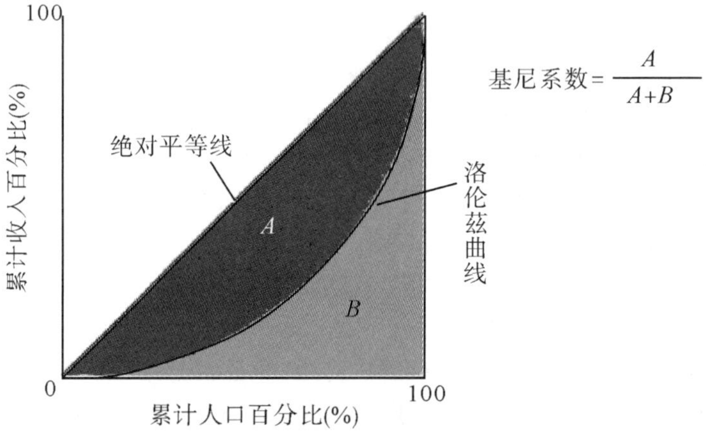

图 2-3　洛伦兹曲线和基尼系数

洛伦兹曲线可用于分析一国或一地区收入分配的平均程度。若一国的收入分配是绝对平均的,则洛伦兹曲线为该正方形的对角线,称为绝对平均线;若一国的收入分配不平均,则该曲线就会靠近下横轴和右纵轴。若一国收入分配越是趋向平均,洛伦兹曲线的弧度就越小;若一国收入越是趋向不平均,洛伦兹曲线的弧度就越大。

为了更准确地反映收入分配的变化程度,20 世纪初意大利经济学家基尼(G.Gini)根据洛伦兹曲线给出了衡量收入分配平均程度的指标,即基尼系数,其计算公式为:

$$基尼系数=A/(A+B) \tag{2-1}$$

其中 A 为实际收入曲线与绝对平均线之间的面积,B 为实际收入曲线与绝对不平均线之间的面积。该系数可在 0 和 1 之间取任何值,系数越接近于 0,收入分配越平均。联合国有关组织规定:若低于 0.2 表示收入绝对平均;0.2~0.3 表示比较平均;0.3~0.4 表示相对合理;0.4~0.5 表示收入差距大;0.6 以上表示收入差距悬殊。基尼系数狭义上专门用于收入分配问题的研究,实际上可拓宽到对一切分配均衡程度的衡量,是一种广义的均衡分析工具。

(5)次数分布的类型和次数分布图

①次数分布的类型。

次数分布的类型主要有三种:钟形分布、U 形分布、J 形分布。

钟形分布也称为正态分布,其特征是中间变量值出现的次数多,极大值和极小值出现的次数少,即"中间大,两头小",图形为左右对称的倒挂的古钟,这是客观事物数量特征表现最多的一种形式,如人的身高、农作物产量等,如图 2-4。

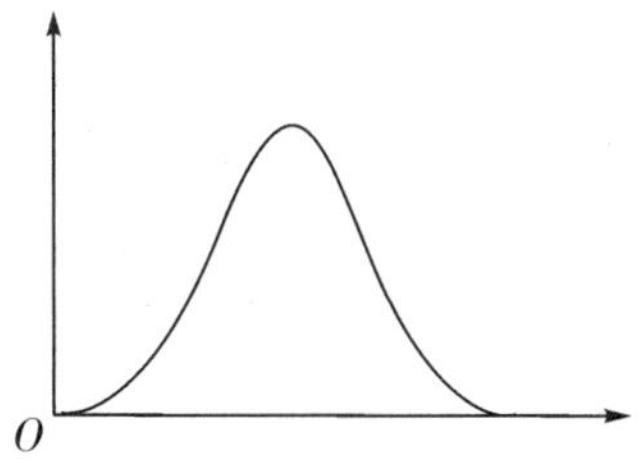

图 2-4

偏态分布根据尾巴拖向哪一方又可分为正偏(或右偏)和负偏(或左偏)分布,如图 2-5。

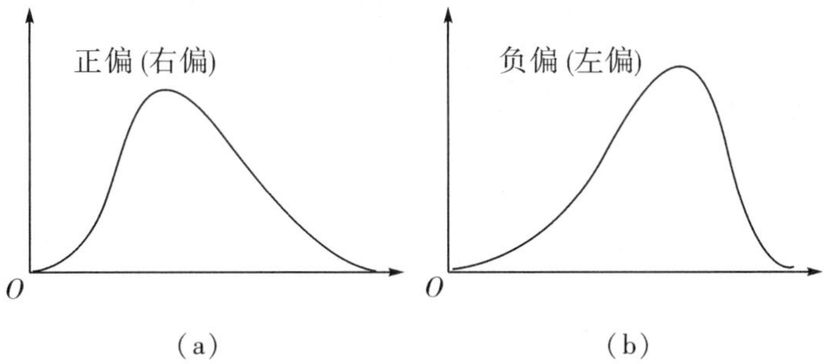

图 2-5

U 形分布又称为倒钟形分布,与钟形分布正好相反,呈现出"中间小,两头大"的特征。人口按年龄分组的死亡率的分布就呈 U 形分布,如图 2-6。

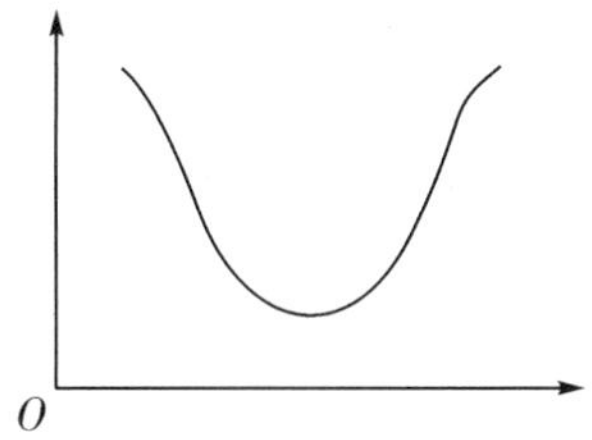

图 2-6

J 形分布的特征是"一头大,一头小"。如果随着变量值增大,次数也增多,这种分布称为正 J 形分布;如果变量值增大,次数减少,这种分布称为反 J 形分布。

如图 2-7。

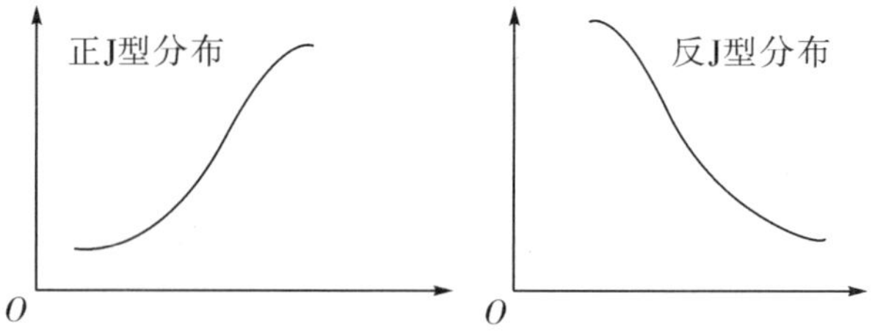

图 2-7

②次数分布图。

分组数据频数分布的特征常用直方图显示。以柱形图的形式对频数分布进行图形化描述得到的图叫直方图。直方图是用于展示组距数列分布特征的一种图形,它是在直角坐标中,用横轴表示数据的分组,纵轴表示频数或频率,这样各组与相应的频数就形成了一个矩形,用矩形的宽度和高度(面积)来表示频数分布。对于等距数列,各组频数可以直接作为直方形的高度。图 2-8 是根据表 2-6 资料绘制的直方图,从这个直方图我们可以更直观地看出学生成绩的分布状况,即成绩在 70~80 分的人数最多,60~70 分和 80~90 分的人数相差不大。

但对于异距数列,由于各组组距不同,频数的差异不能直接表明数据分布的特征。这时就需要根据频数密度来绘制直方图,以准确反映各组数据分布的特征。其方法是:以各组频数密度(频数密度=频数/组距)为各组直方形的高度,或先确定标准组距,将标准组距乘以各组频数密度得到标准组距频数,再以各组的标准组距频数为各组直方形的高度。

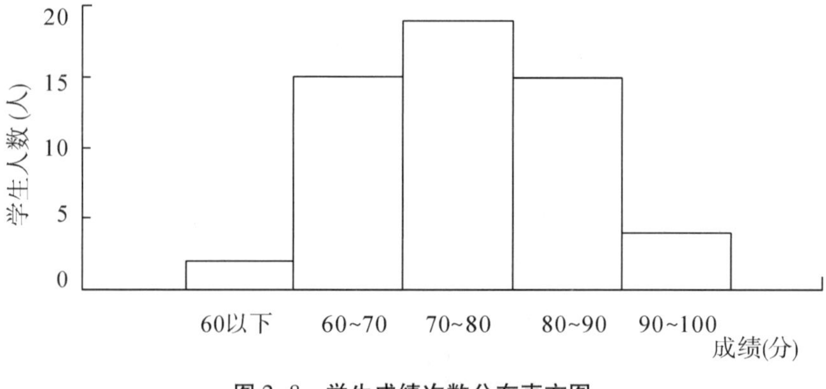

图 2-8　学生成绩次数分布直方图

与直方图作用相似的是折线图。它以各组的组中值为该组的代表值,然后用折线将各组次数连接起来,就形成了折线图,也称为次数多边图。直方图与折线图的面积是相等的,因此,直方图与折线图所表示的分布规律是相同的,是两种面积相同但表示形式不同的次数分布图。如图 2-9 所示。需要注意的是,折线图的两个终点要与横轴相交,这样才会使折线图下所围成的面积与直方图的面积相等,从而使二者所表示的频数分布一致。

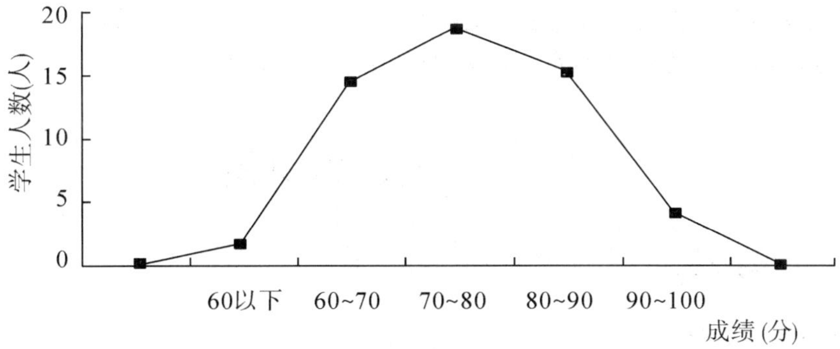

图 2-9　学生成绩次数分布折线图

曲线图是折线图的理论图,当变量数列的组数无限多时,折线就表现为一条光滑的曲线。如图 2-10 所示。

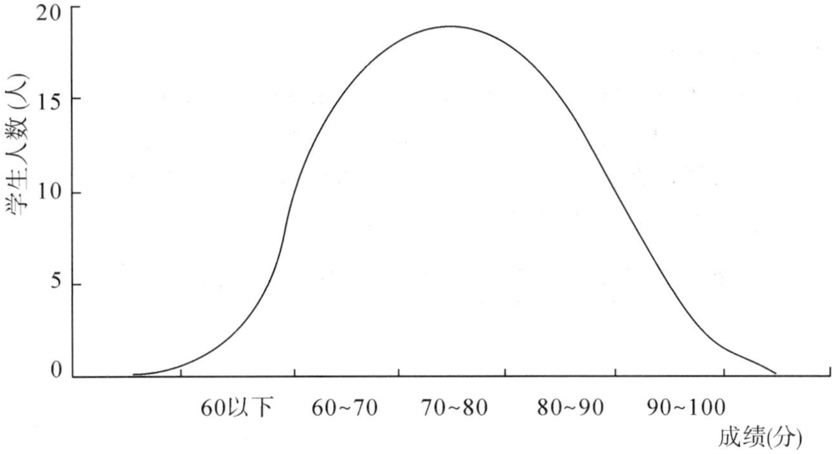

图 2-10　学生成绩次数分布曲线图

利用 Excel 可对原始数据进行分组并得到频数分布和直方图。具体步骤如下:点击“工具”→“数据分析”→“直方图”。在“直方图”中的“输入区域”输入数据所在区域;在“接收区域”输入指定的分组上限值所在区域;在“输出区域”指定频数分布表输出区域的起点单元格;选择“图表输出”;最后点击“确定”即可得到次数分布表和直方图(如图 2-11 所示,是例 2-1 用 Excel 进行分组得到的频数分布和直方图)。

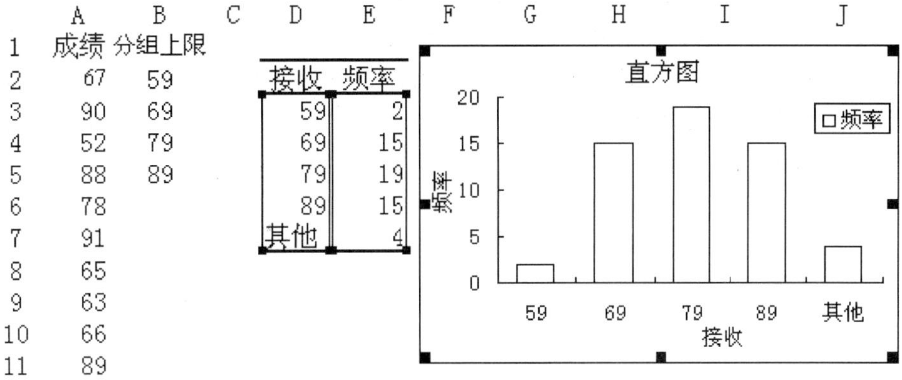

图 2-11　Excel 的次数分布和直方图

在直方图的任一条形上点击右键，选择"数据系列格式"，在"选项"中将"分类间距"调整为 0，即可得到条形之间无间隔的直方图，如图 2-8 所示。

§2.3　统计表和统计图

§2.3.1　统计表

(1)统计表的概念

把经过调查整理汇总计算而得到的统计数据按一定的结构和顺序，系统地排列在一定的表格内，就形成了统计表。统计表是表现统计数据的基本工具。经过整理的统计数据用统计表的形式表现，较之于冗长的文字叙述更为醒目、清楚，便于数据的检查核对和比较分析。

(2)统计表的构成

统计表从形式上看一般由总标题、横行标题、纵列标题、数字资料等要素构成，必要时可以在表的下方加上表外附加。总标题是统计表的名称，概括表的内容，置于表的正上方。横行标题放在表内的左端，表示研究的对象。纵列标题放在表的右上端，也称为指标名称。统计表的结构如表 2-7 所示。

表 2-7　2015 年三次产业对国内生产总值增长的贡献率和拉动　←总标题

横行标题		贡献率(%)	拉动(百分点)	
				纵列标题
横行标题	第一产业	4.6	0.3	数据
	第二产业	41.7	2.9	
	第三产业	53.7	3.7	

资料来源：《中国统计年鉴 2016》，中国统计出版社。

产业拉动指 GDP 增长速度与各产业贡献率之乘积。　←表外附加

产业贡献率指各产业增加值增量与 GDP 增量之比。

(3)统计表的种类

统计表的形式多种多样，根据使用者的要求和数据本身的特点，可以设计出形式多样的统计表。统计表按照分组情况不同，可分为简单表、简单分组表、复合分组表。对总体未经过任何分组，按总体单位排列的统计表称为简单表；对总体按一个标志分组的统计表称为简单分组表(如表 2-7)；对总体按两个及以上标志进行层叠分组的统计表称为复合分组表(如表 2-8)。

表 2-8　2015 年国内、国外三种专利申请受理情况

单位:件

项　目	申请受理数
发　明	1 101 864
国内	968 251
国外	133 613
实用新型	1 127 577
国内	1 119 714
国外	7 863
外观设计	569 059
国内	551 481
国外	17 578
合　计	2 798 500

资料来源:《中国统计年鉴 2016》。

将不同时间的数据按照时间顺序排列形成的统计表,就是时间序列表。利用时间序列表可以反映现象变动的趋势和规律。

对于定类数据的描述和分析,通常需要用列联表进行交叉分析。列联表又称为交叉表,它是由两个以上的变量进行交叉分类的频数分布表,可以同时用于汇总两个变量的数据和检验两个变量之间的关系的方法。例如表 2-9 是对某个地区 200 家饭店餐价和质量等级进行交叉分析编制的列联表。表中的行是饭店的质量等级,是个定性变量,分为较好、好、很好;表中的列变量——餐价,是一定量变量。

表 2-9 是一个 2×4 列联表,表中的每个数据都反映着来自饭店质量等级和餐价两个方面的信息。列联表提供了变量之间关系的内涵。从表 2-9 反映出餐价的高低与饭店的质量等级有联系,质量等级越高的饭店,餐价越高。

表 2-9　200 家饭店的质量等级与餐价的列联表

质量等级	餐价(元)				总计
	10~25	25~40	40~55	55 以上	
比较好	21	26	4	1	52
好	15	49	33	4	101
很好	2	11	18	16	47
总　计	38	86	55	21	200

列联表广泛用于研究两个变量间的关系。在两个变量都是定性变量或两个变量都是定量变量时,也可以编制列联表对变量的关系进行分析。

(4)统计表的设计规则

由于使用者的目的及统计数据的特点不同,统计表在形式和结构上会有较大差异,但其设计的基本要求是一样的,要便于使用者进行比较、分析及阅读,“科学、实用、简练、美观”仍然是设计统计表的基本要求。设计统计表时一般应该注意以下规则：

①统计表的各种标题，确切地反映和概括出表的基本内容。特别是总标题的表达，力求简明，总标题一般需要表明统计数据的时间（When）、地点（Where）以及何种数据（What），即标题内容应满足3W要求。

②表中不要罗列太多和过于庞杂的内容，尽可能做到简明扼要。

③要合理安排统计表的结构，表中的行和列各栏，一般应按先局部后整体的原则排列，即先列各个项目，后列总计。当没有必要列出所有项目时，可以先列总计，而后列出其中一部分的项目。

④如果统计表的栏数较多，通常要加以编号，在横行标题和计量单位等栏，用甲、乙、丙等文字标明；纵列标题各栏，用（1）、（2）、（3）等数字编号。

⑤表中数字应该填写整齐，对准位数，同栏数字的单位、小数位要一致。若有相同数字应全部填列，不得写“同上”字样。当不应有数字时用“—”表示。

⑥统计表中必须注明数字资料的计量单位。当全表只有一种计量单位时，可以把它写在表头的右上方。如果表中需要分别注明不同单位时，横行的计量单位可以专设一拦；纵拦的计量单位，要与纵标目写在一起。

⑦必要时统计表应该加注说明或注解。例如，某些指标有特殊的计算口径，某些资料只包括一部分地区，某些数字是由估算来插补等，都要加以说明，此外还要注明统计资料的来源，以便查考。说明或注解一般写在表的下端，作为表外附加。

§2.3.2 统计图

统计图是直观的表达统计数据的形式，它可以将复杂、枯燥的数据用形象生动的图形表现出来，正确的绘制和使用好统计图是统计分析的基础。绘制这些图形，除直方图外，基本上都可以利用Excel的图表功能来完成。在Excel工作表中，输入数据后点击“图表向导”（或在“插入菜单”下点击“图表”），选择所需的图表类型，按所选图表对话框中的提示操作，即可得到所需的统计图。

（1）柱形图

柱形图是用宽度相同、高度或长短不同的条形来表示数据多少的图形。柱形图既可以用来表示定性数据的分布，也可以用来进行同类形象在不同空间、不同时间的对比。

柱形图与直方图不同。首先，直方图是用面积表示各组频数的多少，矩形的高度表示每一组的频数或频率，矩形的宽度则表示各组的组距，因此其高度和宽度都有意义；而柱形图是用柱形的高度表示各类别频数的多少，其宽度是固定的。其次，由于分组数据有连续性，直方图的各矩形通常是连续排列的，而柱形图则是分开排列的。最后，柱形图主要用于分类数据的显示，而直方图用于展示分组数据。

柱形图的类别较多，绘制时，各类别可以放在纵轴，称为柱形图，也可以放在横轴上，称为条形图。如按表2-1中的资料绘制成的图2-12，就是柱形图。

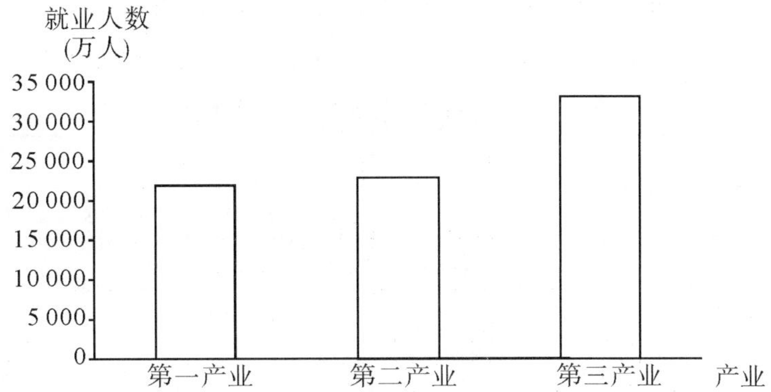

图 2-12　2015 年我国就业人数的产业分布

(2)饼图

饼图又称圆形图,整个饼图面积代表所研究数据的整体,每一个扇形面积代表总体每个部分所占的百分比,主要用于表示各部分对于总体的比例,对结构性问题研究十分有用。

图 2-13 是利用表 2-2 数据绘制的饼图。

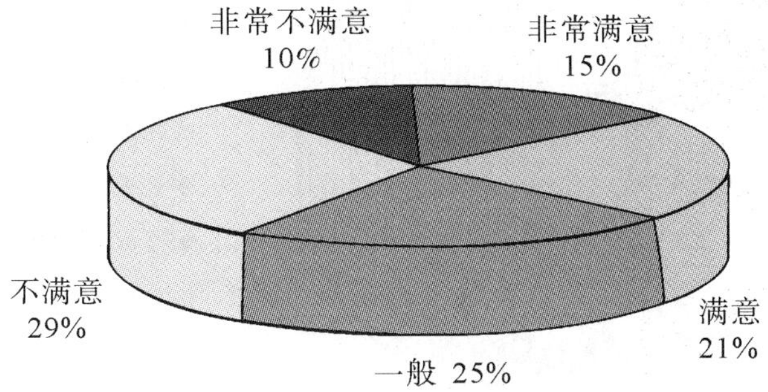

图 2-13　某地区居民对住房满意度

(3)环形图

环形图与饼图类似,主要用于反映现象的结构,但两者又有区别。环形图中间有一个“空洞”,总体中的每一部分数据用环中的一段表示。饼图显示一个总体各组成部分所占的比重,而环形图可以在一个图上显示多个总体的结构,其中每一环是一个总体数据系列,这样有利于我们比较不同总体的结构差异。图 2-14 是根据表 2-10 中 2015 年我国东、西部地区居民平均每人消费支出结构绘制的环形图,外环反映的是西部地区居民的消费结构,内环是反映东部地区居民的消费结构,利用这个环形图便于直接比较两个地区居民消费结构的差异。

表 2-10　2015 年东、西部地区居民人均消费支出

项　　目	居民人均消费支出(元)	
	东部地区	西部地区
食品烟酒	64 199.9	48 930.6
衣 着	14 197.6	12 479.5
居 住	55 253.4	28 424.7
生活用品及服务	12 355.4	9 425.2
交通通信	29 848.4	20 034.0
教育文化娱乐	22 376.7	16 363.0
医疗保健	14 460.4	12 253.4
其他用品及服务	5 739.3	3 438.3

资料来源:《中国统计年鉴 2016》

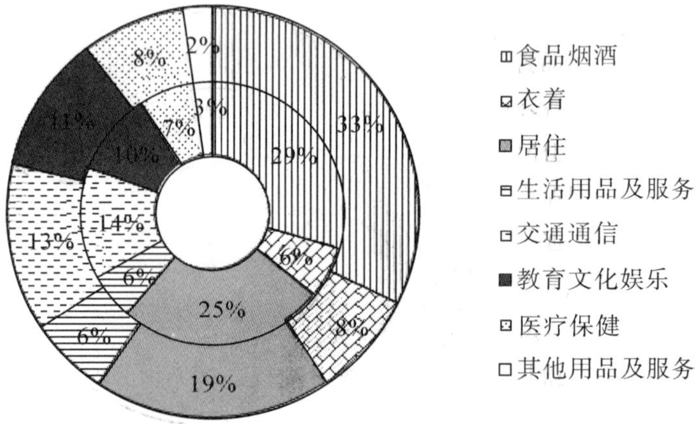

图 2-14　2015 年我国东、西部居民人均消费支出构成

(4)线图

线图是在直角坐标上用折线表现数据变化的图形,主要用于显示时间序列数据,反映现象随时间变化的特征。

图 2-15 是根据全国城乡居民家庭人均收入的数据绘制的线图。从图中可以观察到,城乡居民家庭人均收入呈逐年提高的趋势,城镇居民的家庭人均收入明显高于农村,且差距越来越大。

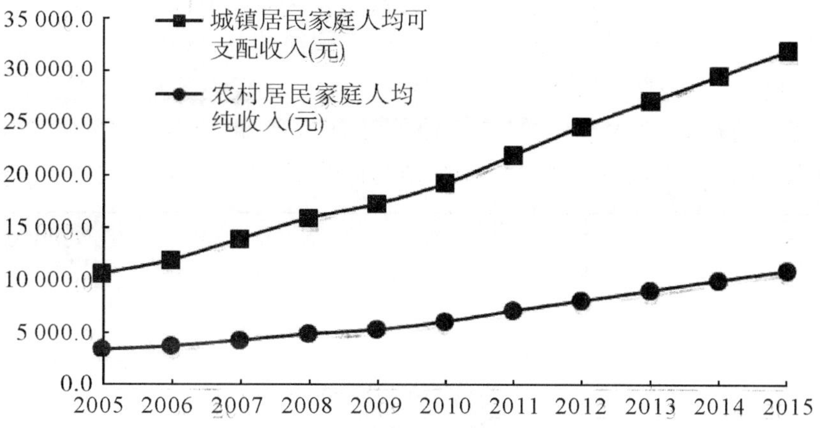

图 2-15　全国城乡居民家庭人均收入

(5)雷达图

雷达图也称为蜘蛛图,是显示多个变量特征的多维图。在显示或对比各变量的数值总和时很有用。假定各变量的取值具有相同的正负号,总的绝对值与图形所围成的区域值成正比。利用雷达图也可以研究多个总体之间的相似程度。图 2-16 是根据表 2-10 的数据绘制的雷达图。

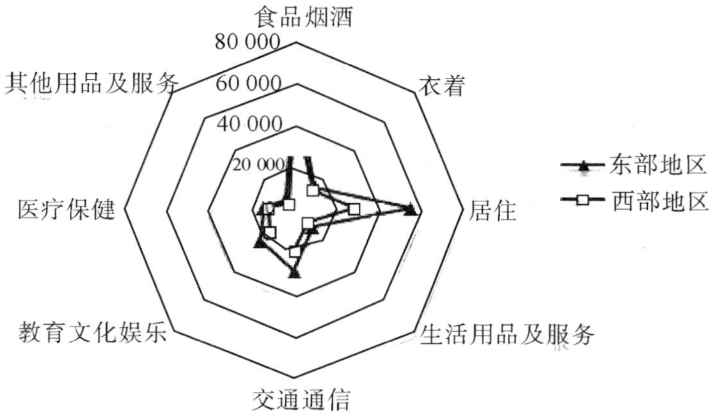

图 2-16　2015 年我国东西部地区居民人均消费支出构成

一张精心设计的统计图形是展示数据的有效工具,可以准确地表达数据所要传递的信息。设计图形时,应绘制得尽可能简洁,以能够清晰地显示数据、合理地表达内容和目的。应避免一切不必要的修饰。图形体现的视觉效果应与数据所体现的事物特征相一致,否则有可能歪曲数据,给人以错误的印象。

6. 茎叶图

直方图展示了总体数据的主要分布特征,但它掩盖了各组内数据的具体差异。为了弥补这一缺陷,对于未分组的原始数据则可以用茎叶图来观察其分布。茎叶图由"茎"和"叶"两部分构成,其图形是由数字组成的。

①单组数据。

绘制茎叶图的关键是设计好树茎。制作茎叶图时,首先把一个数字分成两部分,通常是以该数据的高位数值作为“树茎”，以次高位的数值作为“树叶”。如 136 分成“13”和“6”，86 分成“8”和“6”，前面部分是树茎，后面部分是树叶。

在画茎叶图时，先将茎依从小到大的次序写在一条竖线的左边，然后将每个数据的叶写在竖线的右边，并将它们按从小到大的次序排列，再给出叶的单位，这便构成了一张茎叶图。图 2-17 是根据例 2-1 的数据制作的茎叶图。

树　茎	树　叶	数据个数
4	2	1
5	2	1
6	012345556667799	15
7	0012345566666788899	19
8	001234555678899	15
9	0147	4

图 2-17　某班学生统计学成绩的茎叶图

图 2-17 的竖线左边的数值称为“茎”，竖线右边的数值称为“叶”。以第 3 行为例，竖线左边的 6 表示该行所有数值的十位数都为 6，个位数最小为 0（成绩为 60 分），最大为 9（成绩为 69 分），数据个数为 15，即成绩为六十几分有 15 人。其余以此类推。

②两组数据。

在要比较两组样本时，可画出它们的背靠背的茎叶图，这是一个简单直观而有效的对比方法。

【例 2-2】某赛季甲、乙两名篮球运动员每场比赛得分的原始记录如下：

1）甲运动员得分：13，51，23，8，26，25，16，33，14，28，39，23

2）乙运动员得分：49，24，40，31，50，39，44，36，15，37，40，41

为对其进行对比，我们将这些数据放到一个背靠背的茎叶图上（图 2-18）。

甲运动员		树茎	乙运动员	
数据个数	树 叶		树 叶	数据个数
1	8	0		0
3	4 6 3	1	5	1
5	3 8 5 6 3	2	4	1
2	9 3	3	1 9 6 7	4
0		4	9 0 4 0 1	5
1	1	5	0	1

图 2-18　两运动员得分的背靠背茎叶图

在图 2-18 中，树茎放置中间，这里使用的是共同的茎，甲运动员的树叶向左生长，乙运动员的树叶向右生长。从茎叶图可以看出，甲运动员的得分较为分散，而乙运动员的得分较为集中，乙运动员发挥较为稳定且其整体水平较高。

(3)茎叶图的特征:

A.用茎叶图表示数据有两个优点:一是从统计图上没有原始数据信息的损失,所有数据信息都可以从茎叶图中得到;二是茎叶图中的数据可以随时记录,随时添加,方便记录与表示;

B.茎叶图只便于表示两位(或一位)有效数字的数据,对位数多的数据不太容易操作;而且茎叶图只方便记录两组的数据,对两组以上的数据虽然能够记录,但是没有表示两组记录那么直观,清晰;

C.茎叶图对重复出现的数据要重复记录,不能遗漏。

本章小结

1. 统计数据是总体或总体单位某一特征的具体表现。统计数据的收集包括原始数据和二手数据的收集,是统计分析的基础。统计数据收集的形式有普查、重点调查、抽样调查;数据收集的方法有观察法、报告法和访问法。统计调查工作要制订合理的调查方案。

2. 统计误差是统计数据与客观现象真实数值之间的差异。统计误差可以分为登记性误差和代表性误差、随机误差和非随机误差。

3. 为了形成反映现象总体特征的综合数据,需要对数据进行整理。统计分组是统计整理的核心。统计分组的基本原则是科学性、完备性、互斥性。按品质标志分组的关键是界定各类型组的性质差异;按数量标志分组的关键是正确确定各组的数量界限,显示出数据的分布特征。

4. 把现象按照一定的特征进行分类就会形成分布数列。次数分布主要有钟形分布、U 形分布、J 形分布。

5. 统计表和统计图是显示统计数据的重要形式。为了更直观地显示次数分布的状况,可以在次数分布表的基础上,用统计图来表示次数分布。

思考题与练习题

1. 统计调查的形式有哪些?各有何特点?

2. 概率抽样和非概率抽样有何差异?举例说明说明什么情况下适合采用概率抽样,什么情况下适合采用非概率抽样。

3. 为了了解某地区居民对住房的满意程度,调查人员在居民小区对 400 个居民进行调查,回答分为:满意、比较满意、一般、不满意、很不满意五类。试问:

(1)这一调查的对象和调查单位是什么?

(2)这一调查是否是随机调查?

(3)调查收集的数据属于什么类型?

4. 数据的误差有哪些?

5. 为了评价居民对住房的满意程度,随机抽取了 100 个家庭构成的一个样本。满意程度分别表示为:A.很满意,B.比较满意,C.一般,D.不满意,E.很不满意。调查结果如下:

E	C	C	A	D	C	B	A	E
D	A	C	C	D	E	C	E	E
A	D	B	C	A	E	D	C	B
B	A	C	E	A	B	D	D	C
C	B	C	D	B	C	C	B	C
D	A	C	C	D	E	C	E	B
B	E	C	A	D	C	B	A	E
B	A	C	E	A	B	D	D	C
A	D	B	C	A	E	D	C	B
C	B	C	D	B	C	C	B	C

要求:

(1)指出上面的数据属于什么类型。

(2)制作一张频数分布表。

(3)绘制条形图,反映评价等级的分布。

6. 下面是某年 80 家上市公司的每股收益数据(单位:元)

-1.88	0.72	1.01	0.13	-0.10	4.42	0.36	0.33
0.23	0.01	1.35	0.12	-0.08	2.10	0.18	0.02
0.46	0.60	0.36	0.36	-0.16	-0.19	0.15	0.17
1.06	1.31	0.74	-0.13	0.05	0.13	-0.36	-0.09
1.15	1.56	0.86	0.18	0.04	0.62	0.38	0.25
0.06	0.50	-0.10	-0.25	0.33	0.61	-0.30	0.22
3.74	0.81	0.00	0.36	0.18	0.08	0.00	0.99
0.62	0.34	-0.23	0.48	0.04	0.44	0.32	0.07
0.69	-0.10	-0.01	0.14	0.02	-0.22	0.03	-1.89
0.68	0.79	-3.15	0.10	1.15	-0.61	0.08	-0.28

要求:

(1)构建这些数据的频数分布表;

(2)绘制频数分布的直方图;

(3)说明数据分布的特征。

7. 为了了解居民对住房的满意情况,从甲、乙两个城市分别抽取了部分居民户进行调查,其调查结果如下:

满意程度	人数(人)	
	甲城市	乙城市
非常不满意	35	23
不满意	139	115
一般	102	90
满意	49	56
非常满意	35	16

要求:

(1)根据上面的数据,画出两个城市居民住房满意度的环形图和对比条形图。

(2)比较两个城市居民住房满意程度的分布特点。

8. 下面的数据是某厂两个车间某天各 40 名员工生产的产品数量(单位:个)。

甲车间						乙车间					
50	52	56	61	61	62	56	66	67	67	68	68
64	65	65	65	67	67	72	72	74	75	75	75
67	68	71	72	74	74	75	76	76	76	76	78
76	76	77	77	78	82	78	79	80	81	81	83
83	85	86	86	87	88	83	83	84	84	84	86
90	91	92	93	93	97	86	87	87	88	92	92
100	100	103	105			93	95	98	107		

要求:

(1)根据上表资料绘制背靠背茎叶图;

(2)依据茎叶图对两车间产量进行简要对比分析。

9. 我国 2015 年城乡居民平均每人生活消费支出数据如下:

项目	农村居民人均生活消费支出(元)	城镇居民人均生活消费支出(元)
食品烟酒	3 048. 0	6 359. 7
衣 着	550. 5	1 701. 1
居 住	1 926. 2	4 726. 0
生活用品及服务	545. 6	1 306. 5
交通通信	1 163. 1	2 895. 4
教育文化娱乐	969. 3	2 382. 8
医疗保健	846. 0	1 443. 4
其他用品及服务	174. 0	577. 5

要求:根据上表资料,绘制适当的统计图,比较分析城镇和农村居民消费结构的差异。

第 2 章思考题与练习题答案

第 3 章
统计数据的描述

统计数据经过加工整理形成数列后，我们对它的分布状况已有直观的了解。然而，要进一步做更深入具体的分析，还需要用一些统计指标描述统计数据的特征，以便对不同的研究对象进行比较分析。对统计数据的描述包括：数据总量水平的描述、数据比较关系的描述、数据集中趋势和数据离中趋势的描述、分布形态的描述等。

§3.1　总量数据和相对数据的描述

§3.1.1　总量数据的描述

总量数据是总量指标的取值①，也称绝对数。总量指标是反映总体规模或绝对水平的指标，如我国国土面积 960 万平方千米、2007 年国内生产总值 246 619 亿元、社会消费品零售总额 89 210 亿元等。总量数据在实际经济工作中有重要作用，是认识社会经济现象的起点，也是计算相对指标和平均指标的基础。

总量指标一般通过计数、测量得到。一个合理的总量指标要在理论的指导下赋予科学的内涵，并确定其计量范围。例如，要得到在宏观经济中常用的国内生产总值、国民总收入、国民可支配总收入等总量数据，首先要定义这些总量指标，并确定其计算范围。国内生产总值(GDP)，是按市场价格计算的一个国家所有常住单位②在一定时期内生产活动的最终成果。国民总收入是一国常住单位在一定时期因为投入生产要素(劳动力、土地、资本)而获得的初次分配总收入；国民可支配总收入是一国常住单位与非常住单位之间在初次分配总收入的基础上，通过经常转移的形式对初次分配总收入进行再次分配后而获得的总收入。这些总量数据的关系是：

$$国民总收入=国内生产总值+来自国外的净要素收入$$
$$国民可支配总收入=国民总收入+来自国外的经常转移收入净额$$

总量数据的大小与总体范围的大小有直接关系，同一时间不同总体范围或同一总体不同时间的同一总量数据相加有意义，其和仍然是总量数据。如各个行业全年职工

① 本教材对总量指标与总量数据不做区分，视为同一个概念。同样，下边对相对指标与相对数、平均指标与平均数也不做区分。

② 常住单位是在一国经济领土上具有经济利益中心的机构单位。

的工资总额之和是全国职工的年工资总额;各个地区的年末人口数之和是全国年末人口总数。

总量指标可以是单位总量也可以是标志总量。总体单位总量反映总体单位数的多少;总体标志总量是总体单位某一数量标志值之和。例如,了解某地工业生产情况,该地所有工业企业数是总体单位总量;该地工业增加值、工业固定资产净值、工业职工人数等是总体标志总量。

总量指标可以分为时期指标和时点指标,也分别称为流量和存量。时期指标是反映社会经济现象在一段时间内发生的总量,如国内生产总值、投资总额、进出口贸易额、产量等。时点指标是反映社会经济现象在某一时刻的数量状态,如人口数、设备台数、商品库存量、资金占用量等。时期指标的大小与时间的长短有直接关系,不同时间范围的同一时期指标可以直接相加,加起来反映现象在更长时间的总量;时点指标的数值大小与时点间的间隔长短没有直接关系,不同点上的指标相加没有实际意义。

§3.1.2　相对数据的描述

相对数据即相对指标,常常称为相对数,是两个有联系的统计数据对比的比率。相对数对事物的绝对水平和绝对差异进行了抽象,能更明确表达事物之间的数量关系,利用相对数据分析问题是经济工作中常用的对比分析方法。根据研究目的不同和对比的指标不同,可以形成不同类型的相对数,分别反映现象的相对水平、结构和分布、比例关系、发展速度、普遍程度等。

相对数有两种计量形式:无名数和复名数。无名数是一种抽象化的、无量纲的数,包括百分数(%)、千分数(‰)、成数、倍数和系数等;复名数是以分子分母的计量单位共同构成计量单位。

发展速度是反映不同时间、同一空间同一现象发展变化相对程度的相对数,其计算式是:

$$发展速度=\frac{报告期水平}{基期水平}\times 100\%=\frac{y_t}{y_0}\times 100\% \tag{3-1}$$

根据基期的不同,发展速度有环比发展速度和定基发展速度之分。

环比发展速度是报告期水平与前一期水平之比,即:

$$环比发展速度=\frac{报告期水平}{前一期水平}=\frac{y_t}{y_{t-1}}\ (t=1,2,\cdots,n) \tag{3-2}$$

定基发展速度也称为发展总速度,是报告期水平与固定基期水平(通常为期初水平 y_0)之比,即:

$$定基发展速度=\frac{报告期水平}{期初水平}=\frac{y_t}{y_0}\quad (t=1,2,\cdots,n) \tag{3-3}$$

环比发展速度与定基发展速度的关系是:

定基发展速度等于相应时期内各环比发展速度的连乘积,即:

$$\frac{y_1}{y_0}\times\frac{y_2}{y_1}\times\cdots\times\frac{y_t}{y_{t-1}}=\frac{y_t}{y_0} \tag{3-4}$$

相邻两期的定基发展速度之商，等于相应时期的环比发展速度，即：

$$\frac{y_t}{y_0} \div \frac{y_{t-1}}{y_0} = \frac{y_t}{y_{t-1}} \tag{3-5}$$

发展速度减 1 或 100%为增长速度，说明报告期水平比基期水平增长了百分之多少。

计算和应用相对数据应注意以下问题：

(1)正确选择对比基础

选择对比基础必须从现象的性质、特点出发，结合研究问题的目的来确定。基础选择不当，就不能准确反映现象间的数量对比关系，甚至会歪曲现象间的真实联系。

(2)对比的数据要有可比性

可比性是能否正确反映现象间的数量关系，能否正确运用计算结果分析问题的重要条件。对比数据的可比性主要是指对比的两个数据的内容、口径、计算方法、范围和条件是否与形成该相对数的要求相适应。

(3)相对数要与绝对数结合运用

相对指标是一个抽象的比率，不能反映现象之间绝对数量的差异。有些时候较小的相对数隐藏着较大的绝对数，或者相反。如我国 2006 年的人口自然增长率为 5.28‰，这个数与很多国家相比不算高，但是 13 亿人的基数，增长 5.28‰就是增加 700 多万人，比好多国家的总人口还多。所以进行对比分析时，往往需要既反映相对程度，又反映绝对数量差异，才能正确说明问题。

§3.2 统计数据集中趋势的描述

统计数据的集中趋势是指一组数据向某一中心值靠拢的倾向。总体各单位数据客观上存在着差异，统计规律表明，对绝大多数现象而言，较大或较小的统计数据出现的频率比较小，大多数统计数据都集中在中间区域。集中趋势的描述归纳起来有两大类：一类是数值平均数，它是根据全部数值计算得到的代表值；另一类是位置平均数，是根据数据所处位置直接观察或根据与所处位置有关的部分数据计算确定的代表值。

§3.2.1 数值平均数

数值平均数简称为平均数，是将总体单位间的数量差异抽象化后得到的反映现象在一定时间、地点、条件下一般水平的代表值。平均数可以消除因总体范围不同而带来的总量数据差异，使不同规模的总体数据具有可比性；与统计分组结合运用，可以分析现象之间的相互依存关系；平均数还是统计推断的一个重要数据。

(1)算术平均数

算术平均数的基本计算公式是：

$$算术平均数 = \frac{标志总量}{单位总量} \tag{3-6}$$

根据掌握的变量值情况，算术平均数的计算方法分为简单算术平均法和加权算术平均法。

①简单算术平均法。

简单算术平均法是在统计数据未分组的情况下，将各个数据直接相加除以数据的个数计算平均数的方法。这样计算的平均数称为简单算术平均数。若以 $x_1, x_2, \cdots, x_n$ 表示变量值，$\bar{x}$ 表示平均数，则简单算术平均数的计算式为：

$$\bar{x} = \frac{\sum_{i=1}^{n} x_i}{n} = \frac{\sum x}{n} \text{①} \tag{3-7}$$

如某小组 8 个学生的英语考试成绩分别为 80、72、84、88、75、73、90、78 分。则该小组成绩的均值为：

$$\bar{x} = \frac{80 + 72 + 84 + 88 + 75 + 73 + 90 + 78}{8} = \frac{640}{8} = 80\ (\text{分})$$

②加权算术平均数。

根据变量数列计算算术平均数，要用加权算术平均法，即用次数对变量值加权求平均数的方法。用加权算术平均法计算的平均数称为加权算术平均数。所谓“加权”是指变量数列中，各个变量值出现的次数不一样，次数出现多的变量值对平均数的影响大一些，次数出现少的变量值对平均数的影响小一些，对各个变量值不能等同看待。计算平均数时，必须以变量值出现的次数与变量值相乘，以权衡其轻重，这就是“加权”。变量值出现的次数或比重称为“权数”。

若用 x_i 表示变量值，f_i 表示变量值 x_i 出现的次数，n 表示组数，表示算术平均数，加权算术平均法的计算式为：

$$\bar{x} = \frac{x_1 f_1 + x_2 f_2 + \cdots + x_n f_n}{f_1 + f_2 + \cdots + f_n} = \frac{\sum xf}{\sum f} \tag{3-8}$$

在社会经济统计中经常用比重权数加权：

$$\bar{x} = x_1 \frac{f_1}{\sum f_i} + x_2 \frac{f_2}{\sum f_i} + \cdots + x_n \frac{f_n}{\sum f_i} = \sum x \frac{f}{\sum f} \tag{3-9}$$

【例 3-1】某企业某日工人日产量资料如表 3-1 所示。试计算工人日平均产量。

表 3-1　某企业某日工人日产量

日产量(件)	工人人数(人)	比重(%)
10	70	8. 75
11	100	12. 50
12	380	47. 50
13	150	18. 75
14	100	12. 50
合　计	800	100. 00

① 去掉公式中的下标意义也很明确，本章以下的公式均省略下标。

因为“工人平均日产量=工人日总产量/工人总数”,所以工人日平均产量应该这样计算:

$$\bar{x}=\frac{\sum xf}{\sum f}=\frac{10\times70+11\times100+12\times380+13\times150+14\times100}{70+100+380+150+100}$$

$$=\frac{9\ 710}{800}$$

$$=12.137\ 5(\text{件})$$

或 $$\bar{x}=\sum x\frac{f}{\sum f}$$

$$=10\times0.875+11\times0.125+12\times0.475+13\times0.185+14\times0.125$$

$$=12.137\ 5(\text{件})$$

根据组距数列计算算术平均数时,应取各组的组中值作为该组的代表值用于计算。此时,其基本假定是各组内的变量值均匀分布,求得的算术平均数只是其真值的近似值。

【例 3-2】某班学生英语考试成绩如表 3-2 所示,试计算平均成绩。

表 3-2 某班学生英语考试成绩

成绩(分)	组中值 x(分)	学生人数 f(人)	比重 $f/\sum f$(%)
60 以下	55	2	3.64
60~70	65	15	27.27
70~80	75	19	34.55
80~90	85	15	27.27
90~100	95	4	7.27
合 计	—	55	100.00

所求平均成绩为:

$$\bar{x}=\frac{\sum xf}{\sum f}$$

$$=\frac{55\times2+65\times15+75\times19+85\times15+95\times4}{2+15+19+15+4}$$

$$=\frac{4\ 165}{55}$$

$$=75.73(\text{分})$$

或 $$\bar{x}=\sum x\frac{f}{\sum f}$$

$$=55\times0.036\ 4+65\times0.272\ 7+75\times0.345\ 5+85\times0.272\ 7+95\times0.072\ 7$$

$$=75.73(\text{分})$$

权数起权衡轻重的作用,它体现在各组单位数占总体比重大小上面。哪一组单位数所占比重大，其变量值对算术平均数的影响就大。比重权数更清楚地说明了权数的实质。

计算算术平均数，有时只掌握了各组变量值和各组变量值之和的资料，为了符合基本公式，应该首先经过除法运算求得分母数据，再计算平均数。这样计算平均数的方法称为“调和平均法”，得到的平均数称为“调和平均数”。

由于算术平均数易受极端变量值的影响，所以实际工作中也常常计算切尾平均数。切尾平均数是去掉数据大小两端的若干数值后计算中间数据的平均数。它在电视大奖赛、体育比赛等竞赛项目的评分中已得到广泛应用。切尾均值是结合了算术平均数利用数据信息充分和中位数不受极值影响的两个优点而形成的新型统计量。对于存在极值的现象计算均值有重要意义。

③算术平均数的数学性质。

A.各个变量值与其算术平均数的离差之和为零，即：

对于简单算术平均数　$\sum (x - \bar{x}) = 0$

对于加权算术平均数　$\sum (x - \bar{x})f = 0$

因为：

$$\sum (x - \bar{x}) = \sum x - n\bar{x} = \sum x - n.\frac{\sum x}{n} = 0$$

$$\sum (x - \bar{x})f = \sum xf - \sum \bar{x}f = \sum xf - \bar{x}\sum f$$

$$= \sum xf - \frac{\sum xf}{\sum f}\sum f = 0$$

这一数学性质说明，平均数实际上是正的离差去抵负的离差，从而把总体各单位变量值的差异抽象掉了，所以它表现的是一般水平值。

B.各个变量值与其算术平均数的离差平方之和为最小，即：

对于简单算术平均数　$\sum (x - \bar{x})^2 = \min$

对于加权算术平均数　$\sum (x - \bar{x})^2 f = \min$

设 x_0 是不等于 $\bar{x}$ 的任意数，则 $x_0 - \bar{x} = c \neq 0$。

$$\sum (x - x_0)^2 = \sum [x - (\bar{x} + c)]^2 = \sum [(x - \bar{x}) - c]^2$$

$$= \sum (x - \bar{x})^2 - 2c\sum (x - \bar{x}) + nc^2$$

$$= \sum (x - \bar{x})^2 + nc^2$$

因为 $c \neq 0$，所以 $nc^2 > 0$。

故　$\sum (x - x_0)^2 > \sum (x - \bar{x})^2$

即　$\sum (x - \bar{x})^2 = \min$

类似地可以证明 $\sum (x - \bar{x})^2 f = \min$ 。

该数学性质充分反映了平均数是集中趋势最好的代表值的特性，以算术平均数以外的任何数为中心，其离差都大于以平均数为中心的离差。

④平均法在计算动态平均数中的应用。

算术平均法也常常用于计算动态平均数(序时平均数)。所谓动态平均数是将现象在不同时间上的数量差异抽象掉,反映现象在一定发展阶段的一般水平。动态平均数的计算基础是时间序列,不同的时间序列其平均发展水平的计算方法也有所不同。

时期序列中各项数据相加等于现象在一段时期内的总量,所以计算时期序列的平均发展水平,采用的是简单算术平均法,即将各期数据之和除以时期的项数。其计算公式为:

$$\bar{y}=\frac{y_1+y_2+\cdots+y_n}{n}=\frac{\sum y}{n} \tag{3-10}$$

对于按天统计的连续时点数据,可以利用简单算术平均法准确地计算出时点序列的平均发展水平。对于不连续时点序列,若要计算整个考察期的平均发展水平,则要做两个假定:假定上期期末的数据也是下期初的数据,反之下期期初的数据也是上期期末的数据;假定现象的数量在相邻两时点间是均匀变动的。然后计算出相邻两个时点之间现象水平的代表值,再以时点间隔长度为权数,将这些代表值加权算术平均。若分别以$f_1,f_2,\cdots,f_{n-1}$代表各个时点间隔长度,则整个考察期内平均发展水平的计算公式可写为:

$$\bar{y}=\frac{\frac{y_1+y_2}{2}f_1+\frac{y_2+y_3}{2}f_2+\cdots+\frac{y_{n-1}+y_n}{2}f_{n-1}}{\sum_{t=1}^{n-1}f_t} \tag{3-11}$$

【例 3-3】某地区某年对生猪饲养情况进行了调查,得到生猪存栏数量的几个时点数据如表 3-3 所示,试计算该地区生猪月平均存栏数量。

表 3-3　某地区某年生猪存栏数量

时　间	1 月 1 日	1 月 31 日	5 月 1 日	7 月 31 日	10 月 31 日	12 月 31 日
存栏数(万头)	47	24	41	34	56	45

$$\bar{y}=\frac{\frac{47+24}{2}\times 1+\frac{24+41}{2}\times 3+\frac{41+34}{2}\times 3+\frac{34+56}{2}\times 3+\frac{56+45}{2}\times 2}{1+3+3+3+2}$$

$=40.125$

计算结果表明,该地区某年生猪月平均存栏数量为 40.125 万头。

当各时点间隔相等,即$f_1=f_2=\cdots=f_{n-1}$时,间隔加权法公式可简化为:

$$\bar{y}=\frac{\frac{y_1}{2}+y_2+\cdots+y_{n-1}+\frac{y_n}{2}}{n-1} \tag{3-12}$$

上式是由间隔相等的时点序列计算平均发展水平的方法,经常也形象地称之为“首末折半法”。

平均增长量是逐期增长量的平均量。逐期增长量之和为累计增长量,反映现象在整个长时期的总增长量，故平均增长量也采用简单算术平均法计算。其计算公式为：

$$\text{平均增长量}=\frac{\text{逐期增长量之和}}{\text{逐期增长量个数}}=\frac{\text{累计增长量}}{\text{时间序列项数}-1}$$

相对数与平均数有一个共同点，那就是它们归根结底都是由两个有关的总量指标数值对比而得到。因此，由相对数时间序列和由平均数时间序列计算平均发展水平的方法实质上也相同。

设各期的相对数（平均数）为 z_t，它是 y_t 和 x_t 两个总量指标派生的，即 $z_t = y_t/x_t$。由于各个 z_t 的对比基数 x_t 不尽相同，所以计算平均发展水平 $\bar{z}$ 时，不能将各期 z_t 简单算术平均。正确的计算方法是：先对形成该相对数（或平均数）序列的绝对数序列 $\{y_t\}$ 和 $\{x_t\}$，分别计算其平均发展水平 $\bar{y}$ 和 $\bar{x}$，再由这两个平均发展水平对比来得到所求的平均发展水平 $\bar{z}$，即计算公式为：

$$\bar{z}=\frac{\bar{y}}{\bar{x}}$$

【例 3-4】根据表 3-4 资料算某商业企业第一季度的月平均劳动生产率。

表 3-4　某商业企业销售额及职工人数资料

	1 月	2 月	3 月	4 月
销售额 y（万元）	7 886	7 168	6 336	6 555
月初职工人数 x（人）	1 680	1 310	1 510	1 500

根据该资料，商业企业劳动生产率用平均每个职工销售的商品额表示。销售额是时期指标，职工人数是时点指标，故应该分别用（3-1）式和（3-3）式计算其动态平均数，然后再对比。

$$\bar{y}=\frac{\sum y}{n}=\frac{7\ 886+7\ 168+6\ 336}{3}=7\ 130(\text{万元})$$

$$\bar{x}=\frac{\frac{x_1}{2}+x_2+x_3+\frac{x_4}{2}}{4-1}=\frac{\frac{1\ 680}{2}+1\ 310+1\ 510+\frac{1\ 500}{2}}{3}=1\ 470(\text{人})$$

$$\bar{z}=\frac{\bar{y}}{\bar{x}}=\frac{7\ 130}{1\ 470}=48\ 503.40(\text{元}/\text{人})$$

计算结果表明该商业企业第一季度平均每个职工销售了 48 503.40 元商品。

（2）几何平均数

几何平均数是用若干数据的连乘积开项数次方来计算的一种平均数，几何平均数也分为简单几何平均数和加权几何平均数。简单几何平均数的计算公式是：

$$\bar{x}_G=\sqrt[n]{x_1x_2\cdots x_n}=\sqrt[n]{\prod x} \tag{3-13}$$

如某流水生产线有前后衔接的五道工序，某日各工序产品的合格率分别为 97%、96%、98%、98.5%、99%，整个流水生产线产品的平均合格率为：

$$\bar{x}_G=\sqrt[5]{0.97\times0.96\times0.98\times0.985\times0.99}=\sqrt[5]{0.889\ 9}=0.976\ 9=97.69\%$$

加权几何平均数的计算公式是：

$$\bar{x}_G = \sqrt[f_1+f_2+\cdots+f_n]{x_1^{f_1} \cdot x_2^{f_2} \cdots x_n^{f_n}} = \sqrt[\sum f]{\prod x^f} \tag{3-14}$$

如某金融机构以复利方式计算利息。近 12 年来的年利率有 4 年为 3%，2 年为 5%，2 年为 8%，3 年为 10%，1 年为 15%。则 12 年的平均年本利率均年利率为：

$$\begin{aligned} \bar{x}_G - 1 &= \sqrt[(4+2+2+3+1)]{1.03^4 \times 1.05^2 \times 1.08^2 \times 1.10^3 \times 1.15} - 1 \\ &= \sqrt[12]{2.2154} - 1 \\ &= 6.82\% \end{aligned}$$

必须指出的是，社会经济统计中计算几何平均数的前提是各个数据的乘积或幂的乘积有意义。

如前所述，各环比发展速度的连乘积等于总发展速度，所以平均速度的计算往往采用几何平均法。

平均速度包括平均发展速度和平均增长速度。平均发展速度是环比发展速度的平均数，说明现象在某个发展阶段上的逐期发展变化程度的一般水平。平均增长速度表示环比增长速度的一般水平，说明现象在某个发展阶段上平均逐期增长程度，但不能直接将各个环比增长速度加以平均，应根据它与平均发展速度之间的内在联系来计算，即计算公式为：

平均增长速度=平均发展速度-1

可见，平均增长速度与平均发展速度之间相差一个基数。平均发展速度大于 1，则平均增长速度为正值，表明平均说来现象在考察期内是逐期递增的，此时的平均增长速度也称为平均递增率。反之，平均发展速度小于 1，则平均增长速度为负值，表明平均说来现象在考察期内是逐期递减的，此时的平均增长速度也称为平均递减率。

若以 x_i 代表各期环比发展速度，n 代表环比发展速度的项数，则平均发展速度的计算公式为：

$$\bar{x}_G = \sqrt[n]{x_1 \cdot x_2 \cdots x_n} = \sqrt[n]{\prod x} \tag{3-15}$$

由于环比发展速度的连乘积等于定基发展速度即总速度（用 R 表示），而总速度又等于期末水平（y_n）与期初水平（y_0）之比，所以式（3-4）可变换为下面两种形式：

$$\bar{x}_G = \sqrt[n]{R} \tag{3-16}$$

$$\bar{x}_G = \sqrt[n]{\frac{y_n}{y_0}} \tag{3-17}$$

显然，（3-4）~（3-6）这三个计算公式实质上是一回事。实际应用中可根据所掌握的数据选择较为简便的公式来计算。

根据表 3-2 数据，某地 2002—2007 年贸易总额年均增长速度为：

$$\bar{x}_G - 1 = \sqrt[5]{1.35 \times 0.848 \times 1.206 \times 1.182 \times 1.115} - 1 = 12.63\%$$

或：$\bar{x}_G - 1 = \sqrt[5]{\dfrac{1450}{800}} - 1 = 12.63\%$

【例 3-5】党的十七大提出了"实现人均国内生产总值 2020 年比 2000 年翻两番"的新经济发展战略目标。2000 年中国人均国内生产总值为 7 858 元,年平均增长速度至少为多少才能达此目标？考虑人口增长因素,2020 年国内生产总值将为多少？

翻两番是一个总发展速度的概念,表示某个经济总量从基期开始,经过一段时间,达到基期的 2^2 倍。

$a_0 = 7\ 858 \quad a_n = (7\ 858 \times 2) \times 2 = 7\ 858 \times 2^2 \quad n = 20$

$$\bar{x} - 1 = \sqrt[20]{\frac{7\ 858 \times 2^2}{7\ 858}} - 1 = \sqrt[20]{2^2} - 1 = 7.18\%$$

计算表明,要实现人均国内生产总值 20 年翻两番的目标,年平均增长速度不能低于 7.18%。

人均国内生产总值翻两番要求按 2000 年价格计算的人均国内生产总值达到 31 432 元。31 432 元乘以 2020 年的人口数即为 2020 的国内生产总值。2020 年我国人口将达到什么水平？一些权威机构做了预测:联合国人口基金预测为 14.48 亿人,世界银行预测为 14.89 亿人,国家计生委预测为 14.83 亿人,国家统计局为 14.60 亿人①。按照国家统计局预测的人口数计算,2020 年按 2000 年价格计算的 GDP 至少应用达到 458 907 亿元。这样一来,国内生产总值总量就不止翻了两番,而是翻了 2.21 番了:

$$n = \frac{\log 458\ 907.2 - \log 99\ 214.6}{\log 2} = \frac{5.661\ 7 - 4.996\ 6}{0.301\ 0} = 2.21$$

21 世纪的前 7 年(2001—2007 年)GDP 的增长速度分别为(%):8.3、9.1、10.0、10.1、10.4、11.1、11.4,则从 2008 年到 2020 年的 13 年,GDP 的年均增长速度只需要 6.87%:

$$\sqrt[13]{\frac{2^{2.21}}{1.083 \times 1.091 \times 1.10 \times 1.101 \times 1.102 \times 1.111 \times 1.114}} - 1$$

$$= \sqrt[13]{\frac{4.626\ 8}{1.951\ 7}} - 1$$

$$= 6.87\%$$

达到 6.87%的年均增长速度,我们是坚信不疑的。中共十七大提出人均国内生产总值翻两番,确实体现了科学发展观,能够保证国民经济又好又快地发展。

§3.2.2　位置平均数

位置平均数是根据变量值在分配数列中所处的位置来确定的平均数。位置平均数不是根据所有的变量值而是根据特殊位置来确定的,因此它不受极端值的影响。

(1)众数

众数是指总体中出现次数最多的变量值。众数非常清楚地反映数据分布的集中趋势,表 3-1 中,能够生产 12 件产品的工人数最多,所以"12 件"就是众数,第 2 章表

① 资料来源:http://www.stcity.cn/Article_Print.asp? Pay=&ArticleID=16214。

2-2 中,某地区居民对住房状况"不满意"的人最多,所以"不满意"就是众数。

一个变量数列的算术平均数和中位数总是客观存在的,而众数就不一定。在确定众数时,要注意以下两个前提:

①总体单位总量必须相当大,才有众数。若数据资料很少,虽然可以从中得到一个具有较大频率的数值,但其价值并不大,无"最普遍值"的意义。

②次数分布须具有明显的集中趋势才有众数。若数列中各个数据出现的频率都差不多,则所得到的"众数"缺乏代表性。

当变量数列中有两个或几个变量值的次数都比较集中时,就可能有两个或多个众数。众数的示意图见图 3-1。

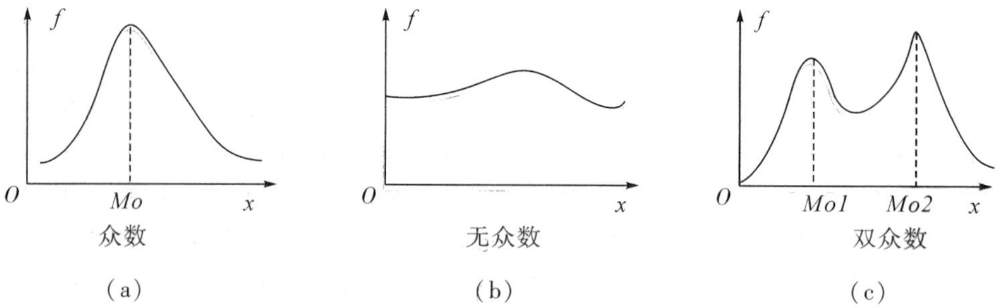

图 3-1 众数示意图

根据未分组数据或单变量分组数据确定众数时,只需找出出现次数最多的数据即是众数。对于组距分组数据,众数通常用公式近似计算:

$$M_0 = L + \frac{\Delta_1}{\Delta_1 + \Delta_2} \times i \tag{3-18}$$

上式中:M_0 为众数;L 为众数组的下限值;Δ_1 为众数组次数与下一组次数之差;Δ_2 为众数组次数与上一组次数之差;i 为众数组的组距。

从表 3-2 的数据可以看出,出现频数最多的是 19,即众数组为 70~80 分这一组,根据公式得 55 名大学生的英语成绩众数为:

$$M_0 = 70 + \frac{19 - 15}{(19 - 15) + (19 - 15)} \times 10 = 75(分)$$

根计算表明,若众数组前一组的次数与后一组的次数相等,则众数等于众数组的组中值。

(2)中位数

中位数是将各单位的标志值按大小顺序进行排列后,处于中间位置的标志值。由于位置居中间,所以它把数列中的全部标志值分成相等的两部分,一半标志值小于它,一半标志值大于它。由于中位数的数值不大也不小,所以在许多场合它能够作为总体或变量数列的代表,反映现象的一般水平。

中位数的确定需根据所掌握的资料不同而定。

对于未分组资料,当数据项数 n 为奇数时,中位数就是处在第 $\frac{n+1}{2}$ 项位置的标志值。当数据项数 n 为偶数时,数列中有两个居中的标志值,中位数是这两个标志值的简单算术平均数。即：

$$M_e=\begin{cases}X_{(\frac{n+1}{2})} & \text{当 } n \text{ 为奇数时}\\ \frac{1}{2}(X_{\frac{n}{2}}+X_{\frac{n}{2}+1}) & \text{当 } n \text{ 为偶数时}\end{cases}$$

对于单项式数列，可以用∑f/2 代替(n+1)/2，确定∑f/2 所在的组，然后根据下列公式计算；

$$M_e=L+\frac{\frac{\sum f}{2}-S_{m-1}}{f_m}\times i \tag{3-19}$$

上式中：M_e 为中位数；L 为中位数组的下限值；S_{m-1} 为向上累计至中位数所在组以前的次数；f_m 为中位数所在组的次数；i 为中位数所在组的组距。

根据表 3-2 计算中位数的过程如表 3-5 所示。

表 3-5　学生英语成绩及中位数计算表

成绩(分)	组中值 x	学生人数 f	向上累计人数
60 以下	55	2	2
60～70	65	15	17
70～80	75	19	36
80～90	85	15	51
90～100	95	4	55
合　计	—	55	—

由于∑f/2＝27.5，可断定中位数落在第三组内。根据公式有：

$$M_e=L+\frac{\frac{\sum f}{2}-S_{m-1}}{f_m}\times i=70+\frac{27.5-17}{19}\times 10=75.53(\text{分})$$

(3)四分位数

中位数是从中间点将全部数据等分为两部分。与中位数类似的还有四分位数、十分位数和百分位数等。四分位数是通过 3 个点将全部数据等分为 4 部分，其中每部分包括 25%的数据。很显然，第二个四分位数就是中位数，因此通常所说的四分位数是指处在 25%位置上的数值（下四分位数 Q_L）和处在 75%位置上的数值（上四分位数 Q_U）。与中位数的计算方法类似，根据未分组数据计算四分位数时，首先对数据进行排序，然后确定四分位数所在的位置。

$$Q_L\text{ 的位置}=\frac{n+1}{4}$$

$$Q_U\text{ 的位置}=\frac{3(n+1)}{4}$$

当四分位数的位置不在某一个数值上时，可根据四分位数的位置，按比例分摊四分位数位置两侧数据的差值。

9 名学生的英语考试成绩分别为:65、72、73、75、78、80、84、88、90,试计算成绩的四分位数所在的位置和四分位数。

Q_L 的位置 $= \dfrac{9+1}{4} = 2.5$　　　　$Q_L = \dfrac{72+73}{2} = 72.5$(分)

Q_U 的位置 $= \dfrac{3\times(9+1)}{4} = 7.5$　　　　$Q_U = \dfrac{84+88}{2} = 86$(分)

Q_L 和 Q_U 之间包括了 50% 的数据,因此,我们可以说有一半的学生英语成绩在 72.5 分至 86 分之间。

十分位数和百分位数分别是使用 9 个点和 99 个点将全部数据 10 等分和 100 等分后各分位点上的值。它们的计算与四分位数类似。

(4)算术平均数、中位数和众数的关系

算术平均数、中位数和众数都是数列分布集中趋势的代表值。在钟形分布中,众数是分布最高峰对应的变量值,一般中位数比较适中,算术平均数受极端变量值的影响,可能偏大或偏小。在对称分布中三者相等,即:$\bar{x} = M_e = M_o$,如图 3-2(a)所示。在左偏分布中有 $\bar{x} < M_e < M_o$,如图 3-2(b)所示;在右偏分布中有 $\bar{x} > M_e > M_o$,如图 3-2(c)所示。

算术平均数是根据所有数据计算的,中位数和众数是根据分布形状和位置确定的,各有不同的特点。在实际应用中,要视研究目的和数据特征选择应用。一般社会经济现象中应用最多的是算术平均数,它也是进行统计推断的基础;中位数和众数容易理解,在有极端变量值存在时,作为代表值更好。

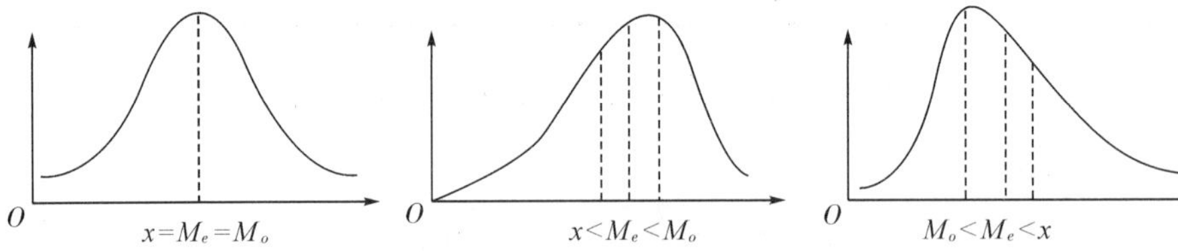

(a)对称分布　　(b)左偏分布　　(c)右偏分布

图 3-2　众数、中位数与算术平均数的关系

§3.2.3　计算和应用平均指标应注意的问题

(1)应用平均指标的基本原则

注意社会经济现象的同质性,是应用平均指标的基本原则。只有在同质总体的基础上计算和应用平均指标,才有真实的社会经济意义。如果根据不同性质总体的数据资料计算平均指标,就会掩盖事物的本质差别,得到的平均数是虚构的平均数,不能真实反映现象的一般水平。

(2)平均指标与统计分组相结合

平均指标反映了总体各单位某一数量标志值的一般水平,但却掩盖了各组之间的差异。总体各组之间及各组之内的差异往往会影响总体的特征和分布规律,各组结构变动也会对总体变动产生影响。为了全面认识总体的特征和分布规律,需要将平均指标与统计分组结合起来，用组平均数和分布数列补充总平均数。

(3) 平均指标与变异指标[①]相结合

平均指标和变异指标是反映总体分布的两个重要特征值。为了全面描述总体分布的特征，必须将平均指标与变异指标结合使用，用变异指标衡量平均指标的代表性，说明平均指标反映总体一般水平的有效程度，使分析结论更确切、更可靠。

§ 3.3　统计数据的离中趋势

§ 3.3.1　变异指标——集中趋势值代表性的测定

集中趋势是各变量值向其中心值聚集的程度，在反映统计总体数据一般水平的同时，掩盖了总体各单位标志值的数量差异。因此，在测定了一个数列的集中趋势后，还需要考察数据远离其中心值的程度即离中趋势，计算变异指标。变异指标是反映统计数据差异程度的综合指标，又称标志变动度。

变异指标是衡量集中趋势代表性的尺度。数据分布越分散，变异指标越大，集中趋势的代表性越小；数据分布越集中，变异指标越小，集中趋势的代表性越大。

描述统计数据离散程度的测度值主要有极差、四分位差、平均差、方差和标准差，以及测度相对离散程度的离散系数等。

§ 3.3.2　极差与四分位差

(1) 极差

极差又称为全距，它是指所研究的数据中的最大值与最小值之差。极差表示数据的变动范围，通常以 R 表示：

$$R = x_{\max} - x_{\min} \tag{3-20}$$

对于组距数列，极差也可以近似表示为：

$$R = \text{最大组上限} - \text{最小组下限}$$

用极差反映总体分布的离散程度虽然简便，但它只从两端数值考察，忽略了中间数据的变动情况，不能说明整体的差异程度，尤其是存在极端值情况下，使用极差往往会造成不正确的结论。

(2) 四分位差

上四分位数与下四分位数之差，称为四分位差，也称为内距或四分间距，用 Q_D 表示，其计算公式为：

$$Q_D = Q_U - Q_L \tag{3-21}$$

四分位差反映了中间 50% 数据的离散程度，其数值越小，说明中间的数据越集中；数值越大，说明中间的数据越分散。四分位差不受极值的影响。此外，由于中位数处于数据的中间位置，因此四分位差的大小在一定程度上也说明了中位数对一组数据

① 见本教材 3.3.1。

的代表程度。

四分位差也可以测度定序数据的离散程度,但不适合于分类数据。

根据例 3-2 的计算结果,计算英语成绩的四分位差为:

$$Q_D = Q_U - Q_L = 86 - 72.5 = 3.5(\text{分})$$

§3.3.3 平均差

平均差是总体中各个标志值对其算术平均数的离差绝对值的算术平均数,用 AD 表示。由于考虑了数列中各项标志值变动的影响,因而它克服了极差的不足,能够全面反映所研究总体的平均差异程度。

由于各标志值与其算术平均数的离差之和等于零,所以各项离差的平均数也等于零。在计算平均离差时,为了避免正负离差相互抵消,先取离差的绝对值,再求离差绝对值的平均数,即平均差是平均绝对离差的简称。

根据所掌握的资料不同,平均差有简单算术平均式和加权算术平均式两种。

$$AD = \frac{\sum |x - \bar{x}|}{n}(\text{未分组资料}) \tag{3-22}$$

$$AD = \frac{\sum |x - \bar{x}| f}{\sum f}(\text{分组资料}) \tag{3-23}$$

根据表 3-2 资料计算某班学生英语考试成绩平均差的过程如表 3-6 所示。

表 3-6 某班学生英语考试成绩平均差计算表

成绩(分)	组中值 x	学生人数 f	$\lvert x-\bar{x}\rvert$	$\lvert x-\bar{x}\rvert f$
60 以下	55	2	20.73	41.46
60~70	65	15	10.73	160.95
70~80	75	19	0.73	13.87
80~90	85	15	9.27	139.05
90~100	95	4	19.27	77.08
合计	—	55	—	432.41

$$AD = \frac{\sum |x - \bar{x}| f}{\sum f} = \frac{432.41}{55} = 7.86(\text{分})$$

计算结果表明,平均来说,该班每个学生的成绩与平均成绩相差 7.86 分。平均差反映了各个数据对其平均数差异的一般水平,较充分地反映了数据之间的离散程度。但它需要取绝对值,给应用带来一定的局限。所以统计实践中,应用方差和标准差比较多。

§3.3.4 标准差和方差

(1) 标准差和方差的意义

标准差又称均方根差,它是总体中各单位标志值与其算术平均数离差平方的平均数的平方根,通常用 σ 表示。标准差是各项离差的平均数,但在数学处理上,没有采用取绝对值而是采用平方的方法是为了避免正负离差相互抵消,在进一步的计算中这具有数学上的优越性。标准差的平方称为方差,通常用 σ^2 表示。

如果所掌握的资料未经过分组,就可直接采用简单平均公式计算标准差和方差。如果所掌握的是分组资料,则须采用加权平均公式计算标准差和方差。

$$\sigma = \sqrt{\frac{\sum (x - \bar{x})^2}{n}} \qquad (\text{未分组资料}) \tag{3-24}$$

$$\sigma = \sqrt{\frac{\sum (x - \bar{x})^2 f}{\sum f}} \qquad (\text{分组资料}) \tag{3-25}$$

根据表 3-2 资料计算某班学生英语考试成绩标准差的过程如表 3-7 所示。

表 3-7　某班学生英语考试成绩表标准差计算表

成绩(分)	组中值 x	学生人数 f	$(x-\bar{x})^2$	$(x-\bar{x})^2 f$
60 以下	55	2	429.732 9	859.465 8
60~70	65	15	115.132 9	1 726.993 5
70~80	75	19	0.532 9	10.125 10
80~90	85	15	86.932 9	1 288.993 5
90~100	95	4	371.332 9	1 485.331 6
合　计	—	55	—	5 370.909 5

$$\sigma^2 = \frac{\sum (x - \bar{x})^2 f}{\sum f} = \frac{5\ 370.909\ 5}{55} = 97.65$$

$$\sigma = \sqrt{\frac{\sum (x - \bar{x})^2 f}{\sum f}} = \sqrt{\frac{5\ 370.909\ 5}{55}} = 9.88(\text{分})$$

计算结果表明,平均来说,该班每个学生的成绩与平均成绩相差 9.88 分。

(2)方差和标准差的数学性质

①若每一个变量值加上一个常数,方差和标准差不变。设 a 为任意常数, $y_i = x_i + a$,则有:

$$\sigma_y^2 = \sigma_x^2 , \qquad \sigma^y = \sigma^x$$

②若每一个变量值均扩大一个常数倍,方差和标准差也同比例变化。设 a 为任意常数, $y_i = ax_i$,则有:

$$\sigma_y^2 = a^2 \sigma_x^2 , \qquad \sigma_y = |a| \sigma_x$$

③分组条件下,总方差可以分解成组内方差的平均数 $\overline{\sigma}^2$ 和组间方差 δ^2 两部分,即:

$$\sigma^2 = \overline{\sigma}^2 + \delta^2$$

组内方差的平均数是各组方差 σ_i^2 的加权平均数:

$$\bar{\sigma}^2 = \frac{\sum \sigma_i^2 f_i}{\sum f_i}, \quad \sigma_i^2 = \frac{\sum_{j=1}^{f_i} (x_{ij} - \bar{x}_i)^2}{f_i} \quad \bar{x}_i = \frac{\sum_{j=1}^{f_i} x_{ij}}{f_i}$$

组间方差是各组平均数的方差：

$$\delta^2 = \frac{\sum_{f_i=1}^{n_i} (\bar{x}_i - \bar{x})^2 f_i}{\sum_{i=1}^{n} f_i} \quad (i \text{ 是组数})$$

④同一数列的标准差一般不小于平均差，即：

$$\sigma \geqslant AD$$

一般说来，标准差比平均差具有更高的灵敏度。

§3.3.5 离散系数与异众比率

(1)离散系数

上述全距、分位差、平均差和标准差都是反映标志变异绝对指标，与平均数有相同的计量单位，它们在反映变异程度大小时，不仅取决于统计数据的离散程度，还取决于这些统计数据一般水平的高低。当我们比较具有不同水平的数列的变异程度时，一般不能直接用绝对指标，而应该用标志变异的相对指标——离散系数，即标志变异的绝对指标与数列集中趋势值(常常用算术平均数)的比值。其意义是单位平均数上的差异，离散系数小，标志变异小，平均数的代表性就高，反之则反。离散系数的基本形式为：

$$\text{离散系数} = \frac{\text{绝对数或平均数形式的变异指标值}}{\text{算术平均数}}$$

在统计分析中常用的离散系数是标准差系数，计算公式为：

$$V_\sigma = \frac{\sigma}{\bar{x}} \qquad (3\text{-}26)$$

如某班级学生平均身高 172 厘米，标准差 6 厘米；平均体重 60 千克，标准差 4 千克。由于身高和体重的算术平均数不等，且计量单位也不同，因此无法对平均身高和平均体重的代表性进行比较，还必须结合其各自的算术平均数进一步计算标准差系数：

身高的标准差系数为：$V_\sigma = \frac{\sigma}{\bar{x}} = \frac{6}{172} = 0.035$

体重的标准差系数为：$V_\sigma = \frac{\sigma}{\bar{x}} = \frac{4}{60} = 0.067$

计算结果表明平均身高的代表性好于平均体重。

(2)异众比率

对于定性数据，可以计算“异众比率”，衡量众数的代表性。异众比率是指非众数值的次数之和在总次数中所占比重，如果用 V_{m_0} 表示异众比率，f_m 和 $\sum f_i$ 分别表示众数所在组的次数和总次数，则异众比率的计算公式为：

$$V_{m_0}=\frac{\sum f_i-f_m}{\sum f_i}=1-\frac{f_m}{\sum f_i} \tag{3-27}$$

异众比率越大，说明非众数组的频数占总频数的比重越大，众数的代表性就越差；异众比率越小，说明非众数组的频数占总频数的比重越小，众数的代表性越好。

统计数据集中趋势和离中趋势的各种指标适用于所有的定量数据，但是并非都适合定性数据。不同计量层次数据的特征要求用不同的测度值，归纳如表 3-8 所示。

表 3-8　不同计量层次数据的适合测度值

	定类数据	定序数据	定量数据
集中趋势	众数	众数 中位数 四分位数	众数 中位数 四分位数 算术平均数 几何平均数
离中趋势	异众比率	异众比率 四分位差	四分位差 异众比率 极差 平均差 标准差和方差

§3.4　数据分布形态的测定

偏态和峰态是数据分布的重要特征。偏态也称为偏度，指变量围绕其均值的非对称方向和程度。峰态也称为峰度，指数据分布曲线的凸起或平坦程度。偏度和峰度主要用于判断总体的分布是否接近于正态分布。测量偏度和峰度最常用的方法是计算偏度系数和峰度系数，而这两个系数的计算需要理解“矩”概念。

§3.4.1　k 阶矩

矩又叫作动差，是物理学上用以表示力与力臂对重心关系的术语。统计学上常常用矩来测度数据分布的形态。

若以 a 值为变量 x 的中点，所有变量值与 a 之离差的 k 次方的平均数为变量 x 关于 a 的 k 阶矩：

$$\frac{\sum (x-a)^k}{n} \tag{3-28}$$

当 $a=0$ 时，即变量以原点为中心，称上式为 k 阶原点矩。不难看出，一阶原点矩为算术平均数，二阶原点矩为平方平均数。

当 $a = \bar{x}$ 时，即变量以均值为中心，称上式为 k 阶中心矩，用 m_k 表示。根据算术平均数的性质和方差的定义可知，一阶中心矩为0，二阶中心矩为方差，即：

$$m_1 = \sum (x - \bar{x}) / n = 0 \tag{3-29}$$

$$m_2 = \sum (x - \bar{x})^2 / n = \sigma^2 \tag{3-30}$$

§3.4.2 偏态的测定

以对称分布为标准，偏态分布通常分为右向偏态（亦称为正偏）与左向偏态（亦称为负偏）。测定偏态的方法很多，主要有以下三种。

（1）由中心矩测定偏态

中心矩实际上是通过高于平均数的离差（正离差）之和与低于平均数的离差（负离差）之和来度量分布的对称性。当正离差之和与负离差之和相等时，为对称分布；正离差之和与负离差之和不相等时，为偏态分布。一阶中心矩恒等于0，偶数阶中心矩恒为正数，只有奇数阶中心矩才可能有正离差之和与负离差之和抵消，才能用其测度分布的对称或非对称性。

在对称分布的条件下，当 k 为奇数时，每一项离差经过 k 次方后，正负离差可以全部相互抵消，故 $m_k = 0$。而在非对称分布中，除了 m_1 外，m_k 都不等于0。因而，可以利用这种关系测定频数分布的非对称程度。如上所述，奇数阶中心矩才能用于分布的形态的测度，显然，三阶中心矩最为简单，故常用三阶中心矩 m_3 来测度偏态。

由于中心矩是有计量单位的数，所以利用 m_3 测定偏态的方法，是将三阶中心矩 m_3 除以标准差的三次方 σ^3，所得的系数通常称为偏度或偏度系数，用 SK 表示，其计算公式为：

$$SK = \frac{m_3}{\sigma^3} = \frac{\sum (x - \bar{x})^3}{n\sigma^3} \tag{3-31}$$

当分布对称时，$SK=0$；当 SK 为正值时，表示正离差值较大，可以判断为右偏分布或正偏分布；当 SK 为负值时，表示负离差数值较大，可以判断为左偏分布或负偏分布。SK 的绝对值越大，表示偏斜的程度越大。

（2）由均值与众数（中位数）之间的关系来测定

当分布是对称的，均值、中位数、众数是相等的；如果是偏态分布，三者分离。分布越偏，三个数值差距就越大。显然，比较三个集中趋势代表值就成为一种最简单的偏态测度方法。

均值与众数或中位数之差是测度偏态的绝对数，有计量单位，其数值的大小受该组数据变量值水平高低的影响，一般测度偏态时将其与标准差对比：

$$SK = \frac{\bar{x} - M_o}{\sigma} \tag{3-32}$$

偏态系数 SK 实际上是以标准差为单位来测度的均值与众数的离差。因而，其数值的变动范围一般应在−3与+3之间。$SK=0$ 表示对称分布，$SK>0$ 表示正（右）偏分布，$SK<0$ 表示负（左）偏分布，$SK=+3$ 表示极右偏，$SK=-3$ 表示极左偏。

(3) 由三个四分位数之间的关系来测定

根据四分位数的性质可知，第一个四分位数 Q_L 与第二个四分位数 Q_M（即中位数 M_e）之间所包括的数据个数，与第二个四分位数 Q_M 与第三个四分位数 Q_U 之间所包括的数据个数是相同的。若频数分布是对称的，则第一个四分位数与中位数的差距等于第三个四分位数与中位数的差距，即 $M_e-Q_L=Q_U-M_e$；当频数分布向右偏斜，则有 $M_e-Q_L<Q_U-M_e$；当频数分布向左偏斜，则有 $M_e-Q_L>Q_U-M_e$。于是可由下式计算偏态系数 SK：

$$SK=\frac{Q_U+Q_L-2M_e}{Q_U-Q_L} \tag{3-33}$$

根据上式测定的偏态系数值一般在(-1,+1)之间。

利用四分位数之间的关系测定偏态的方法，忽略了数列两端各四分之一的数据。如果比较关注接近两端的数据，可以采用十分位数或百分位数来测定偏态。比如，也可以基于第 5 个百分位数与第 95 个百分位数与中位数是否距离相等以测度偏态，余可类推。

§3.4.3　峰态的测定

峰态是以正态分布曲线为标准来衡量其尖峭程度的，通常分为正态、尖顶与平顶三种。当频数分布曲线较正态分布曲线更为隆起、更瘦更高的，称为尖顶峰度；反之，分布曲线较正态分配曲线更为平坦、更胖更矮的，称为平顶峰度，如图 3-3 所示。

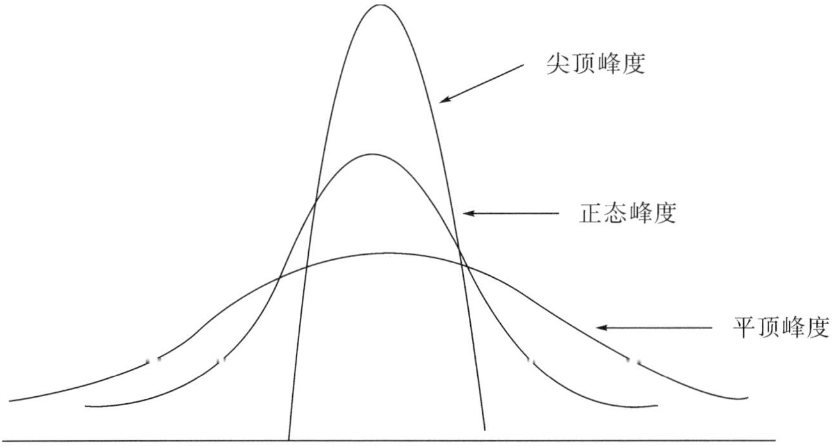

图 3-3　峰度示意图

测定峰态往往以四阶中心矩 m_4 为基础。将四次中心矩 m_4 除以标准差的四次方 σ^4，所得到的相对数就是峰态的测度值，一般称为峰度系数，简称峰度，用 Kurt 表示，其计算公式为：

$$Kurt=\frac{m_4}{\sigma^4}=\frac{\sum(x-\bar{x})^4}{n\sigma^4} \tag{3-34}$$

当 $Kurt=3$ 时，频数分布曲线为正态曲线；当 $Kurt<3$ 时，为平顶曲线；当 $Kurt>3$

时，为尖顶曲线，如果 *Kurt* 的数值越大，则频数分布曲线的顶端越尖峭。如果 *Kurt* 的数值越小，则频数分布曲线之顶端越平坦，待到 *Kurt* 接近于 1.8 时，频数分布趋向一条水平线，即各组包括相同频数，因而分布形态成为矩形分布；当 *Kurt* 的数值在 1.8 以下时，频数分布曲线是 U 形分布。

根据表 3-2 数据，前已计算得：$\bar{x}=75.73$ 分，$\sigma=9.88$ 分，偏度及峰度的计算过程如表 3-9 所示。

表 3-9　某班学生英语成绩的偏度及峰度计算表

成绩(分)	组中值 x	学生人数 f(人)	$(x-\bar{x})^3f$	$(x-\bar{x})^4f$
60 以下	55	2	−11 360.065 8	369 340.730 7
60~70	65	15	−18 530.640 2	198 833.77
70~80	75	19	−7.391 323	5.395 665 79
80~90	85	15	11 948.969 75	110 766.949 5
90~100	95	4	28 622.339 93	551 552.490 5
合计	—	55	10 673.212 36	1 230 499.336

$$SK=\frac{m_3}{\sigma^3}=\frac{\sum(x-\bar{x})^3f}{\sigma^3\sum f}=\frac{10\ 673.212\ 36}{9.88^3\times 55}=0.201\ 2$$

由计算结果可以看出，偏态系数为正值且数值较小，说明某班学生英语考试成绩的分布为右偏分布，偏斜的程度较小。

$$Kurt=\frac{m_4}{\sigma^4}=\frac{\sum(x-\bar{x})^4f}{\sigma^4\sum f}=\frac{1\ 230\ 499.336}{9.88^4\times 55}=2.348\ 0$$

由于 Kurt=2.348 0<3，故该班学生成绩的分布曲线为平顶分布。

§3.4.4　利用 Excel 计算数列的特征值

利用 Excel 计算各个描述统计指标可以使用“工具”菜单下面的“数据分析”中的“描述统计”宏。它可以同时计算出描述数据分布的集中趋势、离中趋势和分布形态的各种主要指标。下面利用“描述统计”宏来计算我国 20××年年底 31 个省市自治区城乡居民人民币储蓄存款余额(亿元)的特征值。

通过“工具—数据分析—描述统计”进入“描述统计”①过程的菜单。在“输入区域”输入数据所在单元格区域(如本例中的“B2:B32”)，指定“输出区域”(如 C1)，选择“汇总统计”和其他选项，如图 3-4 所示，然后按“确定”，即得到描述统计结果，如表 3-10 所示。

① 如果“工具”中没有“数据分析”，请先在“工具”菜单中选择“加载宏”，并在“加载宏”选项中追加“分析工具库”，确定后重新进入“工具”菜单，“数据分析”宏过程将被加载出来。

图 3-4　Excel 的描述统计的操作选项

表 3-10　Excel 的描述统计结果①

列 1	
平均	15 623. 322 58
标准误差	2 087. 417 419
中位数	12 579
众数	#N/A
标准差	11 622. 248 32
方差	135 076 656
峰度	1. 997 944 96
偏度	1. 268 849 499
区域	51 851. 3
最小值	559. 3
最大值	52 410. 6
求和	484 323
观测数	31
最大(1)	52 410. 6
最小(1)	559. 3
置信度(95. 0%)	4 263. 075 1

① 在这里 Excel 把数据作为样本进行处理。标准差和方差分别指修正的样本标准差和方差，标准误差是指抽样平均误差，置信度(95. 0%)指置信度为 95%时对应的抽样误差范围。

从输出结果可以看出,20××年年末我国31个省市自治区城乡居民人民币储蓄存款平均余额为5 194.516 13亿元、中位数为4 077.8亿元,众数不存在;储蓄存款余额最高的是广东为21 584.6亿元,最低的是西藏为139.8亿元;平均说来,每一个省市自治区城乡居民储蓄存款余额与存款平均余额相差4 412.694 52亿元;储蓄存款余额的峰度系数为5.171 36,大于3,说明我国各省市自治区城乡居民储蓄存款余额的分布曲线顶端比正态分布陡峭;储蓄存款余额的偏度系数为1.880 5,说明我国各省市自治区城乡居民储蓄存款余额为右偏分布,偏斜的程度较大。

若要计算总体的标准差和方差,可以利用Excel的函数功能来实现,它们的函数名分别为STDEVP和VARP。如表3-10的数据,可用"=STDEVP(21:B32)"得到总体标准差为4 340.938 61,用"=VARP (B2:B32)"得到总体方差为18 843 748.015 55。

本章小结

1. 总量指标是说明现象总规模和总水平的数值。总量指标可分为单位总量和标志总量,时期数值和时点数值。

2. 将两个有联系的数值对比得到的比率称为相对数。

3. 集中趋势的测度主要有数值平均数和位置平均数。数值平均数包括算术平均数和几何平均数。算术平均数是总体中某种标志总量与总体单位数之比。几何平均数是一组数值连乘后再开方所得的平均数。平均数又有简单式或加权式之分。权数是权衡各个变量值影响作用轻重的数。

位置平均数包括众数和中位数。众数是总体中出现次数最多的标志值。中位数是将一组数值按大小顺序排列后处于中间位置的变量值。集中趋势的测度还可以利用分位数。常用的分位数有四分位数、十分位数和百分位数等。算术平均数与众数、中位数和分位数结合运用,可以详细描述数据分布的特征。

4. 离中趋势的测度通过变异指标来表示。变异指标描述各单位标志值的差异程度,主要包括极差、四分位差、平均差、方差、标准差和变异系数。极差是最大标志值与最小标志值之差。四分位差是上下四分位数之差。平均差是各单位标志值与其算术平均数的离差绝对值的算术平均数。方差是各个变量值对其算术平均数的离差平方的平均数,标准差是方差的平方根。方差和标准差是最常用的变异指标。变异系数是平均差或标准差与其平均数之比。比较不同性质或不同水平的变量的变异程度时,就须运用变异系数。

5. 偏态是指频数分布曲线的非对称的方向和程度,通过偏态系数来测定。偏态系数可从均值与众数(中位数)之间的关系或三个四分位数之间的关系来测定,但最常用的是动差法。峰态是指频数分布曲线的尖峭程度,测定峰度一般以四阶中心矩 m_4 为基础来计算峰度系数。

思考题与练习题

1. 对比分析有什么作用？百分比与百分点的区别是什么？

2. 试述平均增长速度与平均发展速度的联系和区别。

3. 什么是数据分布的集中趋势和离中趋势？测度值分别有哪些？各有什么特点？为什么要计算离散系统？

4. 测定偏态有哪些方法？怎样测度频数分布的峰度？

5. 某企业在年终分析报告中写道："我厂今年计划实现产值 8 000 万元，实际达成了 9 000 万元，超额完成计划 12.5%；销售利润率计划增长 12%，实际增长达到 15%，超额完成计划的 3%；产品成本计划降低 5%，实际降低了 3%，差 2%完成计划；劳动生产率计划较上年增长 8%，实际增长了 10%，劳动生产率计划超额完成 25%。"

指出上述报告中的错误之处，并更正。

6. 某企业生产一种产品需顺次经过四个车间，某月它们废品率分别为 1.5%、2.0%、2.5%和 1.0%，该企业该月生产这种产品的平均废品率是多少？

7. 某地区报告年生产总值为 1 080 亿元，超额 10%完成计划，报告年计划生产总值比上年增长 8%，则报告年生产总值比上年增长百分之多少？

8. 根据表中资料栏数据计算工人平均日产量。

日产量 x（件）	日总产量 xf（件）	工人人数 $f=xf/f$（人）
10	700	70
11	1 100	100
12	4 560	380
13	1 950	150
14	1 400	100
合计	9 170	800

9. 某工业公司 18 个工业企业产值计划完成程度分组资料如表所示，试计算 18 个工业企业产值平均计划完成程度。

产值计划完成程度（%）	组中值 x（%）	企业数（个）	计划产值 f（万元）	实际产值 xf（万元）
80～90	85	2	800	680
90～100	95	3	2 500	2 375
100～110	105	10	17 200	18 060
110～120	115	3	4 400	5 060
合计	—	18	24 900	26 175

10. 某商业企业9月份各天的销售部数据如下(单位:万元)

207　226　247　202　188　260　190　186　215　228　221　242　211　231
251　224　217　230　241　208　222　234　218　253　223　213　272　199
219　245

试计算:

(1)日销售额的均值、中位数、四分位数、众数和去掉两个最高销售额和两个最低销售额的切尾均值。

(2)日销售额的极差、四分位差、平均差、标准差和方差。

(3)日销售额分布的偏态系数和峰度系数。

11. 某一牧场主每年饲养600头牛。现在有人向他推荐一种个头较小的改良品种牛,每头牛吃草量较少,这样在原来同样面积的牧场上可以多养150头牛。原品种牛和改良品种牛的利润如下:

净利润(元/头)	原品种牛		改良品种牛
	频数	频率	频率
-200	36	6.0	1
0	12	2.0	2
200	186	31.0	57
400	366	61.0	40
合计	600	100	100

(1)牧场主应该选择哪一种品种?为什么?

(2)改良品种牛的利润和频率可能与上表的计算值有差异。当改良品种牛的利润有什么变化时,牧场主会改变他在(1)中所做的选择?

12. 某班同学共50人,按成绩分为甲、乙、丙三组。甲组学生20人,统计学平均成绩85分,标准差16分;乙组学生15人,统计学平均成绩72分,标准差10分;丙组学生15人,统计学平均成绩66分,标准差14分。求全班50名学生的平均成绩及标准差。

13. 某企业产品销售量历年的增长速度如下:

试求五年间年平均增长速度,并指出超过平均速度的年份有哪些年?

	第一年	第二年	第三年	第四年	第五年
环比增长速度(%)	7		6.6		
定基增长速度(%)	7	15		30	39

第3章思考题与练习题答案

第 4 章
统计量与抽样分布

前已述及，统计学是收集、整理、显示和分析统计数据的方法论学科，统计研究的目的是探索现象内在的数量规律性。对于总体数量特征的了解，可以直接调查总体，得到总体数据，也可以对总体进行抽样，利用样本信息推断总体，后一种方法称为统计推断。抽样分布是进行统计推断的基础。它利用概率论的理论，讨论抽样调查数据的分布特征。本章将主要介绍统计推断所涉及的总体、样本、统计量及抽样分布等概念，以及在统计推断中最常用的χ^2分布、t分布和F分布。

§4.1　总体和样本的统计分布

§4.1.1　总体分布和样本的性质

第一章中已经明确统计所研究的是由同类事物构成的总体的数量特征，总体是根据一定的目的确定的所要研究的事物的全体，它是由客观存在的、具有某种共同性质的众多个别事物构成的整体。总体中的每个单位称为个体。比如考察 100 000 只灯泡的质量，这 100 000 只灯泡的全体就是总体，而其中的每一只灯泡都是个体。然而，在统计问题中，我们真正关心的并不是这些个体本身，而是这些个体的某些标志（变量）以及变量的分布，比如关心 100 000 只灯泡的使用寿命 X 以及 X 的分布。

这里，总体的含义抽象为所感兴趣的变量及其取值的分布，统计学常将这个分布称为总体或总体分布。总体（总体分布）是对客观对象变量取值情况的数学描述。这样，统计学中"总体"的基本概念指的是一个概率分布（或总体就是一个随机变量）。当总体分布为指数分布时，称为指数分布总体；当总体分布为正态分布时，称为正态分布总体，等等。两个总体，即使其所含个体的性质根本不同，只要有同一的概率分布，则视为同类总体。例如，人的寿命也可以服从指数分布，它与灯泡寿命的分布一样，处理二者的统计问题的方法也一样，即可视为同一类总体。

总体中所包含的个体数可能是有限多个，也可能有无限多个。一般当研究的总体被认为是"包含无数个个体"时，即视总体为"无限总体"。如果研究对象只取一个变量，如上例中灯泡的寿命，这时我们用一个随机变量 X 就可以描述所研究的对象，称总体为一维总体。在有些问题中，我们对每一个研究对象可能要观测它的多个指标，则可用多维随机向量$(X_1, X_2, \cdots, X_p)$去描述总体，这种总体称为 p 维总体。例如我们对每一居民需要研究三个变量：X_1 - 年龄，X_2 - 受教育程度，X_3 - 年收入，则可用三维随机向量(X_1, X_2, X_3)去描述所研究的总体。关于多维随机向量是"多元统计"中研究的对象，本书主要研究一维总体，部分涉及二维总体。

统计的重要任务是通过对总体中部分个体的观测结果来推断总体的特征，达到了解总体的目的。通过观测或试验的方法，获得的总体中一部分个体的取值，称为样本，每个个体的取值称为样本点。如随机抽取 n 只灯泡，试验得到其使用寿命$(x_1, x_2, \cdots, x_n)$，称这 n 个确定的数值$(x_1, x_2, \cdots, x_n)$是灯泡使用寿命总体 X 的一个样本。但是，当灯泡样本点的使用寿命还未观测出来时，只能将每个样本点看作与总体同分布的随机变量，这是因为每个样本点的可能取值范围和某个值出现的可能性与总体是一样的，这时样本记为$(X_1, X_2, \cdots, X_n)$。样本具有二重性，试验完成后样本是一组数，试验没有完成时它是一组独立同分布的随机变量。为了区分样本 $X_1, X_2, \cdots, X_n$ 究竟是代表随机变量还是代表具本数值，我们用大写字母 $X_1, X_2, \cdots, X_n$ 表示随机变量（抽取前），用小写字母 $x_1, x_2, \cdots, x_n$ 表示具体数值。今后，称一组具体的观测值$(x_1, x_2, \cdots, x_n)$为样本$(X_1, X_2, \cdots, X_n)$的观测值，而提到样本时总是指作为随机变量的样本$(X_1, X_2, \cdots, X_n)$。

如果样本满足以下两个性质：① 同分布性，即样本中的每个样本点 $X_i(i = 1, 2, \cdots, n)$ 都与总体 X 同分布；② 独立性，样本中 n 个样本点 $X_i(i = 1, 2, \cdots, n)$ 相互独立，即样本中每个个体的取值并不影响其他个体的取值。满足这两个性质的样本称为简单随机样本。本书如不作特殊声明，所提到的样本都是简单随机样本。

§4.1.2 样本的联合分布

样本是由 n 个随机变量组成，它的分布在抽样推断中扮演了十分重要的角色。假设总体 X 的分布函数为 $F(x;\boldsymbol{\theta})(x \in R)$，其中 $\boldsymbol{\theta}$ 是总体的参数向量。由于样本$(X_1, \cdots, X_n)$是由 n 个独立与总体同分布的随机变量组成，那么样本的联合分布函数为：

$$\begin{aligned} F(x_1, \cdots, x_n;\boldsymbol{\theta}) &= P\{X_1 \leqslant x_1, \cdots, X_n \leqslant x_n\} \\ &= \prod_{i=1}^{n} P\{X_i \leqslant x_i\} \\ &= \prod_{i=1}^{n} F(x_i;\boldsymbol{\theta}) \end{aligned}$$

若总体 X 是连续型随机变量，且具有密度函数 $f(x;\boldsymbol{\theta})$，则样本的联合密度函数为：

$$L(x_1, \cdots, x_n;\boldsymbol{\theta}) = \prod_{i=1}^{n} f(x_i;\boldsymbol{\theta}) \tag{4-1}$$

若总体 X 是离散型随机变量，具有分布律 $P(X = a_i)(i = 1, 2, 3, \cdots)$ 时，为了方便，记：

$$f(x;\boldsymbol{\theta}) = \begin{cases} P(X = x) & x = a_i(i = 1, 2, 3, \cdots) \\ 0 & 其他 \end{cases} \tag{4-2}$$

从而样本的联合密度函数仍为 $L(x_1, \cdots, x_n;\boldsymbol{\theta}) = \prod_{i=1}^{n} f(x_i;\boldsymbol{\theta})$。

样本的联合分布函数或联合密度函数反映了样本的分布状况,它是导出抽样分布的基础。当样本观测值为 $x_1,x_2,\cdots,x_n$,则称 $L(x_1,\cdots,x_n;\boldsymbol{\theta})=\prod_{i=1}^{n}f(x_i;\boldsymbol{\theta})$ 为似然函数。

【例4-1】设 $X_1,X_2,\cdots,X_n$ 是来自正态总体 $N(\mu,\sigma^2)$ 的随机样本,其中 μ、σ^2 是未知参数,求样本的联合密度函数。

因为样本 $X_1,X_2,\cdots,X_n$ 是简单随机样本,各样本点独立同正态分布。则样本的联合密度函数应该等于各样本点的密度函数之积,即:

$$
\begin{aligned}
L &= L(x_1,x_2,\cdots,x_n;\mu,\sigma^2)\\
&= \prod_{i=1}^{n}\frac{1}{\sqrt{2\pi}\,\sigma}\mathrm{e}^{-\frac{(x_i-\mu)^2}{2\sigma^2}}\\
&= (2\pi\sigma^2)^{-\frac{n}{2}}\mathrm{e}^{-\frac{\sum(x_i-\mu)^2}{2\sigma^2}}
\end{aligned}
$$

【例4-2】设总体 X 服从 0 - 1 分布,即 $X\sim B(1,p)$,$(X_1,\cdots,X_n)$ 为该总体的样本,试求样本 $(X_1,\cdots,X_n)$ 的联合分布。

因为 $X\sim B(1,p)$,所以 X 的概率分布可以表示为:

$$f(x;p)=p^x(1-p)^{1-x}\ (x=0,1)$$

则样本的联合密度函数为:

$$
\begin{aligned}
L(x_1,\cdots,x_n;p) &= \prod_{i=1}^{n}f(x_i;p)\\
&= \prod_{i=1}^{n}p^{x_i}(1-p)^{1-x_i}\\
&= p^{\sum_{i=1}^{n}x_i}(1-p)^{n-\sum_{i=1}^{n}x_i}\quad (x_i=0,1;i=1,2,\cdots,n)
\end{aligned}
$$

§4.2　统计量

§4.2.1　统计量与统计量的分布

在统计推断中,总体信息是未知的,但从总体中抽取的样本中含有总体的信息,统计推断就是利用样本的信息来推测总体的信息。然而样本的信息是隐蔽的、不明显的,必须要经过必要的加工处理才能用来推断总体信息,构造样本统计量是加工样本提出总体信息的有效手段之一。

设 $(X_1,\cdots,X_n)$ 是来自总体 X 的一个样本,$T=T(X_1,X_2,\cdots,X_n)$ 是 $(X_1,\cdots,X_n)$ 的函数,如果 T 中不含任何未知参数,则称 $T(X_1,X_2,\cdots,X_n)$ 为一个统计量。如果 $(x_1,\cdots,x_n)$ 为样本 $(X_1,\cdots,X_n)$ 的观测值,则 $T=T(x_1,x_2,\cdots,x_n)$ 为统计量 $T=T(X_1,X_2,\cdots,X_n)$ 的观测值。

统计量有以下两个特征:统计量是样本的函数;统计量不能含有未知的总体参

数。例如：当从正态总体中抽出样本 $X_1,\cdots,X_n$ 时，考查变量 $\sum_{i=1}^{n}(X_i-\mu)^2$，当总体均值 μ 为已知时，该变量是统计量，当总体均值未知时，该变量就不是统计量。

统计量既然是随机变量的函数，那么它应该有其概率分布，统计量的分布也称为抽样分布。抽样分布和统计推断有着密切的联系。统计量明确以后，必须要知道其分布才能在统计推断中使用，因为只有知道了统计量的分布，才能利用概率论对总体的特征进行推断，并得到相应的推断置信度。所以在统计推断中，一项重要的工作就是寻找统计量和导出统计量的分布。

【例 4-3】总体 X 服从两点分布，概率分布律如下：

$$P(X=1)=p,P(X=0)=1-p=q$$

从总体中抽取容量为 n 的样本 $X_1,\cdots,X_n$，构造统计量 $T=\sum_{i=1}^{n}X_i$，求此统计量的分布。

由于样本是独立的，X_i 服从两点分布，统计量 T 为随机变量，其取值是 0 到 n 之间的所有整数，其分布恰好是二项分布：

$$P(T=k)=C_n^k p^k q^{n-k},k=0,1,2,\cdots,n$$

从上面的例子中，可以看出总体的分布未必与抽样分布一致。

【例 4-4】总体 $X\sim N(1,1)$，抽取容量为 n 的样本，构造如下三个统计量：$T_1=X_1$，$T_2=X_1+X_2$ 和 $T_3=\bar{X}=\frac{1}{n}\sum_{i=1}^{n}X_i$。求此三个统计量的抽样分布。

由于样本是独立的，X_i 服从均值和方差都为 1 的正态分布，三个统计量都是样本的线性函数，由正态分布的性质，三个统计量仍服从正态分布，下面分别求解其均值和方差：

$$E(T_1)=E(X_1)=1,D(T_1)=D(X_1)=1$$

$$E(T_2)=E(X_1)+E(X_2)=2,D(T_2)=D(X_1)+D(X_2)=2$$

$$E(T_3)=E(\bar{X})=1,D(T_3)=D(\bar{X})=\frac{1}{n}$$

由上面计算可以得出，统计量 T_1 服从均值和方差都为 1 的正态分布，这和总体的分布相同；统计量 T_2 服从均值和方差都为 2 的正态分布，而统计量 T_3 服从均值为 1，方差为 $1/n$ 的正态分布。

§4.2.2 常用的统计量

(1) 样本均值和方差

设 $X_1,X_2,\cdots,X_n$ 是总体 X 中抽出的简单随机样本，则样本均值为 $\bar{X}=\frac{1}{n}\sum_{i=1}^{n}X_i$，样本方差为 $S^2=\frac{1}{n-1}\sum_{i=1}^{n}(X_i-\bar{X})^2$。

由于 $X_1,X_2,\cdots,X_n$ 是总体 X 中抽出的简单随机样本，所以样本均值和方差具有如下性质：

①$E(\bar{X})=E(X), D(\bar{X})=\frac{D(X)}{n}$

②$E(S^2)=D(X)$

(2) 样本矩

称 $A_k=\frac{1}{n}\sum_{i=1}^{n}X_i^k$ 为样本的原点矩,称 $B_k=\frac{1}{n}\sum_{i=1}^{n}(X_i-\bar{X})^k$ 为样本的中心矩。特别当 $k=2$ 时,$B_2=\frac{1}{n}\sum_{i=1}^{n}(X_i-\bar{X})^2$ 称为样本的修正方差,常记为 S_n^2,显然有 $S_n^2=\frac{(n-1)}{n}S^2$。

(3) 顺序统计量

设 $X_1,X_2,\cdots,X_n$ 是总体 X 中抽出的简单随机样本,把样本的观测值为 $X_{(1)}\leqslant X_{(2)}\leqslant\cdots\leqslant X_{(n)}$,则称 $X_{(1)},X_{(2)},\cdots,X_{(n)}$ 为顺序统计量,其中 $X_{(i)}$ 称为第 i 个顺序统计量。

可以利用顺序统计量计算一些常用的统计量:

① 最大顺序统计量和最小顺序统计量。

$X_{(n)}=\max\{X_1,X_2,\cdots,X_n\}$ 和 $X_{(1)}=\min\{X_1,X_2,\cdots,X_n\}$。值得注意的是,尽管 $X_{(n)}$ 和 $X_{(1)}$ 是从总体 X 中抽出样本中最大和最小的顺序统计量,但是他们不与总体同分布。

② 样本中位数:

$$M_e=\begin{cases}X_{(\frac{n+1}{2})} & n\text{ 为奇数}\\ \dfrac{X_{(\frac{n}{2})}+X_{(\frac{n+1}{2})}}{2} & n\text{ 为偶数}\end{cases}\tag{4-3}$$

③ 样本极差:
$$R=X_{(n)}-X_{(1)}\tag{4-4}$$

④ 样本的 p 分位数:

$$M_p=X_{[np]}+(n+1)(p-\frac{[np]}{n+1})(X_{[np]+1}-X_{[np]})\tag{4-5}$$

其中 $0<p<1$,$[np]$ 为不超过 np 的最大整数。

⑤ 样本的切尾均值 $T_{n,k}=\frac{1}{n-2k}\sum_{i=k+1}^{n-k}X_{(i)}$,$0\leqslant k<n$,样本的切尾均值是分别去掉 k 个最小的和 k 个最大的观测值后得到的均值。

§4.3　抽样分布

为了在正态分布假定下,得到样本统计量的精确分布,本节需要讨论几个十分重要的随机变量函数的分布,它们是χ^2分布、t 分布和 F 分布。在此基础上讨论抽样分布的重要定理。

§4.3.1 χ^2 分布

χ^2 分布是海尔墨特(Hermert) 和卡 · 皮尔逊(K. Pearson) 分别于 1875 年和 1890 年提出的,是抽样推断中的重要分布。它主要应用于对总体方差的估计或检验,以及对总体概率密度函数的检验等。

(1) 卡方分布的定义及其密度函数

定义 4-1　若随机变量 $X_1,\cdots,X_n$ 独立且都服从标准正态分布 $N(0,1)$,则它们的平方和 $\chi^2=\sum_{i=1}^{n}X_i^2$ 服从的分布称为自由度为 n 的卡方分布,记为 $\sum_{i=1}^{n}X_i^2\sim\chi^2(n)$。

根据服从卡方分布随机变量的定义,我们可以根据求随机变量函数的概率分布的方法求出卡方分布的概率密度函数①。如果随机变量 X 服从自由度为 n 的卡方分布,其概率密度为:

$$f(x)=\begin{cases}\dfrac{1}{2^{\frac{n}{2}}\Gamma(\frac{n}{2})}x^{\frac{n}{2}-1}e^{-\frac{x}{2}} & x>0\\ 0 & x\leqslant 0\end{cases}\tag{4-6}$$

其中 $\Gamma(n)$ 为 $gamma$ 函数,$\Gamma(n)$ 函数有如下性质,$\Gamma(n+1)=n\Gamma(n)$,$\Gamma(1)=1$,$\Gamma(\frac{1}{2})=\pi$。

(2) 卡方分布的性质特征

① 卡方分布的数学期望与方差。

卡方分布的数学期望和方差分别为:

$$E(X)=n,D(X)=2n$$

可见随着自由度的增大,卡方分布的期望和方差随之增大,自由度决定了卡方分布的形状。从密度函数定义可以看出,卡方分布是一种不对称偏峰分布,其取值区域为$(0,+\infty)$;随着自由度的逐渐增大,卡方分布曲线的最高点逐渐下降并向右移动,趋于对称,如图 4-1 所示。

自由度为 n 的 χ^2 分布上侧 α 分位数记为 $\chi_\alpha^2(n)$,$\chi_\alpha^2(n)$ 满足

$$p(\chi^2(n)\geqslant\chi_\alpha^2(n))=\alpha\tag{4-7}$$

关于χ^2 分布上侧 α 分位数$\chi_\alpha^2(n)$ 可以通过本书附录中的附表 3 得到,附表 3 给出了自由度$n\leqslant 45$的χ^2 分布上侧α 分位数。例如$\chi_{0.995}^2(11)=2.603$,$\chi_{0.01}^2(13)=27.688$。

② 卡方分布的自由度。

卡方分布中,n 称为自由度。对于变量 $X_1,\cdots,X_n$,如果存在一组不全为零的常数 $c_1,c_2,\cdots,c_n$,使得 $c_1X_1+c_2X_2+\cdots+c_nX_n=0$ 成立,则称变量 $X_1,\cdots,X_n$ 之间存在一个线性约束条件。如果变量 $X_1,\cdots,X_n$ 中存在 k 个独立的线性约束条件,则 $X_i(i=1,2,\cdots,n)$ 中独立变量的个数为$(n-k)$,称$(n-k)$ 为自由度。自由度也可粗略解释为可以自由选择数值的变量个数。

① 推导过程略,有兴趣的读者可以参考陈希孺所著《数理统计引论》,高等教育出版社。

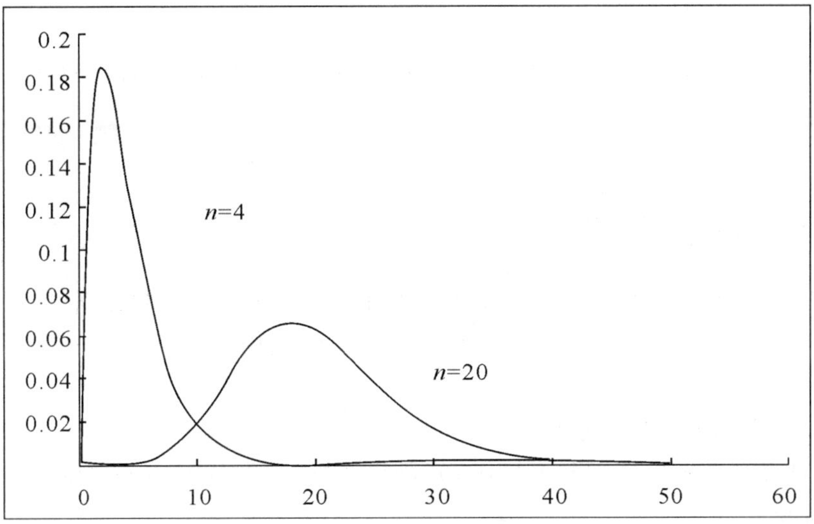

图4-1　$\chi^2(n)$ 的概率密度曲线

例如，$\sum_{i=1}^{n} X_i^2$ 由 n 个独立的随机变量 X_i 构成，由于它们之间没有线性约束条件($k=0$)，所以它的自由度为 n。$\sum_{i=1}^{n}(X_i-\bar{X})^2$ 的自由度为$(n-1)$，这是因为计算 $\sum_{i=1}^{n}(X_i-\bar{X})^2$ 时要用 $\bar{X}$，$\bar{X}$ 满足限制条件 $\sum_{i=1}^{n}(X_i-\bar{X})=0$，即相对于 $\bar{X}$ 的 n 个离差变量 $(X_1-\bar{X}),(X_2-\bar{X}),\cdots,(X_n-\bar{X})$，只有$(n-1)$个可以任意确定，第 n 个失去了“自由”，所以其自由度为$(n-1)$。

③ 卡方分布的可加性。

若 X、Y 相互独立，且分别服从自由度为 n_1、n_2 的卡方分布，则 $X+Y$ 服从自由度为 n_1+n_2 的卡方分布，即：

$$X+Y\sim\chi^2(n_1+n_2) \tag{4-8}$$

【例4-5】设 $X_1,\cdots,X_6$ 是独立同服从 $N(0,2)$ 分布的随机变量，求 a、b 和 c，使 $aX_1^2+b(X_2+X_3)^2+c(X_4+X_5+X_6)^2$ 服从 χ^2 分布。

因为 $X_1,\cdots,X_6$ 独立同 $N(0,2)$ 分布，所以：

$X_1\sim N(0,2)$，则 $\frac{X_1}{\sqrt{2}}\sim N(0,1)$ 且 $\frac{1}{2}X_1^2\sim\chi^2(1)$

$X_2+X_3\sim N(0,4)$，$\frac{X_2+X_3}{2}\sim N(0,1)$ 且 $\frac{1}{4}(X_2+X_3)^2\sim\chi^2(1)$

$X_4+X_5+X_6\sim N(0,6)$，$\frac{X_4+X_5+X_6}{\sqrt{6}}\sim N(0,1)$ 且

$\frac{1}{6}(X_4+X_5+X_6)^2\sim\chi^2(1)$

由于卡方分布的可加性,则

$\frac{1}{2}X_1^2+\frac{1}{4}(X_2+X_3)^2+\frac{1}{6}(X_4+X_5+X_6)^2\sim\chi^2(3)$,自由度为3。且$a=\frac{1}{2}$,$b=\frac{1}{4}$和$c=\frac{1}{6}$

§4.3.2　t 分布

t分布又称为"学生分布",最早由英国的化学家和统计学家歌瑟特(W. C. Gosset)于1908年提出。"学生(Student)"是其文章发表时使用的笔名。t分布是统计推断中的重要分布。

(1) t分布的定义及其密度函数

定义4-2　若随机变量$X\sim N(0,1)$,随机变量$Y\sim\chi^2(n)$,且随机变量X与Y相互独立,则随机变量

$$t=\frac{X}{\sqrt{Y/n}} \tag{4-9}$$

服从自由度为n的t分布,记为$t\sim t(n)$。

可见,t分布随机变量可由标准正态分布随机变量与卡方分布随机变量与其自由度之商的平方根的比值构成。

t分布的概率密度函数比较复杂。如果随机变量X服从自由度为n的t分布,则其概率密度函数为:

$$f(x)=\frac{\Gamma(\frac{n+1}{2})}{\Gamma(\frac{n}{2})\sqrt{n\pi}}(1+\frac{x^2}{n})^{-\frac{n+1}{2}}\quad -\infty<x<\infty \tag{4-10}$$

观察t分布的概率密度函数,可以发现它是偶函数,所以t分布是关于原点对称的,这一点和卡方分布是不同的,却和标准正态分布相似。图4-2是标准正态分布、自由度为19的t分布和自由度为5的t分布的密度函数的曲线。

通过比较可以发现t分布和标准正态分布类似,他们都是对称分布,均在$-\infty<x<+\infty$上取值。但是t分布与标准正态分布也有区别,t分布尾部厚,即服从t分布的随机变量取到尾部值的概率比标准正态分布略大。而对于接近原点的坐标点,t分布的值比标准正态分布的值小。因此t分布曲线尾部厚于标准正态分布,而峰低于标准正态分布。

满足$p(t(n)\geqslant t_\alpha(n))=\alpha$的$t_\alpha(n)$称为自由度为$n$的$t$分布上侧$\alpha$分位数。关于$t$分布上侧$\alpha$分位数$t_\alpha(n)$可以通过本书附录中的附表2得到,附表2给出了自由度$n\leqslant 45$的t分布上侧α分位数。例如$t_{0.05}(10)=1.8125$,由于t分布是对称分布,所以$t_{0.95}(10)=-1.8125$。

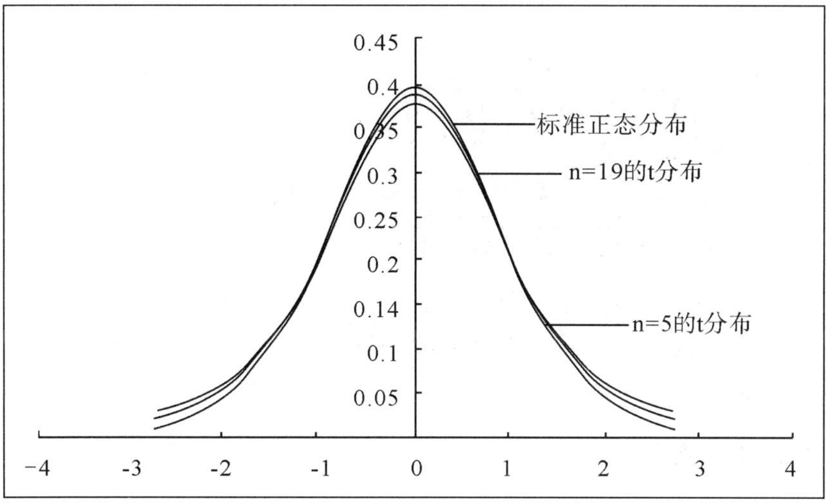

图 4-2　$t(n)$ 密度函数曲线

（2）t 分布的性质特征

① t 分布的数学期望与方差。

t 分布的数学期望与方差分别是

$$E(t)=0, D(t)=n/(n-2)\quad n>2$$

由于 t 分布是对称分布，其均值当然为 0。同时注意到 t 分布的方差与其自由度有关，当自由度 $n\to\infty$，方差极限为 1。

② t 分布的自由度。

t 分布的自由度是由生成 t 分布的分母即卡方分布随机变量的自由度而来。t 分布随机变量的自由度由卡方分布随机变量的自由度所决定。t 分布的形状和自由度 n 有较大关系，自由度越小，t 分布曲线与标准正态分布曲线的区别越明显，t 分布“比较平”；而随着自由度增大，t 分布曲线与标准正态分布曲线的差异逐渐缩小。这一点也可以由 t 分布的方差来说明，当自由度 n 较小时，t 分布的方差较大，此时其分布就“比较平”；而当自由度较大时，方差较小，而且越来越接近 1，此时 t 分布与标准正态分布逐渐接近。

【例 4-6】设 $X_1,\cdots,X_6$ 是独立同服从 $N(0,2)$ 分布的随机变量，如果随机变量 $c\dfrac{X_1^2}{\sqrt{X_2^2+X_3^2+X_4^2+X_5^2+X_6^2}}$ 服从自由度为 5 的 $t(5)$，求 c 等于多少。

因为 $X_1,\cdots,X_6$ 独立同服从 $N(0,2)$ 分布，所以

$X_1\sim N(0,2)$，则 $Z=\dfrac{X_1}{\sqrt{2}}\sim N(0,1)$。

又因为 $\chi^2=\dfrac{X_2^2}{2}+\dfrac{X_3^2}{2}+\dfrac{X_4^2}{2}+\dfrac{X_5^2}{2}+\dfrac{X_6^2}{2}\sim\chi^2(5)$

而 Z 与 χ^2 相互独立，则由 t 分布的构造，有

$$t=\frac{\frac{X_1}{\sqrt{2}}}{\sqrt{\left(\frac{X_2^2}{2}+\frac{X_3^2}{2}+\frac{X_4^2}{2}+\frac{X_5^2}{2}+\frac{X_6^2}{2}\right)/5}}$$

$$=\frac{X_1}{\sqrt{(X_2^2+X_3^2+X_4^2+X_5^2+X_6^2)/5}}$$

$$=\sqrt{5}\frac{X_1}{\sqrt{(X_2^2+X_3^2+X_4^2+X_5^2+X_6^2)}}$$

所以 $c=\sqrt{5}$。

§4.3.3 *F* 分布

F 分布是统计学家费雪(*R. A. Fisher*)于1924年发现的,*F* 分布在假设检验、总体方差的统计推断、方差分析、回归分析和多元统计分析等方面有着广泛的应用。

(1) *F* 分布的定义及其密度函数

定义4-3　若随机变量 X、Y 分别服从自由度为 n_1、n_2 的卡方分布,且 X、Y 相互独立,则随机变量

$$F=\frac{X/n_1}{Y/n_2} \tag{4-11}$$

服从第一自由度为 n_1,第二自由度为 n_2 的 *F* 分布,记为 $F\sim F(n_1,n_2)$。

从 *F* 分布的定义可以看出,*F* 分布是两个独立的卡方分布随机变量与其各自自由度商的比值,因而 *F* 分布具有两个自由度,作为分子的卡方分布随机变量的自由度称为第一自由度,作为分母的卡方分布随机变量的自由度称为第二自由度。

F 分布的密度函数比较复杂,若随机变量 *F* 服从第一自由度为 n_1,第二自由度为 n_2 的 *F* 分布,那么其密度函数为:

$$f(x)=\begin{cases}\dfrac{\Gamma(\frac{n_1+n_2}{2})}{\Gamma(\frac{n_1}{2})\Gamma(\frac{n_2}{2})}(\dfrac{n_1}{n_2})^{\frac{n_1}{2}}x^{\frac{n_1}{2}-1}(1+\dfrac{n_1}{n_2}x)^{-\frac{n_1+n_2}{2}} & x>0\\ 0 & x\leqslant 0\end{cases} \tag{4-12}$$

F 分布的密度函数有些与卡方分布类似,也是一种非对称的正偏分布,见图4-3。其值域为$(0,+\infty)$,但它有两个自由度 n_1 和 n_2。*F* 分布的分布曲线随着两个自由度的不同组合而不同。两个自由度的不同组合形成 *F* 分布曲线的不同形态,这在 *F* 分布的图形中可清楚看到。可以证明 *F* 分布的极限是正态分布,正态分布的均值和方差由 *F* 分布的两个自由度组合所决定。随着第一自由度 n_1 的增大,分布曲线逐渐趋向对称,随着两个自由度的增大,分布曲线逐渐趋于标准正态分布。

满足 $p(F(n_1,n_2)\geqslant F_\alpha(n_1,n_2))=\alpha$ 的 $F_\alpha(n_1,n_2)$ 称为自由度为(n_1,n_2)的 *F* 分布上侧 α 分位数。由于 *F* 分布有两个自由度,如果给出过多 α 的不同值,其附表会占过

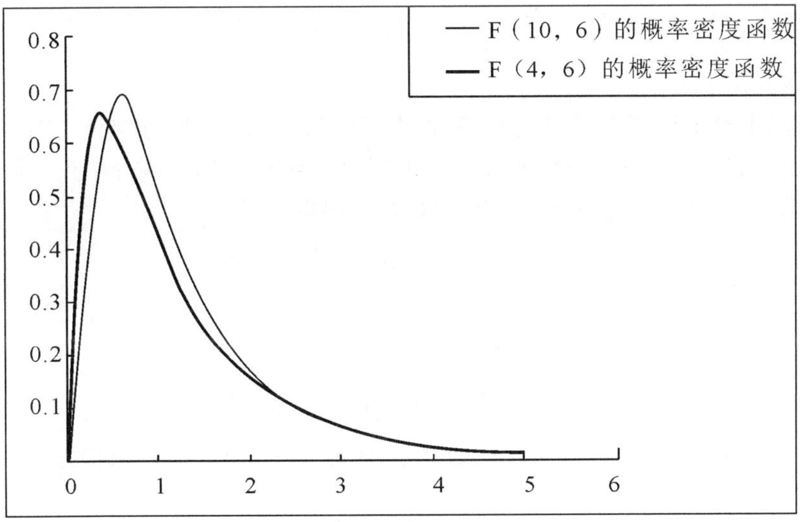

图 4-3　F 分布的密度函数

多的篇幅，所以附表 4 仅仅就某些较小 α 值给出了 $F_{\alpha}(n_1, n_2)$ 的值。例如 $F_{0.05}(20,30) = 1.93$。

（2）F 分布的性质特征

① F 分布的数学期望和方差。

F 分布的数学期望和方差分别为：

$$E(F) = \frac{n_2}{n_2 - 2} \qquad (n_2 > 2) \tag{4-13}$$

$$D(F) = \frac{2n_2^2(n_1 + n_2 - 2)}{n_1(n_2 - 2)^2(n_2 - 4)} \qquad (n_2 > 4) \tag{4-14}$$

从 F 分布的均值和方差表达式可以看出，随着第二自由度 n_2 增大，F 分布的均值趋于 1，而方差则取决于两个自由度。

② F 分布的自由度。

F 分布的自由度是由构造 F 分布的分子和分母的两个 χ^2 分布的自由度而来，由于其分子和分母的 χ^2 分布可以交换，所以 F 分布的两个自由度有一个重要性质，就是它们可以互相转化的。如果随机变量 F 服从 $F(n_1, n_2)$ 分布，则：

$$\frac{1}{F} \sim F(n_2, n_1)$$

这是因为，由 F 分布的定义，若随机变量 F 服从 $F(n_1, n_2)$ 则：

$$F = \frac{X/n_1}{Y/n_2}$$

其中 X、Y 分别服从自由度为 n_1、n_2 的卡方分布，且 X、Y 相互独立，那么：

$$\frac{1}{F} = \frac{Y/n_2}{X/n_1}$$

由 F 分布的定义，自然 $\frac{1}{F(n_1,n_2)} \sim F(n_2,n_1)$，这个重要性质对于查 F 分布求较大 α 的分位数提供了方便。

【例 4-7】给定显著水平 $\alpha = 0.95$，查 $F(15,20)$ 的 α 上侧分位点。

对于给定的 $\alpha = 0.95$，因为 F 分布并未给出 $\alpha = 0.95$ 的上侧分位点。则要根据 F 分布的性质，首先查 $F_{0.05}(20,15) = 2.328$，然后根据公式

$$F_{1-\alpha}(n_1,n_2) = \frac{1}{F_{\alpha}(n_2,n_1)}$$

计算对于下侧分位数，即：

$$F_{0.95}(15,20) = \frac{1}{2.328} = 0.4296。$$

我们也可以通过 Excel 的统计函数功能中的函数 FINV 计算该百分位数①。步骤如下：

首先调出 Excel 的函数 f_x，选中函数 FINV（见图 4-4）：

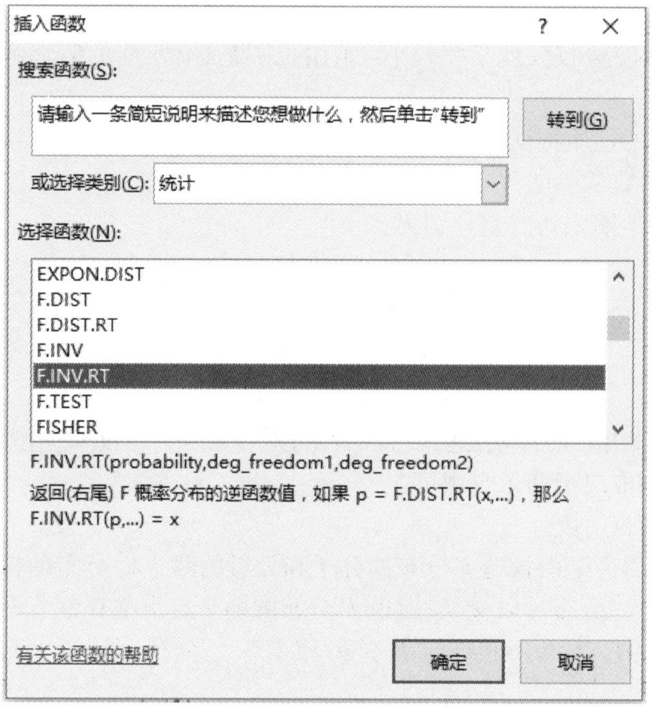

图 4-4　选择 FINV 函数示意图

然后，根据对话框输入相关信息，则有图 4-5：

① χ^2 分布和 t 分布的百分位点，也可通过 Excel 的统计函数功能 CHINV 和 TINV 得到。

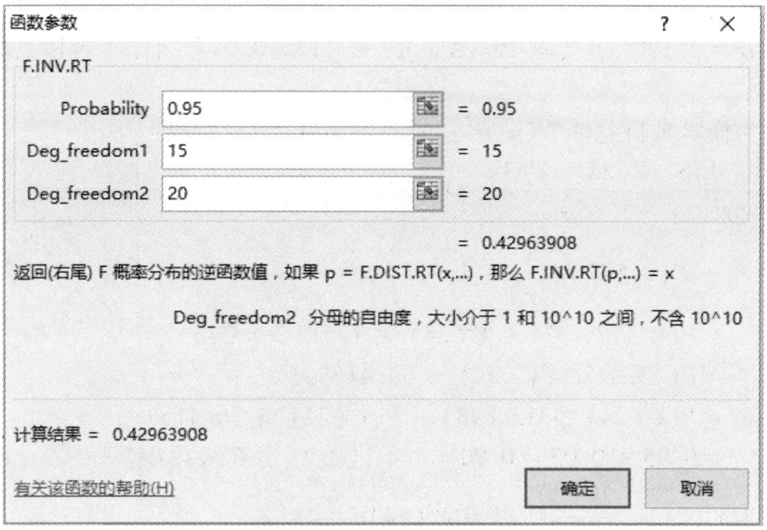

图 4-5　输入函数参数

可见 $F_{0.95}(15,20)=\dfrac{1}{2.328}=0.4296$。

§4.3.4　抽样分布的重要定理

本节的前面部分，为我们提供了讨论统计量的分布可以利用的结论，下面讨论总体服从正态分布场合的抽样分布，这是因为在应用中许多随机变量的概率分布或是正态分布，或是近似正态的。

定理 4-1　若 $X_1,\cdots,X_n$ 是从总体 $N(\mu,\sigma^2)$ 抽取的一个简单随机样本，则有：

(1)
$$\bar{X}\sim N\left(\mu,\frac{\sigma^2}{n}\right) \tag{4-15}$$

(2)
$$\frac{\sum_{i=1}^{n}(X_i-\bar{X})^2}{\sigma^2}=\frac{(n-1)S^2}{\sigma^2}=\frac{nS_n^2}{\sigma^2}\sim\chi^2(n-1) \tag{4-16}$$

(3) 样本均值 $\bar{X}$ 与样本方差 S^2 相互独立。

其中 $\bar{X}=\dfrac{1}{n}\sum_{i=1}^{n}X_i$，$S^2=\dfrac{1}{n}\sum_{i=1}^{n}(X_i-\bar{X})^2$。①

【例 4-8】在正态总体 $N(\mu,\sigma^2)$ 中抽出一个容量为 10 的样本，$S^{*2}=\dfrac{1}{24}\sum_{i=1}^{25}(X_i-\bar{X})^2$ 为样本修正方差，这里 μ 和 σ^2 均为未知。求：

(1) $P\left(0.577\leqslant\dfrac{S^2}{\sigma^2}\leqslant1.5173\right)$；

---

① 定理证明略，读者可以参看茆诗松等著《概率论与数理统计》，中国统计出版社。

(2) $D(S^2)$；

(3) 当 $\sigma = 2.3$ 时，若要求 $P(|\bar{X} - \mu| \leqslant 1) \geqslant 0.9$，那么样本容量至少要多大？

解答：

(1) 因为样本来自总体 $N(\mu,\sigma^2)$，样本容量 $n = 25$，所以：

$$\chi^2 = \frac{(n-1)S^2}{\sigma^2} = \frac{(25-1)S^2}{\sigma^2} \sim \chi^2(24)$$

则
$$
\begin{aligned}
& P(0.577 \leqslant \frac{S^2}{\sigma^2} \leqslant 1.5173) \\
&= P(0.577 \times 24 \leqslant \chi^2(24) \leqslant 1.5173 \times 24) \\
&= P(13.848 \leqslant \chi^2(24) \leqslant 36.415) \\
&= P(\chi^2(24) > 13.848) - P(\chi^2(24) > 36.415) \\
&= 0.95 - 0.05 = 0.90 \qquad \text{（查}\chi^2\text{ 分布表得出）}
\end{aligned}
$$

(2) 因为 $\chi^2(24) = \frac{24S^2}{\sigma^2}$，所以 $D(\chi^2(24)) = 48$。

而
$$
\begin{aligned}
D(S^2) &= D(\frac{\sigma^2}{24}\frac{24S^2}{\sigma^2}) \\
&= \frac{\sigma^4}{(24)^2}D(\chi^2(24)) = \frac{\sigma^4}{(24)^2} \times 48 = \frac{\sigma^4}{12}
\end{aligned}
$$

(3) 因为 $\bar{X} \sim N(\mu,\frac{\sigma^2}{n})$，所以当 $\sigma = 2.3$ 时，有：

$$
\begin{aligned}
& P(|\bar{X} - \mu| \leqslant 1) \\
&= P(|\frac{\bar{X} - \mu}{2.3/\sqrt{n}}| \leqslant \frac{1}{2.3/\sqrt{n}}) \\
&= 2\Phi(2.3/\sqrt{n}) - 1
\end{aligned}
$$

根据题意，有 $2\Phi(2.3/\sqrt{n}) - 1 \geqslant 0.9$，则 $\Phi(2.3/\sqrt{n}) \geqslant 0.95$，故 $2.3/\sqrt{n} \geqslant 1.96$，则 $n \geqslant 20.3221$，则至少取容量为21的样本才能满足 $P(|\bar{X} - \mu| \leqslant 1) \geqslant 0.9$ 的要求。

定理4-2　若总体服从 $N(\mu,\sigma^2)$，从中抽取容量为 n 的样本 $X_1,\cdots,X_n$，则：

$$t = \frac{\bar{X} - \mu}{S/\sqrt{n}} \sim t(n-1)$$

样本 $X_1,\cdots,X_n$ 相互独立，且都服从 $N(\mu,\sigma^2)$，由定理4-1，$\bar{X} \sim N(\mu,\sigma^2/n)$，所以：

$$Z = \frac{\bar{X} - \mu}{\sqrt{\sigma^2/n}} = \frac{\bar{X} - \mu}{\sigma/\sqrt{n}} \sim N(0,1) \qquad (4\text{-}17)$$

又：

$$Y = \frac{(n-1)S^2}{\sigma^2} \sim \chi^2(n-1) \qquad (4\text{-}18)$$

而且随机变量 Z 与 Y 相互独立。结合 t 分布的定义有：

$$t = \frac{Z}{\sqrt{Y/(n-1)}} = \frac{\bar{X} - \mu}{\sigma/\sqrt{n}}\frac{\sqrt{n-1}\,\sigma}{\sqrt{(n-1)S^2}} = \frac{\bar{X} - \mu}{S/\sqrt{n}} \sim t(n-1) \qquad (4\text{-}19)$$

【例 4-9】设总体 X 服从正态分布 $N(\mu,\sigma^2)$，$X_1,\cdots,X_n,X_{n+1}$ 是来自总体的一个样本，记 $\bar{X}=\frac{1}{n}\sum_{i=1}^{n}X_i$ 和 $S^2=\frac{1}{24}\sum_{i=1}^{25}(X_i-\bar{X})^2$，试求 $\sqrt{\frac{n}{n+1}}\frac{X_{n+1}-\bar{X}_n}{S^*}$ 的分布。

由于 $X_1,\cdots,X_n,X_{n+1}$ 来自总体 $N(\mu,\sigma^2)$ 的简单随机样本，则分别有 $X_{n+1}\sim N(\mu,\sigma^2)$ 和 $\bar{X}_n\sim N(\mu,\frac{\sigma^2}{n})$，且 X_{n+1} 和 $\bar{X}_n$ 相互独立，则 $X_{n+1}-\bar{X}_n\sim N(0,\frac{n+1}{n}\sigma^2)$，且 $Z=\frac{X_{n+1}-\bar{X}_n}{\sqrt{\frac{n+1}{n}\sigma^2}}\sim N(0,1)$。

因为 $\chi^2=\frac{(n-1)S^{*2}}{\sigma^2}\sim\chi^2(n-1)$，而且根据定理 4-1 的结论有 Z 和 χ^2 相互独立，所以：

$$t=\frac{Z}{\sqrt{\chi^2/(n-1)}}=\frac{X_{n+1}-\bar{X}_n}{\sqrt{\frac{n+1}{n}\sigma^2}}\Big/\sqrt{\frac{(n-1)S^{*2}}{(n-1)\sigma^2}}$$

$$=\sqrt{\frac{n}{n+1}}\frac{X_{n+1}-\bar{X}_n}{S}\sim t(n-1)。$$

定理 4-3　若总体 X 服从 $N(\mu_1,\sigma_1^2)$，总体 Y 服从 $N(\mu_2,\sigma_2^2)$，且两个总体相互独立。从两总体中分别抽取容量为 n_1 和 n_2 的样本 $X_1,\cdots,X_{n_1}$ 和 $Y_1,\cdots,Y_{n_2}$。则：

(1)
$$Z=\frac{\bar{X}-\bar{Y}-(\mu_1-\mu_2)}{\sqrt{\frac{\sigma_1^2}{n_1}+\frac{\sigma_2^2}{n_2}}}\sim N(0,1)\tag{4-20}$$

(2) 当 $\sigma_1^2=\sigma_2^2$，则：

$$t=\frac{\bar{X}-\bar{Y}-(\mu_1-\mu_2)}{S_w\sqrt{\frac{1}{n_1}+\frac{1}{n_2}}}\sim t(n_1+n_2-1)\tag{4-21}$$

其中 $S_w=\sqrt{\frac{(n_1-1)S_1^2+(n_2-1)S_2^2}{n_1+n_2-2}}$。

(1) 是因为 $X_1,\cdots,X_{n_1}\overset{i.i.d}{\sim}N(\mu_1,\sigma^2)$，$Y_1,\cdots,Y_{n_2}\overset{i.i.d}{\sim}N(\mu_2,\sigma^2)$，并且两组样本是相互独立的。所以：

$$\bar{X}\sim N(\mu_1,\sigma^2/n_1),\bar{Y}\sim N(\mu_2,\sigma^2/n_2)$$

并且 $\bar{X}$ 和 $\bar{Y}$ 相互独立，从而：

$$\bar{X}-\bar{Y}-(\mu_1-\mu_2)\sim N(0,\frac{\sigma_1^2}{n_1}+\frac{\sigma_2^2}{n_2})$$

则：
$$Z=\frac{\bar{X}-\bar{Y}-(\mu_1-\mu_2)}{\sqrt{\frac{\sigma_1^2}{n_1}+\frac{\sigma_2^2}{n_2}}}\sim N(0,1)。$$

(2) 是因为由定理 4.1 可以得到:

$$\frac{(n_1-1)S_1^2}{\sigma^2}\sim\chi^2(n_1-1),\frac{(n_2-1)S_2^2}{\sigma^2}\sim\chi^2(n_2-1)$$

且 S_1^2 和 S_2^2 相互独立,从而:

$$\chi^2=\frac{(n_1-1)S_1^2}{\sigma^2}+\frac{(n_2-1)S_2^2}{\sigma^2}\sim\chi^2(n_1+n_2-2)$$

并且统计量 Z 和 χ^2 相互独立,所以:

$$t=\frac{Z}{\sqrt{\chi^2/(n_1+n_2-2)}}\sim t(n_1+n_2-2)$$

将 t 统计量化简,可以得到:

$$t=\frac{\bar{X}—\bar{Y}-(\mu_1-\mu_2)}{S_w\sqrt{\frac{1}{n_1}+\frac{1}{n_1}}}$$

所以,统计量服从自由度为 n_1+n_2-2 的 t 分布。

定理 4-4　若总体 $X\sim N(\mu_1,\sigma_1^2)$,另一总体 $Y\sim N(\mu_2,\sigma_2^2)$,从第一总体中抽取容量为 n_1 的样本,从第二个总体中抽取容量为 n_2 的样本,两个总体是独立的。统计量

$$F=\frac{S_1^2/\sigma_1^2}{S_2^2/\sigma_2^2}\sim F(n_1-1,n_2-1)。\tag{4-22}$$

因为样本相互独立且和总体具有相同的分布,所以

$$X_1,\cdots,X_{n_1}\overset{i.i.d}{\sim}N(\mu_1\sigma_1^2)$$

$$Y_1,\cdots,Y_{n_2}\overset{i.i.d}{\sim}N(\mu_2\sigma_2^2)$$

由前面定理 4-1,

$$\chi_1^2=\frac{(n_1-1)S_1^2}{\sigma_1^2}\sim\chi^2(n_1-1)$$

$$\chi_2^2=\frac{(n_2-1)S_2^2}{\sigma_2^2}\sim\chi^2(n_2-1)$$

两个总体相互独立,所以随机变量 χ_1^2 和 χ_2^2 相互独立,从而

$$F=\frac{\chi_1^2/(n_1-1)}{\chi_2^2/(n_2-1)}=\frac{S_1^2/\sigma_1^2}{S_2^2/\sigma_2^2}\sim F(n_1-1,n_2-1)$$

所以该随机变量服从第一自由度为 n_1-1,第二自由度为 n_2-1 的 F 分布。

本章小结

1. 总体的含义可抽象为所感兴趣的变量及其取值的分布,这个分布称为总体或总体分布。总体分布是对客观对象变量取值情况的数学描述。对每一个研究对象可

能要观测多个指标，则可用多维随机向量$(X_1,\ X_2,\cdots,X_p)$去描述总体，这种总体称为p维总体。通过观测或试验的方法，获得的总体中一部分个体的取值，称为样本。每个个体的取值称为样本点。

2. 设$(X_1,\cdots,X_n)$是来自总体X的一个样本，$T=T(X_1,\cdots,X_n)$是$(X_1,\cdots,X_n)$的函数，如果T中不含任何未知参数，则称$T(X_1,\cdots,X_n)$为一个统计量。在统计推断问题中，经常需要利用总体的样本构造出合适的统计量，并使其服从或渐进地服从已知的分布。统计学中泛称样本的函数为统计量，统计量的分布为抽样分布。样本的联合分布函数或联合密度函数反映了样本的分布状况，又称为似然函数。正态总体的样本均值和样本方差的抽样分布及相关概率的计算方法。

3. 在正态分布假定下三种主要的常用分布——χ^2分布、t分布和F分布。χ^2分布、t分布和F分布的定义、构造原理和性质。计算χ^2分布、t分布和F分布的分位数的方法。

4. 正态分布条件下抽样分布的重要定理。单正态总体与双正态总体中样本的一些统计量及其服从的已知分布。

思考题与练习题

1. 统计量的定义是什么？抽样分布的定义是什么？样本点是不是统计量，其分布是什么？

2. 标准正态分布是抽样分布的基础，请思考标准正态分布和χ^2分布、t分布、F分布的关系是什么？

3. 设总体$X\sim N(\mu,\sigma^2)$，$(X_1,\cdots,X_n)$是来自该总体的一个样本，试写出$(X_1,\cdots,X_n)$的联合密度函数。

4. 设$X_1,X_2,\cdots,X_{10}$是独立同服从$N(0,4)$分布的随机变量，是确定C，使得$P(\sum_{i=1}^{10}(X_i)^2>C)=0.05$。

5. 设X_1,X_2是取自正态分布$N(0,\sigma^2)$的一个样本，求概率$P(\frac{(X_1+X_2)^2}{(X_1-X_2)^2}\leqslant 4)$。

6. 从两个正态总体中分别抽出容量为$n_1=25$和$n_2=20$的两独立样本。计算得其样本修正方差为$S_1^2=79.4$和$S_2^2=25.6$。若假定两总体方差相等，即$\sigma_1^2=\sigma_2^2=\sigma^2$，两样本的修正方差之比属于什么的分布，求$P(\frac{S_1^2}{S_2^2}\leqslant 3)$的概率。

7. 证明：若总体$X\sim N(\mu,\sigma^2)$，从中抽取样本$X_1,\cdots,X_n$，统计量$t=\frac{\bar{X}-\mu}{S_n/\sqrt{n-1}}\sim t(n-1)$。

8. 设总体$X\sim N(\mu_1,\sigma^2)$，另一总体，$Y\sim N(\mu_2,\sigma^2)$，从第一总体中抽取容量为m的样本，从第二个总体中抽取容量为n的样本，两个总体是独立的，用$\bar{X},S_m^2,\bar{Y},S_n^2$分别表示两个样本的均值和方差,$\alpha$ 和 β 是两个固定常数，试求 $\dfrac{\alpha(\bar{X}-\mu_1)+\beta(\bar{Y}-\mu_2)}{\sqrt{\dfrac{mS_m^2+nS_n^2}{m+n-2}}\cdot\sqrt{(\dfrac{\alpha^2}{m}+\dfrac{\beta^2}{n})}}$ 的抽样分布。

9. 设 $T\sim t(n)$,证明 $T^2\sim F(1,n)$。

10. 设$(X_1,\cdots,X_n,X_{n+1},X_{n+m})$ 是来自正态总体 $N(0,\sigma^2)$ 的样本,试求下列统计量的分布。

(1) $Y=\dfrac{\sqrt{m}\sum\limits_{i=1}^{n}X_i}{\sqrt{n}\sqrt{\sum\limits_{i=n+1}^{n+m}X_i^2}}$

(2) $Y=\dfrac{m\sum\limits_{i=1}^{n}X_i}{n\sum\limits_{i=n+1}^{n+m}X_i^2}$

第 4 章思考题与练习题答案

第 5 章
参数估计

在一些实际问题中,研究对象的总体分布类型可以从理论或实际经验得到,但总体参数常常是未知的,需利用样本提供的信息对未知参数做出估计,其分布函数才能完全确定。例如,根据中心极限定理或实际经验知道,采用新工艺生产的一批电子元件的寿命 X 服从正态分布 $N(\mu,\sigma^2)$,但它的参数 μ 和 σ^2 未知,需要我们利用样本提供的信息去估计 μ 和 σ^2,这就提出了参数的估计问题。另外一些实际问题,我们并不关心总体 X 的分布类型,仅关心总体的某些数字特征。例如,全国农产量抽样调查,我们关心的是全国在一定收获季节各种农作物的平均亩产量和总产量,也需要通过样本信息去估计。由于随机变量的数字特征与它的概率分布中的参数有一定的关系,因而对数字特征的估计也称参数估计。参数估计有两种基本形式 —— 点估计和区间估计。

§5.1 点估计

设 θ 是总体 X 的一个待估参数,$X_1,X_2,\cdots,X_n$ 是从总体中抽取的一个容量为 n 的样本,其样本观察值记为 $x_1,x_2,\cdots,x_n$。点估计的基本思想是通过构造样本统计量 $\hat{\theta}=\hat{\theta}(X_1,X_2,\cdots,X_n)$ 去估计总体的未知参数 θ,称为 θ 的点估计量,它是样本 $X_1,X_2,\cdots,X_n$ 的函数,是随机变量。将样本观测值代入后,得到的 $\hat{\theta}(x_1,x_2,\cdots,x_n)$ 称为参数 θ 的点估计值。

点估计的方法有多种,包括矩估计法、极大似然估计法、顺序统计量法、贝叶斯估计法和最小二乘法等,这章只介绍两种最常用的方法 —— 矩估计法和极大似然估计法。

§5.1.1 矩估计法

英国统计学家 K. Pearson 提出的矩估计法是一种古老的点估计方法。矩是随机变量的数字特征,如原点矩、中心矩。设 X 为随机变量,对任意的正整数 k,称 $E(X^k)$、$E[X-E(X)]^k$ 分别为随机变量 X 的 k 阶原点矩、k 阶中心矩。矩估计法的基本思想是替换原则,其理论依据在于大数定理,我们从大数定律知道,若总体 X 的 k 阶原点矩 $E(X^k)$ 有限,则样本的 k 阶原点矩 $\sum_{i=1}^{n}X_i^k/n$ 依概率收敛于 $E(X^k)$。这就启发我们在利用样本所提供的信息对总体未知参数做估计时，用样本矩估计总体矩，用样本矩的相应函数估计总体矩的函数，建立估计量应满足的方程，从而求出未知参数估计量的方法。

矩估计法的一般步骤如下：

设总体 X 的分布中包含 k 个未知参数 $\theta_1,\theta_2,\cdots,\theta_k$，则其分布函数可以表示为 $F(x;\theta_1,\theta_2,\cdots,\theta_k)$。若总体 X 的 k 阶原点矩 $m_k=E(X^k)$ 存在，且为 $\theta_i(i=1,2,\cdots,k)$ 的函数，记为 $m_k(\theta_1,\theta_2,\cdots,\theta_k)$。

分别用样本的 k 阶原点矩 $\sum_{i=1}^{n}X_i^k/n$ 去估计总体的 k 阶原点矩，即：

$$m_k(\theta_1,\theta_2,\cdots,\theta_k)=\frac{1}{n}\sum_{i=1}^{n}X_i^k \qquad i=1,2,\cdots,k \tag{5-1}$$

(5-1) 式确定了包含 k 个未知参数的 k 个方程式，即有下列方程组

$$\begin{cases} E(X)=\dfrac{1}{n}\sum\limits_{i=1}^{n}X_i \\ \cdots \\ E(X^k)=\dfrac{1}{n}\sum\limits_{i=1}^{n}X_i^k \end{cases} \tag{5-2}$$

解联立方程组，就可得到未知参数 θ_i 的矩估计量 $\hat{\theta}_i=\hat{\theta}_i(X_1,X_2,\cdots,X_n)$，它是样本的函数。将样本观测值 $(x_1,x_2,\cdots,x_n)$ 代入矩估计量，即得到 θ_i 的矩估计值 $\hat{\theta}_i=\hat{\theta}_i(x_1,x_2,\cdots,x_n)$。

【例 5-1】设 $X_1,X_2,\cdots,X_n$ 是来自均匀分布 $f(x,\theta)=\begin{cases}1/\theta & 0<x<\theta \\ 0 & \text{其他}\end{cases}$ 的样本，试求 θ 的矩估计量。

因为 $\mu_1=E(X)=\int_{-\infty}^{+\infty}xf(x;\theta)\mathrm{d}x=\dfrac{1}{\theta}\int_0^{\theta}x\mathrm{d}x=\dfrac{\theta}{2}$

令 $\dfrac{\hat{\theta}}{2}=\dfrac{1}{n}\sum\limits_{i=1}^{n}X_i=\bar{X}$，所以 θ 的矩法估量为：$\hat{\theta}=2\bar{X}$。

【例 5-2】设总体 X 以等概率 $1/\theta$ 取值 $1,2,\cdots,\theta$，试求未知参数 θ 的矩估计量。

总体 X 的概率分布为表 5-1 所示。

表 5-1

X	1	2	…	θ
p_i	1/θ	1/θ	…	1/θ

$$E(X)=1\times\frac{1}{\theta}+2\times\frac{1}{\theta}+\cdots+\theta\times\frac{1}{\theta}=\frac{1}{\theta}(1+2+\cdots+\theta)=\frac{1}{\theta}[\frac{(1+\theta)\theta}{2}]$$
$$=\frac{(1+\theta)}{2}$$

因而，$E(X)=2E(X)-1$

用样本一阶原点矩去估计总体一阶原点矩,即得未知参数 θ 的矩估计量:

$$\hat{\theta} = 2\bar{X} - 1$$

实际根据矩估计的定义,若总体 X 的数学期望 μ 及方差 σ^2 都存在,但 μ、σ^2 均未知,$X_1, X_2, \cdots, X_n$ 是来自总体 X 的一个样本。则有:

$$\begin{cases} \hat{\mu} = E(X) = \bar{X} \\ \hat{\sigma}^2 = E[X - E(X)]^2 = E(X^2) - [E(X)]^2 = \dfrac{1}{n}\sum_{i=1}^{n}(X_i - \bar{X})^2 = S^2 \end{cases} \tag{5-3}$$

(5-3) 式表明,当知道样本观测值之后,可以十分快捷地求出总体均值和方差的矩估计值。

* §5.1.2　极大似然估计法①

极大似然估计法最早是由 Gauss 提出的,后来 Fisher 重新提出并证明了这种方法的一些性质,这是目前仍得到广泛应用的一种参数估计方法。这种方法既要利用总体 X 的分布函数,又要利用样本提供的信息来估计总体参数。

其基本思想可简单叙述如下:假设总体 X 的分布函数已知,但参数 θ 未知,它可以取很多值,我们要在参数 θ 的一切可能取值中选出一个使样本观察值出现的概率为最大的 $\hat{\theta}$ 作为参数 θ 的估计,并称 $\hat{\theta}$ 为 θ 的极大似然估计。

例如,在一个盒子中装有白色、黑色两种颜色的球,但不知是白色的球多还是黑色的球多。设两种球的数量之比为 4∶1,就是说随机抽取一个球为白球的概率 p 可能是 4/5,也可能是 1/5。若从盒子中有放回地任抽 3 个球,其中恰有 2 个白球。我们自然会想到盒子中装有白球多的可能性大。即随机试验的结果更可能来自概率最大的事件,也就是人们常说的概率最大原则。

为了讨论方便,以下将连续型随机变量的密度函数和离散型随机变量的分布律都统一记为 $f(x;\theta_1,\theta_2,\cdots,\theta_k)$。

下面,我们给出极大似然估计的数学表述:

设总体 X 的密度函数或分布律为 $f(x;\theta_1,\theta_2,\cdots,\theta_k)$;$\theta_1,\theta_2,\cdots,\theta_k$ 为未知参数;$X_1, X_2,\cdots,X_n$ 是来自总体 X 的简单随机样本。由于 $X_1,X_2,\cdots,X_n$ 相互独立且与总体 X 同分布,$X_1,X_2,\cdots,X_n$ 的联合密度函数为 $\prod_{i=1}^{n} f(x_i;\theta_1,\theta_2,\cdots,\theta_k)$。对于给定的样本观察值 $x_1,x_2,\cdots,x_n$,我们把样本的联合密度函数

$$L = L(x_1,\cdots,x_n;\theta_1,\theta_2,\cdots,\theta_k) = \prod_{i=1}^{n} f(x_i;\theta_1,\theta_2,\cdots,\theta_k) \tag{5-4}$$

称为似然函数。

由于 $x_1,x_2,\cdots,x_n$ 是一组常数,似然函数常简记为 L 或 $L(\theta_1,\theta_2,\cdots,\theta_k)$,它是未知参数的函数。似然函数的大小取决于未知参数 $\theta_1,\theta_2,\cdots,\theta_k$,若有 $\hat{\theta}_i(x_1,x_2,\cdots,x_n)$(其中:$i = 1,2,\cdots,k$),使得

① 这部分内容供教学选择使用。

$$L(x_1,x_2,\cdots,x_n;\hat{\theta}_1,\hat{\theta}_2,\cdots,\hat{\theta}_k)=\max_{(\theta_1,\theta_2,\cdots,\theta_k)}L(x_1,x_2,\cdots,x_n;\theta_1,\theta_2,\cdots,\theta_k)$$

则称 $\hat{\theta}_i(X_1,X_2,\cdots,X_n)$ 为参数 θ_i的极大似然估计量，$\hat{\theta}_i(x_1,x_2,\cdots,x_n)$ 为参数 θ_i的极大似然估计值。

当似然函数关于参数 θ_i可导时，求 L 或 $L(\theta_1,\theta_2,\cdots,\theta_k)$ 的极大值可以通过求导来获得。由于 lnx 是 x 的单调递增函数，lnL 与 L 在 θ_i的相同点上取极大值，对 $lnL=lnL(x_1,x_2,\cdots,x_n;\theta_1,\theta_2,\cdots,\theta_k)$ ①求导通常比直接对 L 求导方便，故常将似然函数 L 转换为对数似然函数 lnL 求解。实际应用时，可以按照如下步骤进行：

(1) 由总体分布推导出样本的联合密度函数；

(2) 根据样本的联合密度函数或联合分布律，写出在样本$(x_1,x_1,\cdots,x_n)$ 处的对数似然函数 lnL 或似然函数 L；

(3) 通过解似然方程组$\frac{\partial lnL}{\partial\theta_i}=0$或$\frac{\partial L}{\partial\theta_i}=0$，即可得到未知参数 θ_i 的极大似然估计值 $\hat{\theta}_i(x_1,x_2,\cdots,x_n)$，相应的极大似然估计量为 $\hat{\theta}_i(X_1,X_2,\cdots,X_n)$。

【例 5-3】某电子元器件失效时间服从指数分布 $\lambda e^{-\lambda t}$，$t>0$，现随机抽取 7 只电子元器件，测得其失效时间(单位：万小时) 分别为：4.6，2.8，3.5，2.6，5.1，3.7，5.7，求参数 λ 的极大似然估计值。

写出似然函数　$L=L(x_1,x_2,\cdots,x_7;\lambda)=\prod_{i=1}^{7}f(x_i;\lambda)=\lambda^7e^{-\lambda\sum_{i=1}^{7}x_i}$

两边取对数得　$\ln L=7\ln\lambda-\lambda\sum_{i=1}^{7}x_i$

对 λ 求导数，令其为零得似然方程　$\frac{d\ln L}{d\lambda}=\frac{7}{\lambda}-\sum_{i=1}^{7}x_i=0$

解之，即得 λ 的极大似然估计值　$\hat{\lambda}=\frac{7}{\sum_{i=1}^{7}x_i}=\frac{1}{\bar{X}}=\frac{1}{4}$

【例 5-4】设 $X_1,X_2,\cdots,X_n$ 是来自正态总体 $N(\mu,\sigma^2)$ 的随机样本，其中μ,σ^2 是未知参数，求μ,σ^2 的极大似然估计。

样本 $x_1,x_2,\cdots,x_n$ 的似然函数为

$$L=L(x_1,x_2,\cdots,x_n;\mu,\sigma^2)=\prod_{i=1}^{n}\frac{1}{\sqrt{2\pi}\sigma}e^{-\frac{(x_i-\mu)^2}{2\sigma^2}}=(2\pi\sigma^2)^{-\frac{n}{2}}e^{-\frac{\sum(x_i-\mu)^2}{2\sigma^2}}$$

对数似然函数为

$$\ln L=-\frac{n}{2}\ln(2\pi\sigma^2)-\frac{1}{2\sigma^2}\sum_{i=1}^{n}(x_i-\mu)^2$$

分别对μ,σ^2 求偏导数，令其为 0，得似然方程组

① 对数化处理在优化求解指数分布族函数参数时尤其有效，能将密度函数的指数部分线性化，提高运算效率。

$$\begin{cases}\dfrac{\partial \ln L}{\partial \mu}=\dfrac{1}{\sigma^2}\sum\limits_{i=1}^{n}(x_i-\mu)=0\\ \dfrac{\partial \ln L}{\partial \sigma^2}=-\dfrac{n}{2\sigma^2}+\dfrac{1}{2\sigma^4}\sum\limits_{i=1}^{n}(x_i-\mu)^2=0\end{cases}$$

解似然方程组,得极大似然估计值　$\hat{\mu}=\bar{X},\hat{\sigma^2}=\dfrac{1}{n}\sum(x_i-\bar{X})^2$

对应的极大似然估计量为　$\hat{\mu}=\bar{X},\hat{\sigma^2}=\dfrac{1}{n}\sum(X_i-\bar{X})^2=S^2$

若无法通过解似然方程组求未知参数的极大似然估计时,可从定义直接在边界点上寻找极大似然估计值,例如下面的例子。

【例 5-5】设总体 X 服从 $[a,b]$ 上的均匀分布,$X_1,\cdots,X_n$ 为来自该总体的随机样本,$x_1,\cdots,x_n$ 为样本观察值,求未知参数 a 和 $b(b>a)$ 的极大似然估计。

总体服从均匀分布,即　$f(x_1,x_2,\cdots,x_n;a,b)=\begin{cases}\dfrac{1}{b-a} & a\leqslant x\leqslant b\\ 0 & \text{其他}\end{cases}$

样本 $x_1,x_2,\cdots,x_n$ 的似然函数为:

$$L=L(x_1,x_2,\cdots,x_n;a,b)=\prod_{i=1}^{n}f(x_i;a,b)=\begin{cases}\dfrac{1}{(b-a)^n} & a\leqslant x_i\leqslant b\\ 0 & \text{其他}\end{cases}$$

若两边取对数得 $\ln L=-n\ln(b-a)$,显然,从似然方程组不可能解出 a、b 的极大似然估计值。此时我们可以根据定义直接确定似然函数 $L=L(x_1,x_2,\cdots,x_n;a,b)$ 的最大值点。

由 $L=L(x_1,x_2,\cdots,x_n;a,b)$ 的表达式看,只有 $x\in[a,b]$ 时,似然函数才能取得最大值。由 $a\leqslant\min\limits_{1\leqslant i\leqslant n}\{x_i\}\leqslant\max\limits_{1\leqslant i\leqslant n}\{x_i\}\leqslant b$,得极大似然估计

$$\hat{a}=\min_{1\leqslant i\leqslant n}\{x_i\}\qquad \hat{b}=\max_{1\leqslant i\leqslant n}\{x_i\}$$

通过以上例子可见,极大似然估计法的关键是构造似然函数,通过使该函数达到最大值求解未知参数。有时似然方程易于求解,但有时极大值求解较为麻烦,需要用到一些数值算法。在此,不对这些优化方法进行专门介绍,感兴趣的读者可参考相关书籍。此外,当无法通过似然方程求解未知参数时,往往需要从定义出发,根据极大似然原则,利用样本信息寻找极大似然估计值。

§5.1.3　评价点估计优劣的标准

前面介绍了两种点估计的方法。在实际应用时,常出现这样的困惑:用不同方法估计同一参数可能得到不同的估计量,究竟如何判断哪个估计量较为恰当呢?这就需要研究评判点估计优劣的标准,即点估计的优良性。一个好的估计量通常要满足下面的准则:

(1) 无偏性

设总体的参数为 θ,其点估计量为 $\hat{\theta}$,如满足 $E(\hat{\theta})=\theta$ 或 $E(\hat{\theta}-\theta)=0$,则称 $\hat{\theta}$ 是参

数 θ 的无偏估计量。

无偏性说明,不同的样本得到的 $\hat{\theta}$ 不同,可能大于 θ,也可能小于 θ,多次抽样时,$\hat{\theta}$ 的平均值与真实值一致。在实际应用中无偏估计保证了没有系统偏差。实际上样本均值和修正样本方差 $S^2 = \frac{1}{n-1}\sum_{i=1}^{n}(X_i - \bar{X})^2$ 是总体均值和方差的无偏估计量。证明如下:

记 $X_1,\cdots,X_n$ 为从总体中独立抽取容量 n 的样本,$E(X_i)=\mu, D(X_i)=\sigma^2$

$$E(\bar{X}) = E\left(\frac{1}{n}\sum_{i=1}^{n}X_i\right) = \frac{1}{n}\sum_{i=1}^{n}E(X_i) = \mu \tag{5-5}$$

因此,样本均值 x 是总体均值 μ 的无偏估计量。

$$\begin{aligned}
S^2 &= E\left(\frac{1}{n-1}\sum_{i=1}^{n}(X_i - \bar{X})^2\right)\\
&= \frac{1}{n-1}E\left(\sum_{i=1}^{n}((X_i-\mu)-(\bar{X}-\mu))^2\right)\\
&= \frac{1}{n-1}\left(\sum_{i=1}^{n}E(X_i-\mu)^2 - 2\sum_{i=1}^{n}E(X_i-\mu)(\bar{X}-\mu) + \sum_{i=1}^{n}E(\bar{X}-\mu)^2\right)\\
&= \frac{1}{n-1}\left(\sum_{i=1}^{n}E(X_i-\mu)^2 - 2nE(\bar{X}-\mu)^2 + \sum_{i=1}^{n}E(\bar{X}-\mu)^2\right)\\
&= \frac{1}{n-1}\left(n\sigma^2 - 2n\frac{\sigma^2}{n} + n\frac{\sigma^2}{n}\right)\\
&= \sigma^2
\end{aligned}$$

在样本容量比较大的时候,人们常常用样本的方差而不是修正方差作为总体方差的估计量,这是因为,随着样本容量 n 的增加,样本方差将逐渐收敛到总体方差,也就是有 $\lim\limits_{n\to\infty}E(S_n^2) = \lim\limits_{n\to\infty}E\left(\frac{n-1}{n}S^2\right) = \sigma^2$,当有偏估计量期望的极限等于总体参数时,这个估计量也被称为渐进无偏估计量,用公式表示为:$\lim\limits_{n\to\infty}E(\hat{\theta}) = \sigma^2$。

需要注意以下问题:

① 一般来说,无偏估计量并不唯一,甚至可以是无限多个。例如参数 θ 的两个无偏估计 $\hat{\theta}_1$ 与 $\hat{\theta}_2$,对任何满足 $\alpha_1+\alpha_2=1$ 的 $\alpha_1,\alpha_2,\alpha_1\hat{\theta}_1+\alpha_2\hat{\theta}_2$ 都是 θ 的无偏估计。

② 如果 $\hat{\theta}$ 是参数 θ 的无偏估计量,但 $g(\hat{\theta})$ 通常不是 $g(\theta)$ 的无偏估计量。

例如,S^2 是总体方差 σ^2 的无偏估计量,但用 S 作为总体标准差 σ 的点估计,可以证明 $E(S)\neq\sigma$,即 S 不是总体标准差 σ 的无偏估计量。

又例如:样本均值 $\bar{X}$ 是总体均值 μ 的无偏估计量,但

$$E(\bar{X}^2) = D(\bar{X}) + [E(\bar{X})]^2 = \frac{\sigma^2}{n} + \mu^2 \neq \mu^2$$

即 $\bar{X}^2$ 也不是 μ^2 的无偏估计量。

(2) 有效性

既然无偏估计量不一定唯一,那么若有多个无偏估计量时,如何从中选取更好的

估计量呢？一个很直观的想法是希望无偏估计量围绕真值的波动越小越好，即估计量的方差越小越好。

若 $\hat{\theta}_1=\hat{\theta}_1(X_1,X_2,\cdots,X_n)$ 与 $\hat{\theta}_2={}_2(X_1,X_2,\cdots,X_n)$ 都是总体参数 θ 的无偏估计量，如果 $D(\hat{\theta}_1)<D(\hat{\theta}_2)$，则称 $\hat{\theta}_1$ 比 $\hat{\theta}_2$ 有效。

例如，设 $X_1,X_2,\cdots,X_n$ 为来自总体 X 的随机样本，且 $E(X)=\mu$，则 $\bar{X}=\dfrac{1}{n}\sum X_i$，$X_i$ 和 $\bar{X}$ 都是 μ 的无偏估计量，但

$$D(\bar{X})=\frac{\sigma^2}{n};\quad D(X_i)=\sigma^2$$

故当 $n\geqslant 2$ 时 $D(\bar{X})<D(X_i)$，则称 $\bar{X}$ 比 X_i 有效。正是 $\bar{X}$ 更稳定，所以人们通常会选择 $\bar{X}$ 而不是 X_i 作为总体均值估计量。

【例 5-6】设 X_1,X_2 是来自正态总体 $N(\mu,\sigma^2)$ 的随机样本，指出两个总体均值 μ 的无偏估计量 $\hat{\mu}_1=\dfrac{2}{3}X_1+\dfrac{1}{3}X_2$ 和 $\hat{\mu}_2=\dfrac{1}{2}X_1+\dfrac{1}{2}X_2$ 哪个更有效。

先分别计算 $\hat{\mu}_1,\hat{\mu}_2$ 的方差：

$$\begin{aligned}D(\hat{\mu}_1)&=D(\frac{2}{3}X_1+\frac{1}{3}X_2)=\frac{4}{9}D(X_1)+\frac{1}{9}D(X_2)\\&=\frac{4}{9}\sigma^2+\frac{1}{9}\sigma^2=\frac{5}{9}\sigma^2\end{aligned}$$

$$\begin{aligned}D(\hat{\mu}_2)&=D(\frac{1}{2}X_1+\frac{1}{2}X_2)=\frac{1}{4}D(X_1)+\frac{1}{4}D(X_2)\\&=\frac{1}{4}\sigma^2+\frac{1}{4}\sigma^2=\frac{1}{2}\sigma^2\end{aligned}$$

由于 $D(\hat{\mu}_1)>D(\hat{\mu}_2)$，故 $\hat{\mu}_2$ 比 $\hat{\mu}_1$ 更有效。

如果是有偏估计量则需要用均方误差 $\mathrm{MSE}(\hat{\theta})=E(\hat{\theta}-\theta)^2$ 作为优劣的评判标准，即总体参数 θ 的两个点估计量 $\hat{\theta}_1$、$\hat{\theta}_2$ 满足 $E(\hat{\theta}_1-\theta)^2<E(\hat{\theta}_2-\theta)^2$，则称在均方误差意义下 $\hat{\theta}_1$ 优于 $\hat{\theta}_2$。

均方误差包括两部分

$$\begin{aligned}E(\hat{\theta}-\theta)^2&=E\{[\hat{\theta}-E(\hat{\theta})]+[E(\hat{\theta})-\theta]\}^2\\&=E[\hat{\theta}-E(\hat{\theta})]^2+2[\hat{\theta}-E(\hat{\theta})][E(\hat{\theta})-\theta]\\&\quad+E[E(\hat{\theta})-\theta]^2\\&=D(\hat{\theta})+E[E(\hat{\theta})-\theta]^2\end{aligned}$$

可见，如果 $\hat{\theta}$ 是未知参数的无偏估计量，则 $E[E(\hat{\theta})-\theta]^2=0$，有 $E(\hat{\theta}-\theta)^2=D(\hat{\theta})$。均方误差越小则估计量 $\hat{\theta}$ 的误差平均较小，因而也就越优。

(3) 一致性

一致性是一个在大样本时给出的评判标准，意味着随着样本容量趋于无穷，估计量依概率收敛于总体参数的真实值。设 $\hat{\theta}=\hat{\theta}(X_1,\cdots,X_n)$，$n=1,2,\cdots,n$ 是参数 θ 的估计量，如果对于任意小的正数 ε，有：

$$\lim_{n\to\infty}P(|\hat{\theta}-\theta|>\varepsilon)=0,\text{或者}\lim_{n\to\infty}P(|\hat{\theta}-\theta|\leqslant\varepsilon)=1 \tag{5-6}$$

则称$\hat{\theta}$是θ的一致估计量,意味着$\hat{\theta}$依概率收敛于θ。一致性说明当样本容量越来越大时,能以概率1相信$\hat{\theta}$落在θ的任意小的ε邻域之内,也就是说可以保证估计误差达到任意指定的要求。

实际上样本均值$\bar{X}=\frac{1}{n}\sum_{i=1}^{n}X_i$是总体均值$\mu$的一致估计量。由于

$$E(\bar{X})=E(\frac{1}{n}\sum_{i=1}^{n}X_i)=\frac{1}{n}\sum_{i=1}^{n}E(X_i)=\mu$$

$$D(\bar{X})=D(\frac{1}{n}\sum_{i=1}^{n}X_i)=\frac{1}{n^2}\sum_{i=1}^{n}D(X_i)=\frac{\sigma^2}{n}$$

对任意小的正数ε,由切比雪夫不等式有:

$$P\{|\bar{X}-\mu|\geqslant\varepsilon\}\leqslant\frac{1}{\varepsilon^2}D(\bar{X})=\frac{\sigma^2}{n\varepsilon^2}$$

$\lim_{n\to\infty}P\{|\bar{X}-\mu|\geqslant\varepsilon\}=\lim_{n\to\infty}\frac{\sigma^2}{n\varepsilon^2}=0$,故$\bar{X}$是$\mu$的一致估计量。

【例5-7】已知$X\sim B(n,p)$,$X_1,X_2,\cdots,X_n$是来自总体X的随机样本,$\frac{1}{n}\bar{X}$是总体的未知参数p的极大似然估计,证明$\frac{1}{n}\bar{X}$是p的一致估计量。

对于任意小的正数ε,有

$$p\left\{\left|\frac{1}{n}\bar{X}-p\right|\geqslant\varepsilon\right\}\leqslant\frac{1}{\varepsilon^2}D\left(\frac{1}{n}\bar{X}\right)=\frac{p(1-p)}{n^2\varepsilon^2}$$

显然,$n\to\infty$,$\frac{p(1-p)}{n^2\varepsilon^2}\to 0$,因此$\frac{1}{n}\bar{X}$是$p$的一致估计量。

§5.2 单个总体参数的区间估计

点估计能够给出明确的估计值大小,但是无法说明估计的精确程度和把握程度。区间估计是在一定概率把握程度下,构造待估参数可能的区间范围作为未知参数的估计。

§5.2.1 区间估计

设θ是总体的一个未知参数,其参数空间为Θ,$X_1,X_2,\cdots,X_n$为来自总体的一个样本,对给定的$\alpha(0<\alpha<1)$,根据样本构造两个统计量

$$\hat{\theta}_L(X_1,X_2,\cdots,X_n)\ ,\hat{\theta}_U(X_1,X_2,\cdots,X_n)$$

且$\hat{\theta}_L<\hat{\theta}_U$,若对任意的$\theta\in\Theta$,有$P(\hat{\theta}_L\leqslant\theta\leqslant\hat{\theta}_U)\geqslant 1-\alpha$。则称区间$[\hat{\theta}_L,\hat{\theta}_U]$是$\theta$的置信水平为$1-\alpha$的置信区间。

其中,$1-\alpha$ 为置信水平或者置信度,称 $\hat{\theta}_L$、$\hat{\theta}_U$ 分别为置信水平为 $1-\alpha$ 时的置信下限与置信上限。

区间估计的直观意思是,构造一个随机区间 $[\hat{\theta}_L,\hat{\theta}_U]$,随着样本的变化,这个区间会发生变化。多次进行随机抽样,每次计算 $[\hat{\theta}_L,\hat{\theta}_U]$,比如抽样 100 次,可以得到 100 个这样的区间,在这 100 个区间中,有的包含真实值 θ,有的不包含 θ,包含 θ 的频率可能为 $1-\alpha$。可见,区间估计不仅仅能给出估计的精确度,还能给出估计的把握程度。置信区间长度表达了区间估计的精确度,置信区间越小,估计越精确。而置信水平则反映了区间估计的可靠性,置信水平 $1-\alpha$ 越大,区间估计把握性越强。在实际工作中常常是根据具体问题设置合理的置信水平,然后进行区间估计。常用的置信水平有 90%、95% 等。

区间估计是建立在一定概率下,使得总体真实值和样本估计值之间抽样误差不超过一定范围的参数估计方法。

§5.2.2　总体参数区间估计的方法

(1) 大样本时总体均值的区间估计

在大样本条件下,无论总体分布形式如何,样本平均数服从或渐近服从均值为 μ,方差为 $\sigma_{\bar{X}}^2=\dfrac{\sigma^2}{n}$ 的正态分布,即 $Z=\dfrac{\bar{X}-\mu}{\sigma_{\bar{X}}}\sim N(0,1)$。

由 $P\left(-Z_{\alpha/2}<\dfrac{\bar{X}-\mu}{\sigma_{\bar{X}}}<Z_{\alpha/2}\right)=1-\alpha$,得总体均值 μ 的置信水平为 $1-\alpha$ 的置信区间为:

$$[\bar{X}-Z_{\alpha/2}\sigma_{\bar{X}},\bar{X}+Z_{\alpha/2}\sigma_{\bar{X}}],\text{或}[\bar{X}\pm Z_{\alpha/2}\sigma_{\bar{X}}]\ ① \tag{5-7}$$

其中 $Z_{\alpha/2}\sigma_{\bar{X}}$ 称为抽样极限误差或允许误差②。显然,$Z_{\alpha/2}\sigma_{\bar{X}}$ 越小,样本指标和总体指标之间误差越小,估计的精度越高。可见,抽样极限误差是在 $1-\alpha$ 的概率水平下,样本统计量和总体指标的最大可能差异。

【例 5-8】某学校共有 3 000 名学生。该校对学生的电话费月支出进行了一次抽样调查。随机抽取 100 名学生的调查结果是,平均电话费支出为 38 元,标准差为 15.5 元。试以 95% 的置信度估计:① 该校学生人均电话费月支出的置信区间;② 该校全部学生(3 000 人)电话费月支出总额的置信区间。

① 已知 $N=3\,000,n=100,\bar{X}=38,1-\alpha=0.95$,则 $Z_{\alpha/2}=1.96$

在重复抽样条件下,$\sigma_{\bar{X}}=\dfrac{\sigma}{\sqrt{n}}=\dfrac{15.5}{\sqrt{100}}=1.55$(元)

在不重复抽样条件下,

---

① 该式也适合从方差已知的正态总体 $N(\mu,\sigma^2)$ 中随机抽出的小样本的区间估计。

② 不重复抽样下,抽样极限误差为 $\sqrt{\dfrac{\sigma^2}{n}\dfrac{(N-n)}{(N-1)}}$,在总体容量 N 比较大的情况下,可以用 $1-\dfrac{n}{N}$ 代替 $\dfrac{N-n}{N-1}$。下边 $t_{\alpha/2}(n-1)\dfrac{S}{\sqrt{n}}$ 和 $Z_{\alpha/2}\sigma_p$ 分别是小样本时总体均值估计和成数估计的抽样极限误差。

$$\sigma_{\bar{X}} = \frac{\sigma}{\sqrt{n}}\sqrt{1 - \frac{n}{N}} = \frac{15.5}{\sqrt{100}}\sqrt{1 - \frac{100}{3\ 000}} = 1.52(\text{元})$$

按重复抽样计算的允许误差为：

$$\Delta_{\bar{X}} = Z_{\alpha/2}\sigma_{\bar{X}} = 1.96 \times 1.55 = 3.04\ (\text{元})$$

该校学生人均电话费月支出 μ 的置信区间为：

$38 - 3.04 \leqslant \mu \leqslant 38 + 3.04$(元)

即可推断该校学生人均电话费月支出为 34.96 ~ 41.04 元，这种估计的置信度为 95%。

② 将总体均值的置信区间的下限和上限分别乘以总体单位总数 N，即可求得同样置信度下相应总量的置信区间。因此，在 95% 的置信度下，该校全部学生每月电话费支出总额的置信区间为：

$34.96 \times 3\ 000$ 元 $\leqslant \mu \leqslant 41.04 \times 3\ 000$ 元

即为 104 880 ~ 123 120 元。

(2) 小样本时总体均值的区间估计

总体服从正态分布小样本时，若总体标准差 σ 未知，需要用样本修正标准差替代总体标准差，则统计量 $\frac{\bar{X} - \mu}{S/\sqrt{n}}$ 不再服从正态分布，而服从自由度为 $n - 1$ 的 t 分布，即 $t = \frac{\bar{X} - \mu}{S/\sqrt{n}} \sim t(n - 1)$。因此，总体均值 μ 的置信水平为 $1 - \alpha$ 的置信区间为：

$$\left[\bar{X} - t_{\alpha/2}(n - 1)\frac{S}{\sqrt{n}}, \bar{X} + t_{\alpha/2}(n - 1)\frac{S}{\sqrt{n}}\right] \tag{5-8}$$

【例 5-9】某商场从一批袋装食品中随机抽取 10 袋，测得每袋重量（单位：克）分别为 789、780、794、762、802、813、770、785、810、806，要求在 95% 的置信水平下，估计这批食品平均每袋重量的置信区间。

样本均值 $\bar{X} = \frac{\sum x}{n} = \frac{7\ 911}{10} = 791.1$(克)

样本标准差 $s = \sqrt{\frac{\sum (x - \bar{X})^2}{n - 1}} = \sqrt{\frac{2\ 642.9}{10 - 1}} = 17.136$(克)

已知 $1 - \alpha = 0.95$，查 t 分布表得，$t_{\alpha/2}(n - 1) = t_{0.025}(9) = 2.262\ 2$，

$$\bar{X} \pm t_{\alpha/2}\frac{s}{\sqrt{n}} = 17.136 \pm 2.262\ 2 \times \frac{17.136}{\sqrt{10}}$$

所求总体均值的 95% 置信区间为（791.1 ± 12.26）克。即估计总体平均每袋重量在 778.84 ~ 803.36 克的范围内。

(3) 成数的区间估计

在大样本条件下，且 $np > 5$ 和 $n(1 - p) > 5$ 时，有 $p \sim N(P, \sigma_p^2)$，即 $Z = \frac{p - P}{\sigma_p}$，其中 $\sigma_p^2 = \frac{1}{n}P(1 - P)$。

由 $P(-Z_{\alpha/2} < \frac{p-P}{\sigma_p} < Z_{\alpha/2}) = 1-\alpha$，得成数 P 的置信水平为 $1-\alpha$ 的置信区间：

$$[p - Z_{\alpha/2}\sigma_p, p + Z_{\alpha/2}\sigma_p] \tag{5-9}$$

【例 5-10】为了解某电视节目的收视率，一研究机构随机调查了 600 人，其中有 150 人收看了该节目，试求 95.45% 置信度下该电视节目收视率的置信区间。

已知 $p=25\%$，$n=600$，$1-\alpha=0.9545$ 时，$Z_{\alpha/2}=2$。

$$\sigma_p = \sqrt{\frac{p(1-p)}{n}} = \sqrt{\frac{0.25 \times 0.75}{600}} \approx 1.77\%$$

因此，$p \pm Z_{\alpha/2}\sigma_p = 25\% \pm 2 \times 1.77\% = 25\% \pm 3.54\%$。

故在 95.45% 的把握程度下，该电视节目收视率的置信区间为 [23.23%，26.77%]。

(4) 方差的区间估计

设 $X_1, \cdots, X_n$ 是来自正态总体的样本，σ^2 为总体方差，样本均值为 $\bar{X}$，样本方差为 S^2。则有 $\frac{nS^2}{\sigma^2} = \frac{\sum_{i=1}^{n}(X_i - \bar{X})^2}{\sigma^2} \sim \chi^2(n-1)$。在给定置信度 $1-\alpha$ 的条件下，查卡方分布表，得到临界值 $\chi^2_{1-\alpha/2}(n-1)$ 和 $\chi^2_{\alpha/2}(n-1)$，由 $P\left(\chi^2_{1-\alpha/2}(n-1) \leqslant \frac{nS^2}{\sigma^2} \leqslant \chi^2_{\alpha/2}(n-1)\right) = 1-\alpha$，得总体方差 σ^2、标准差 σ 的置信水平为 $1-\alpha$ 的置信区间分别为：

$$\left[\frac{nS^2}{\chi^2_{\alpha/2}(n-1)}, \frac{nS^2}{\chi^2_{1-\alpha/2}(n-1)}\right] \tag{5-10}$$

$$\left[S\sqrt{\frac{n}{\chi^2_{\alpha/2}(n-1)}}, S\sqrt{\frac{n}{\chi^2_{1-\alpha/2}(n-1)}}\right] \tag{5-11}$$

当样本足够大时，样本标准差 S 近似服从 $N(\sigma, \sigma^2/2n)$，在大样本时总体方差 σ^2 的置信区间为：

$$[S - Z_{\alpha/2}S/\sqrt{2n}, S + Z_{\alpha/2}S/\sqrt{2n}] \tag{5-12}$$

【例 5-11】从某工厂生产的钢绳中随机抽取 15 根作检验，测得钢绳平均抗断强度为 500 千克，方差为 38 千克，该钢绳抗断强度服从正态分布，已知 $n=15$，$S^2=38$，试求钢绳抗断强度的方差和标准差的置信区间（置信度为 90%）。

$\chi^2_{1-\alpha/2}(n-1) = \chi^2_{0.95}(14) = 6.571$

$\chi^2_{\alpha/2}(n-1) = \chi^2_{0.05}(14) = 23.685$

$\sigma_{\bar{X}} = S^*/\sqrt{n} = S/\sqrt{n-1} = 38/\sqrt{11} \approx 11.46$

因此，钢绳抗断强度方差的置信区间为：$\left[\frac{15 \times 38}{23.685}, \frac{15 \times 38}{6.571}\right]$，在 90% 的置信度下，钢绳抗断强度方差的置信区间为 [24.07，86.74]，钢绳抗断强度标准差的置信区间为 [4.91，9.31]。

§5.3 必要抽样数目的确定

§5.3.1 必要抽样数目确定的意义和方法

确定抽样数目要既满足抽样估计的精确度,也要尽可能减少抽样调查的费用。在满足抽样误差要求的前提下,使抽样数目尽可能少;或者在限定的抽样费用下,使抽样数目尽可能地多。通常情况下,是根据规定的允许误差范围确定必要的抽样数目。必要的抽样数目是指为使抽样误差不超过给定的允许范围至少应该抽取的样本单位数。必要抽样数目可以根据抽样极限误差和抽样数目的关系来确定。

以总体均值为例,对于重复抽样,抽样极限误差为:

$$\Delta_{\bar{X}} = Z_{\alpha/2}\sigma_{\bar{X}} = Z_{\alpha/2}(\sigma/\sqrt{n}) \tag{5-13}$$

因此,在一定概率保证程度下规定允许误差为 $\Delta_{\bar{X}}$,则可以由上面的公式计算必要抽样数目:

$$n = \frac{Z_{\alpha/2}^2\sigma^2}{(\Delta_{\bar{X}})^2} \tag{5-14}$$

如果采用不重复抽样,根据抽样极限误差公式,导出必要抽样数目:

$$n = \frac{Z_{\alpha/2}^2\sigma^2 N}{(\Delta_{\bar{X}})^2 N + Z_{\alpha/2}^2\sigma^2} \tag{5-15}$$

其他情况可以照此方法推导必要抽样数目。

【例 5-12】某厂对产品的进行质量检查,产品总数为 8 000 件,根据过去几次同类调查的产品合格率分别为 95%,90% 和 92%,要求在合格品率的允许误差不超过 2% 的条件下,在 95.45% 的概率下应该抽查几件产品?

已知 $N = 8\ 000, \Delta_p = 2\%, 1 - \alpha = 0.954\ 5, Z_{\alpha/2} = 2$

为了保证推断的把握程度,应选择其中最接近 50% 的成数,本例中应选 90%,重复抽样时:

$$n = \frac{Z_{\alpha/2}^2 P(1-P)}{(\Delta_p)^2} = \frac{2^2 \times 0.9 \times 0.1}{0.02^2} = 900(\text{件})$$

不重复抽样时:

$$n = \frac{Z_{\alpha/2}^2 P(1-P)N}{(\Delta_p)^2 N + Z_{\alpha/2}^2 P(1-P)}$$

$$= \frac{2^2 \times 0.9 \times 0.1 \times 8\ 000}{0.02^2 \times 8\ 000 + 2^2 \times 0.9 \times 0.1} \approx 809(\text{件})$$

因此,在重复抽样时至少抽取 900 件,不重复抽样时至少抽取 809 件。

§5.3.2 必要抽样数目的影响因素

根据必要的抽样数目计算方法,必要抽样数目受到以下因素的影响:

(1) 总体方差或标准差。在其他条件不变时,总体方差越小,总体单位的差异程度越小,必要的抽样数目相对较少。通常在抽样之前并不知道总体方差,此时可以用以前同类调查或同类地区的资料代替,应注意的是,如果有多个方差数值可供选择时,应该选取其中方差最大的。特别地,如果没有总体成数的参考资料,可以选择使得方差最大的成数 0.5 来估计。

(2) 允许误差。在其他条件不变时,允许误差越大,必要的抽样数目就越小;反之,允许误差越小,必要的抽样数目就越大。这是由于允许误差增大,意味着推断估计的准确性降低,因此可以少抽些样本,反之如果要提高抽样估计的准确性则需要多抽样本。

(3) 概率保证程度。在其他条件不变的情况下,提高概率保证程度,意味着抽样估计的把握性提高,因而要增加样本容量。如果要控制样本容量,则需要降低概率把握程度。

(4) 抽样方法。在相同条件下,重复抽样比不重复抽样多抽一些样本单位。这是由于在其他条件不变时,重复抽样的抽样极限误差比不重复抽样时的抽样极限误差大。如果总体单位数充分大时,两者差异不大,为了简便起见,一般按照重复抽样计算必要的抽样数目。

此外,由于不同的抽样组织方式有不同的抽样误差,因此抽样组织方式对必要的抽样数目也有影响。可以根据上面的简单随机抽样下必要抽样数目的计算方法推导其他抽样组织方式的必要抽样数目。

如果需要推导的统计指标不止一个,通常选择其中最重要的统计指标确定必要的抽样数目。为了保证所有指标都能达到规定的误差要求,也可以分别计算各个指标的抽样误差及抽样数目,选择其中最大的抽样数。

* §5.4　两个总体参数的区间估计①

§5.4.1　两个总体均值之差的估计

在实际工作中,常常会对两个总体均值进行比较。例如,企业关心两种生产方法所带来的产品质量差异大小;投资者希望知道两种投资方案带来的平均收益差异大小等,这就涉及如何对两个总体均值之差的进行估计。以下将根据总体方差的不同情况,介绍两个总体均值之差的区间估计。

(1) 两个正态总体方差 σ_1^2、σ_2^2 已知时

设 $X_1,\cdots,X_{n_1}$ 是来自正态总体 $N(\mu_1,\sigma_1^2)$ 的样本,总体方差 σ_1^2 为已知;$Y_1,\cdots,Y_{n_2}$ 是独立地抽取自另一个正态总体的样本,总体服从 $N(\mu_2,\sigma_2^2)$,且总体方差 σ_2^2 为已知。可以证明:$\bar{X}—\bar{Y} \sim N(\mu_1-\mu_2,\dfrac{\sigma_1^2}{n_1}+\dfrac{\sigma_2^2}{n_2})$,则

---

① 这部分内容供教学选择使用。

$$Z=\frac{(\bar{X}-\bar{Y})-(\mu_1-\mu_2)}{\sqrt{\frac{\sigma_1^2}{n_1}+\frac{\sigma_2^2}{n_2}}}\sim N(0,1) \tag{5-16}$$

置信度为 $1-\alpha$ 时，两个总体均值之差 $\mu_1-\mu_2$ 的置信区间为：

$$\left[(\bar{X}-\bar{Y})\pm Z_{\alpha/2}\sqrt{\frac{\sigma_1^2}{n_1}+\frac{\sigma_2^2}{n_2}}\right] \tag{5-17}$$

【例 5-13】某家电负责人想了解两个商场销售额的差异，从两商场中各抽取了 25 天调查，A 商场平均每日该家电销售额为 1.8 万元；B 商场平均每日该家电的销售额为 1.4 万元。已知两个商场该家电销售额方差分别为 0.4，0.28，试求在置信水平为 90% 时两商场平均每日销售额的差异。

已知，$\sigma_1^2=0.4,\sigma_2^2=0.28,\bar{X}=1.8,\bar{Y}=1.4$ $1-\alpha=0.90$ 时，$Z_{\alpha/2}=1.645$，

因此，$\mu_1-\mu_2$ 的置信区间为：

$$\left[(1.8-1.4)\pm 1.645\times\sqrt{\frac{0.4}{25}+\frac{0.28}{25}}\right]$$

即置信水平为 90% 时，两家商场平均每日销售额的差异为[0.128 7，0.671 3]万元。

（2）两个正态总体方差 σ_1^2、σ_2^2 未知且相等时

设 $X_1,X_2,\cdots,X_{n_1}$ 是来自正态总体 $N(\mu_1,\sigma_1^2)$ 的样本，样本修正方差为 S_x^{*2}；$Y_1,Y_2,\cdots,Y_{n_2}$ 是独立抽取自另一个正态总体 $N(\mu_2,\sigma_2^2)$ 的样本，样本修正方差为 S_y^{*2}。σ_1^2,σ_2^2 未知，但 $\sigma_1^2=\sigma_2^2=\sigma^2$，由于

$$t=\frac{(\bar{X}-\bar{Y})-(\mu_1-\mu_2)}{S_w\sqrt{\frac{1}{n_1}+\frac{1}{n_2}}}\sim t(n_1+n_2-2) \tag{5-18}$$

其中：$S_w^2=\dfrac{(n_1-1)S_1^2+(n_2-1)S_2^2}{n_1+n_2-2}$

故两个总体方差未知且相等时，总体均值之差 $\mu_1-\mu_2$ 的置信区间为：

$$\left[(X-Y)\pm t_{\alpha/2}(n_1+n_2-2)\,S_w\sqrt{\frac{1}{n_1}+\frac{1}{n_2}}\right] \tag{5-19}$$

【例 5-14】某企业对某种产品的生产工艺进行改革。13 个工人分别用第一种工艺完成 1 个产品，另外 8 个工人分别用第二种工艺完成 1 个产品，统计所用时间如表 5-2 所示：

表 5-2　两种工艺所用时间统计表

时　间	50	51	52	53	54
工艺一的工人人数	1	3	5	4	7
工艺二的工人人数	0	1	2	5	8

求两种工艺下每个产品平均所用时间差 $\mu_1-\mu_2$ 的置信度为95%的置信区间。

由题设知 $n_1=13, n_2=8, \alpha=0.05$，查 t 分布表得

$$t_{\alpha/2}(n_1+n_2-2)=t_{0.025}(19)=2.093$$

由样本资料计算出两个样本的均值和方差分别为：

$$\bar{X}=51.92, S_1=0.92;\ \bar{Y}=52.5, S_2=0.71$$

$$S_w=\sqrt{\frac{(n_1-1)S_1^2+(n_2-1)S_2^2}{n_1+n_2-2}}=\sqrt{\frac{13\times 0.92^2+8\times 0.71^2}{13+8-2}}=1.24$$

于是可得 $\mu_1-\mu_2$ 的置信度为95%的置信区间为

$$\left[(51.92-52.50)\ \pm\times 2.093\times\sqrt{\frac{1}{13}+\frac{1}{8}}\right]=[-1.75, 0.59]$$

以95%的概率保证度估计，两种不同工艺生产单位产品所需时间的差异大约在 -1.75 小时到0.59小时之间。

§5.3.2　两总体成数之差的区间估计

两个总体的成数分别记为 P_1 和 P_2，从两个总体中分别抽取容量为 n_1 和 n_2 的样本，样本成数各记为 p_1 和 p_2。可以证明，当 n_1 和 n_2 都充分大时，p_1-p_2 近似服从正态分布，即 $Z=\dfrac{(p_1-p_2)-(P_1-P_2)}{\sqrt{\dfrac{p_1(1-p_1)}{n_1}+\dfrac{p_2(1-p_2)}{n_2}}}\sim N(0,1)$。因此，$P_1-P_2$ 的置信区间为：

$$\left[(p_1-p_2)\ \pm Z_{\alpha/2}\sqrt{\frac{p_1(1-p_1)}{n_1}+\frac{p_2(1-p_2)}{n_2}}\right]\tag{5-20}$$

【例 5-15】某运动产品的主要消费者是青年和中年顾客，某市场调查公司为了解消费者对该品牌产品的评价，分别从不同青年和中年消费者中随机抽取1 200、1 000名消费者进行调查，其中喜欢该运动产品的消费者分别有576和320人，试求青年和中年消费者中喜欢该品牌产品比率之差的95.45%置信区间。

已知 $p_1=48\%, p_2=32\%, n_1=1\ 200, n_2=1\ 000, 1-\alpha=0.954\ 5$ 时，$Z_{\alpha/2}=2, p_1-p_2=16\%$，因此 P_1-P_2 的置信区间为：

$$\left[0.16\ \pm 2\times\sqrt{\frac{0.48\times 0.52}{1\ 200}+\frac{0.32\times 0.68}{1\ 000}}\right]$$

因此，在95.45%的置信水平下，青年和中年消费者中喜欢该品牌产品比率之差的区间为[11.87%, 20.13%]。

§5.3.3　正态总体方差比 σ_1^2/σ_2^2 的区间估计

一些时候，除了关心两总体均值的差异外，还希望比较两总体方差。例如，选择产品生产工艺时，既要考虑不同工艺的生产效率，还需要考虑不同工艺生产的稳定性。在进行投资组合设计时，除了比较不同投资组合的回报，还应该考虑各投资组合的波动大小，在相同收益下，尽可能选择波动较小的投资组合。这里，我们介绍两个正态总

体方差比例的区间估计。

设 $X \sim N(\mu_1,\sigma_1^2)$，$Y \sim N(\mu_2,\sigma_2^2)$，参数均未知。从 X、Y 中各随机抽取容量为 n_1 和 n_2 的两个独立样本，其样本修正方差分别为 S_1^2 和 S_2^2，且 $(n_1-1)\ S_1^2/\sigma_1^2 \sim \chi^2(n_1-1)$，$(n_2-1)\ S_2^2/\sigma_2^2 \sim \chi^2(n_2-1)$，且两者独立，由 F 发布的定义知：

$$F=\frac{\dfrac{(n_1-1)S_1^2}{\sigma_1^2}/(n_1-1)}{\dfrac{(n_2-1)S_2^2}{\sigma_2^2}/(n_2-1)}=\frac{S_1^2/\sigma_1^2}{S_2^2/\sigma_2^2}\sim(n_1-1,n_2-1) \qquad (5\text{-}21)$$

对于给定的显著性水平 α，查 F 分布表确定临界值 $F_{1-\alpha/2}(n_1-1,n_2-1)$ 和 $F_{\alpha/2}(n_1-1,n_2-1)$，由：

$$P\{\mathrm{F}_{1-\frac{\alpha}{2}}(n_1-1,n_2-1)\leqslant\frac{S_1^2/\sigma_1^2}{S_2^2/\sigma_2^2}\leqslant\mathrm{F}_{\frac{\alpha}{2}}(n_1-1,n_2-1)\}=1-\alpha \qquad (5\text{-}22)$$

在置信水平为 $1-\alpha$ 下，正态总体方差比 σ_1^2/σ_2^2 的置信区间为：

$$\left(\frac{S_1^2/S_2^2}{F_{\alpha/2}(n_1-1,n_2-1)},\frac{S_1^2/S_2^2}{F_{1-\alpha/2}(n_1-1,n_2-1)}\right) \qquad (5\text{-}23)$$

【例 5-16】某糖果厂采用两种工艺对糖果进行包装，随机对两种工艺包装品抽检 10 袋，各工艺包装的糖果均值分别为 352 克、360 克，修正标准差分别为 3.8 克、4.5 克，假设两种工艺包装的糖果重量服从正态分布，试求 σ_1^2/σ_2^2 的 90% 置信区间。

已知 $S_1^2=3.8^2=14.44$，$S_2^2=4.5^2=20.25$，$n_1=n_2=10$

$1-\alpha=0.90$ 时，$F_{0.05}(9,9)=3.18$，$F_{0.95}(9,9)=1/F_{0.05}(9,9)=\dfrac{1}{3.18}$

因此，σ_1^2/σ_2^2 的置信区间为：$\left[\dfrac{14.44/20.25}{3.18},\dfrac{14.44/20.25}{1/3.18}\right]$

在 90% 的置信水平下，两种工艺包装的糖果重量方差之比 σ_1^2/σ_2^2 的置信区间为 [0.224 2,2.267 6]。

本章小结

1. 参数估计方法通过构造样本统计量，从样本中推断总体未知参数。参数估计的对象包括总体分布中的未知参数和总体的某个数字特征。点估计和区间估计是常用的两种参数估计方法。

2. 点估计得到的总体未知参数或其数字特征估计是具体的数而不是某一区间。矩估计和极大似然估计是常用的点估计法。矩估计是通过样本矩推断总体矩，极大似然法是利用概率最大原则，通过构造似然函数并求解其最大值来得出总体参数估计。点估计的优良性标准主要包括无偏性、有效性和一致性。

3. 区间估计是在一定概率把握程度下，构造待估参数可能的区间范围作为未知参数的估计。与点估计相比，区间估计得到的是参数可能的区间，并且可以说明估计的把握程度与精确程度。

4. 区间估计常用的分布有正态分布、t 分布、χ^2 分布和 F 分布等。区间估计的关键在于正确构造样本统计量并找出其分布。特别是,同一统计量在大样本和小样本条件下可能有不同的分布。

5. 必要的抽样数目是指为使抽样误差不超过给定的允许范围至少应该抽取的样本单位数。必要抽样数目可以根据抽样极限误差和抽样数目的关系来确定。

6. 两个总体的区间估计和单个总体区间估计情况类似,只是在进行两个总体均值之差的区间估计时,不仅要讨论两个总体的方差是否已知,还要讨论其是否相等。

思考题与练习题

1. 什么是点估计? 点估计优劣的评价标准有哪些?

2. 如何理解参数的区间估计精确性和把握度之间的关系?

3. 什么是抽样极限误差? 抽样极限误差受到哪些因素的影响?

4. 什么是必要的抽样数目? 必要抽样数目取决于哪些因素?

5. 请思考两个总体方差已知和未知时,两个正态总体均值之差区间估计方法的异同。

6. 设总体 X 的概率密度函数为

$$f(x;\theta)=\begin{cases}\dfrac{6x}{\theta^3}(\theta-x) & 0<x<\theta\\ 0 & \text{其他}\end{cases}$$

$X_1,X_2,\cdots,X_n$是来自总体 X 的简单随机样本,求 θ 的矩估计量。

7. 设 $X_1,X_2,\cdots,X_n$ 是从均值为μ,方差为 σ^2 的总体中随机抽出的样本,令估计量 $T=\sum_{i=1}^{n}a_iX_i$,请思考:

(1) 如何决定 a_i 使得 T 是 μ 的无偏估计?

(2) 如何决定 a_i 可使 T 是 μ 的无偏并且有效估计?

8. 某商品在甲、乙两商场销售,设甲、乙两商场的销售金额各占总销售金额的 0.7 与 0.3。现从甲、乙商场分别抽取 200 天的平均销售金额为 $\bar{X}$ 与 $\bar{Y}$,管理人员 A 试图以点估计式$\dfrac{\bar{X}+\bar{Y}}{2}$来估计该商品每天的平均销售金额,但管理人员 B 则认为应以 $0.7\bar{X}+0.3\bar{Y}$ 来估计,请问 A 和 B 的方法谁更好? 为什么?

9. 某企业生产某种产品的工人有 500 人,为了解工人生产产品的日产量资料,随机抽取了 36 人进行调查。调查结果,人均日产量为 25 件,标准差为 3 件。试问:有多大的把握程度可推断该企业日总产量为 12 000 ~ 13 000 件?

10. 某市场调查公司对某电视节目收视情况进行调查。公司希望估计的比例与真实比例的误差不超过 2%,并且对调查结果能有 90% 的把握程度。根据最近几次调查来看,大约有23%、18%、20%的家庭曾收看过该电视节目,试问:该市场调查公司至少应该抽取多少家庭进行调查?

11. 某显像管生产厂对产品寿命进行抽查,抽取了100件样本,得到样本平均寿命为1 200小时,标准差为320小时。已知该厂生产的显像管使用寿命服从正态分布,试以95%的概率估计该厂显像管平均使用寿命及标准差的置信区间。

12. 某企业有职工1 500人,现从中随机抽出50人调查其工资收入情况如下:

月收入(元)	1 000 ~ 1 500	1 500 ~ 2 000	2 000 ~ 2 500	2 500 ~ 3 000
工人数(人)	8	24	10	8

试以0.95的置信度估计该企业职工的月平均工资收入所在范围。

13. 已知某商场每天利润服从正态分布。为了解商场利润情况,现随机抽取10天进行调查,每日利润分别为(万元):2.5,2.8,3.0,3.6,2.9,3.2,2.4,3.5,3.3,2.7,试求下面两种情况时该商场平均利润率99.73%的置信区间:

(1) 总体方差 $\sigma^2 = 0.8$;

(2) 总体方差未知时。

第5章思考题与练习题答案

第 6 章
假设检验与方差分析

现实生活中，人们经常需要利用样本信息对某个陈述或命题的真伪做出判断。例如，根据某批产品抽样检查的信息，有关人员要判断这批产品的平均重量或重量的差异是否符合规格要求；推出某种新药时，研究者要判断新药是否比旧药更有效。要对上述问题做出推断，就需要对总体均值或方差及成数进行假设检验。若要同时对多个总体均值进行检验就要采用方差分析法。有时需要对总体分布形式、两个定性变量相关性等问题进行检验，分别属于拟合优度检验和独立性检验。

§6.1　假设检验的一般问题

§6.1.1　假设检验的基本思想

为了说明假设检验的基本思想，需要先理解概率论中的一个基本原理——小概率原理。概率论中，把在一次随机试验中发生可能性很小的事件称为小概率事件。小概率原理就是关于小概率事件在一次试验中实际不可能发生的推断原理。具体地说，小概率事件在很多次试验中才有可能发生一次，实际决策时通常认为它在一次试验中是不会发生的；反之如果在一次试验中小概率事件居然发生了，人们宁愿相信该事件的前提条件有错误。小概率原理是人们在实际生活中广泛运用的一个推断原理。例如，某一密码由 4 个阿拉伯数字组成，若随机猜测这四个数字，则“一次猜中”是一个小概率事件（概率只有万分之一），所以通常认为这是不可能发生的；反之，若有人一次就猜中，人们自然就会怀疑有泄密或某种非随机因素的影响。

在假设检验中，一个随机样本就是一次随机试验的观测结果。在一定假设前提下，某些样本的出现属于小概率事件，在一次抽样中是不该发生的；反之，如果正好抽到这样的样本，那就应当怀疑导致这种不合理现象的假设前提，即应当判定原来的假设前提不成立。下面通过一个例子来说明。

【例 6 - 1】某企业生产一种零件，过去的大量资料表明，零件长度服从正态分布，平均长度为 4 厘米，标准差为 0.15 厘米。现从改革工艺后生产的零件中随机抽查 100 个零件，测得平均长度为 3.95 厘米。现问：工艺改革前后零件的长度是否发生了显著的变化？

事实上，这是关于工艺改革后零件的总体平均长度是否等于 4 厘米的假设检验问题。样本平均长度与4厘米之差异不外乎有两种可能原因:一是改革后的总体平均长度不变,但由于抽样的随机性使得样本均值与总体均值之间存在抽样误差;二是改革后的总体平均长度确实发生了变化,使得来自这一总体的样本均值也不等于4厘米。

根据样本均值 $\bar{X}$ 的抽样分布定理,若总体均值等于4厘米($\mu=4$)的假设成立,即样本均值 $\bar{X}$ 与总体均值 μ 之差属于抽样误差范围,则在 $(1-\alpha)$ 的置信水平下,应有 $|Z|=\dfrac{|\bar{X}-4|}{\sigma/\sqrt{n}}<Z_{\alpha/2}$,而“$|Z|\geqslant Z_{\alpha/2}$”的概率为 α。当 α 很小时,“$|Z|\geqslant Z_{\alpha/2}$”就是小概率事件。如果一次随机抽样就发生了这种小概率事件,那就应当怀疑导致这种“不合理”现象的前提假设,即应当判定原来的假设前提“$\mu=4$”不成立。

假设检验有以下两个主要特点:

① 假设检验的推理过程运用的是反证法。它先承认待检验的假设是成立的,然后观察在此假设成立的前提下样本的出现是否合理,如果不合理即样本所代表的事实与假设前提得出的结论发生了矛盾,则可推翻作为推理前提的假设。

② 假设检验的推理逻辑不同于一般的反证法,因为它判断合理与否所依据的是小概率原理。但是,在一次随机试验中小概率事件只是发生的可能性很小而并非绝对不会发生,因此我们的检验结论有可能出现错误。本节后面将详细讨论假设检验中的两类错误。

§6.1.2 假设检验的一般步骤

(1) 提出假设

对每个假设检验问题,一般要同时提出两个相反的假设:一是原假设,又称零假设,它往往代表原来的状态、已往的经验或某个被怀疑的陈述,通常记为 H_0;二是备择假设,也称为对立假设,是一个与原假设完全相反的陈述,记为 H_1。当检验结论为拒绝原假设时,就意味着接受了备择假设。

设所要检验的总体参数为 θ,用 θ_0 代表该参数的假设值(它是一个具体数值)。一般地,总体参数的假设检验有下列三种类型:

①$H_0:\theta=\theta_0$;$H_1:\theta\neq\theta_0$。这种形式的假设检验称为双侧检验。如果对所研究问题只需判断有无显著差异或要求同时注意总体参数偏大或偏小的情况,则采用双侧检验。如例6-1中的原假设和备择假设可表述为:$H_0:\mu=4$;$H_1:\mu\neq4$。

②$H_0:\theta=\theta_0$(或 $\theta\geqslant\theta_0$);$H_1:\theta<\theta_0$。这种形式的假设检验称为左侧检验。在例6-1中,如果我们在乎的是零件长度是否比原来有所缩短,则可采用左侧检验,即 H_0:$\mu=4$;$H_1:\mu<4$。

③$H_0:\theta=\theta_0$(或 $\theta\leqslant\theta_0$);$H_1:\theta>\theta_0$。这种形式的假设检验称为右侧检验。例如,原有某种药物的有效率是80%,我们关注新药的有效率(用 P 表示)是否显著提高,可提出假设:$H_0:P=0.8$(或 $P\leqslant0.8$);$H_1:P>0.8$。

左侧检验和右侧检验统称为单侧检验。虽然单侧检验中原假设的参数假设值可以是一个区域,但实际检验时,通常都只针对其边际值 θ_0 进行检验,若能否定 $\theta=\theta_0$,则其余假设值就更有理由被否定。

在单侧检验时，原假设和备择假设的建立，应根据所检验问题的具体背景而定。常常是采取"不轻易拒绝原假设"的原则，即把没有充分理由就不能轻易否定的命题作为原假设。这样一旦拒绝原假设而接受备择假设时，理由是很充分的。因此，通常也把想要证明的命题或想要支持的陈述作为备择假设 H_1，再将相反的命题作为原假设 H_0。实际应用中，通常可将样本信息所显示的方向作为备择假设 H_1 的方向。因为正是样本信息显示出了与假设值的差异，才对相反的命题产生了怀疑，也才有检验这种差异是否显著的必要。如例 6-1 中，样本均值为 3.95 厘米，如果要进行单侧检验，显然我们要怀疑的是"$\mu \geqslant 4$"，而样本信息可能支持的是"$\mu < 4$"，因此备择假设应该是"$H_1:\mu < 4$"。

（2）构建检验统计量

检验统计量是指用于检验原假设是否成立的统计量，它是一个随机变量，其数值随样本不同而不同。对总体参数进行假设检验时，在原假设成立的前提下，检验统计量不包含未知总体参数但要包含原假设中总体参数的假设值，而且检验统计量的抽样分布应该是明确的，这样才能计算出原假设成立的前提下样本的出现是否属于小概率事件。

对于总体参数的假设检验，检验统计量及其分布通常可由被检验参数的点估计量经过标准化来导出，实质上与参数估计中用于构建置信区间的变量的选择是一致的，要视总体是否正态分布、总体方差是否已知以及是大样本还是小样本等条件而定。假设检验的具体方法通常以检验统计量服从的分布来命名，常用的有 Z 检验（正态检验）、t 检验、F 检验、χ^2 检验等。

如例 6-1 中，待检验参数为总体均值 μ，样本均值 $\bar{X}$ 是其无偏估计量，由于 $\bar{X} \sim N(\mu, \frac{\sigma^2}{n})$，在"$H_0:\mu = 4$"成立的前提下，可构建出检验统计量为 $Z = \frac{\bar{X} - 4}{\sigma / \sqrt{n}}$（其中，$\sigma$ 和 n 为已知数）。在 H_0 为真时，$Z \sim N(0,1)$，因此例 6-1 的检验属于 Z 检验。

（3）选择显著性水平 α，确定临界值

假设检验是基于小概率原理的推断，但多小的概率才算小概率呢？这并没有统一的规定，而是由研究者根据实际问题的背景及其风险偏好来确定。这个事先规定的小概率的标准称为检验的显著性水平，用 α 表示。最常见的情况是取 α 为 0.05，也可以取 0.005, 0.01, 0.10 等。

给定了显著性水平 α，就可由检验统计量的概率分布求得相应的临界值。临界值将检验统计量的取值范围划分成拒绝原假设的区域（简称拒绝域）与不能拒绝区域两部分。拒绝域不仅与显著性水平的大小和检验统计量的分布有关，也与假设类型有关。双侧检验的拒绝域位于检验统计量分布曲线的两侧；左侧检验的拒绝域位于统计量分布曲线的左侧；右侧检验的拒绝域位于统计量分布曲线的右侧。如图 6-1 所示：

在例 6-1 中，给定显著性水平 $\alpha = 0.001$ 时，临界值为 $\pm Z_{\alpha/2} = \pm 3.29$，拒绝域有两个：$(-\infty, -3.29)$ 和 $(3.29, +\infty)$。

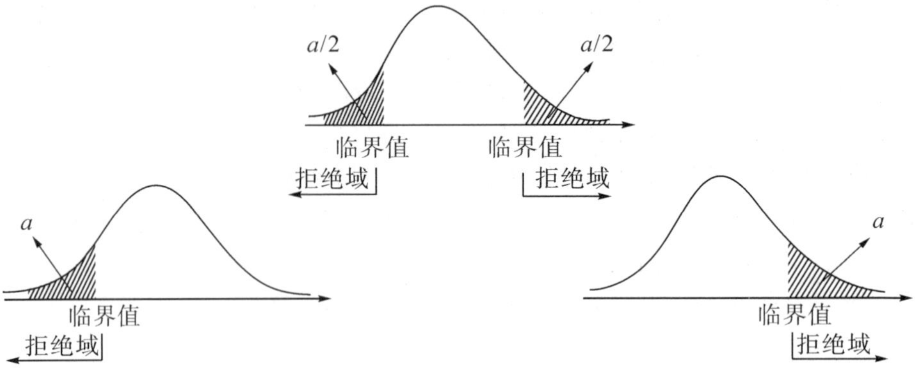

图 6-1　拒绝域示意图

（4）计算检验统计量的观测值及 P 值

样本观测值一旦确定，检验统计量的值也就唯一地确定了。根据样本数据计算的检验统计量的值也称为检验统计量的观测值。

假设检验的 P 值是指在原假设成立的假定前提下，检验统计量等于实际观测值或更极端情况的概率。换言之，P 值表示的是：在原假设成立的假定前提下，出现这样与原假设相背离的样本以及更加背离原假设的样本的概率。显然，P 值很小，就意味着在原假设成立的前提下出现这类样本的可能性很小，因此应该否定原假设。P 值越小，表示样本数据与原假设相背离的程度就越严重，拒绝原假设的理由就越充足。显著性水平 α 是研究者自己事先给定的“小概率”的标准，而 P 值则是根据样本数据计算的概率值，故 P 值又称为观测的显著性水平。

P 值的大小与检验统计量的分布、检验统计量的观测值、检验类型等因素都有关。计算 P 值时的方向随备择假设的方向而定。例如，应用 Z 检验时，若由样本数据计算出检验统计量 Z 的观测值为 z，则根据标准正态分布可计算相应的 P 值：

右侧检验时，P 值 $=P(Z\geqslant z)$；

左侧检验时，P 值 $=P(Z\leqslant z)$；

双侧检验时，P 值 $=2\times$ 单侧检验的 P 值。

如例 6-1 中，检验统计量 Z 的观测值 $z=-3.333$，P 值 $=P(|Z|\geqslant 3.333)=2P(Z\leqslant -3.333)=0.000\ 858$

（5）做出检验结论

假设检验的问题可依据两种判断方法来做出结论：一是依据临界值来判断，二是依据 P 值来判断。

依据临界值来判断，就是将检验统计量的观测值与给定显著性水平 α 所对应临界值相比较来决策。当检验统计量的观测值落在拒绝域内，就应拒绝原假设；反之则不能拒绝原假设。以 Z 检验为例，其具体规则是：

双侧检验时，临界值为 $-Z_{\alpha/2}$ 和 $+Z_{\alpha/2}$，当 $|Z|\geqslant Z_{\alpha/2}$ 时，拒绝原假设；

左侧检验时，临界值为 $-Z_{\alpha}$，当 $Z\leqslant -Z_{\alpha}$ 时，拒绝原假设；

右侧检验时，临界值为 $+Z_{\alpha}$，当 $Z\geqslant +Z_{\alpha}$ 时，拒绝原假设。

依据 P 值来判断，就是将 P 值与给定的显著性水平 α 相比较来决策。无论哪种类型的检验，判断规则都是一样的：若 P 值 $\leq \alpha$，则拒绝原假设；反之，则不能拒绝原假设。

关于是否拒绝原假设，以上两种判断方法得到的检验结论是一致的。如例 6-1 中，若依据临界值来判断，$Z = -3.333$，$|Z| \geq Z_{\alpha/2} = 3.29$，应拒绝原假设。若依据 P 值来判断，P 值 $= 0.000\,858 < \alpha = 0.001$，同样应拒绝原假设。

实质上，"检验统计量落入拒绝域"就等价于"P 值 $< \alpha$"；反之，"检验统计量落入不能拒绝区域"等价于"P 值 $> \alpha$"。二者之间的关系如图 6-2 所示。

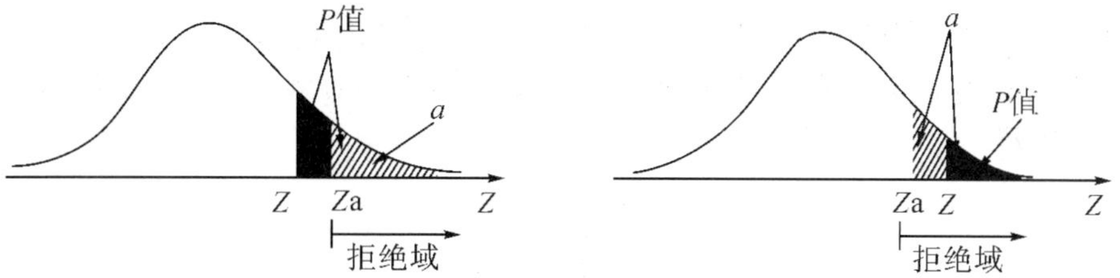

图 6-2　P 值与临界值两种判断方法的比较（右侧检验）

对于相同的 α，检验统计量的观测值只要落在相同区域内，依据临界值来判断得到的结论就相同，但事实上不同观测值所得结论在可靠性上还是有差别的，而 P 值就能够清楚地表明这种差别。如图 6-2 中，若观测值 z 落在更偏远的位置，那么检验的 P 值就更小，拒绝原假设显然就有更高的可靠性。此外，利用 P 值进行假设检验时，不必事先指定 α，不同决策者可以灵活地利用 P 值来做出自己的决策。所以，P 值是很重要的信息。统计分析软件在涉及假设检验时输出结果一般都包含了 P 值。

§6.1.3　假设检验中的两类错误

假设检验是以样本信息为依据、基于小概率原理、按一定概率标准来做出判断的。我们希望当原假设 H_0 不真时拒绝它，而当原假设 H_0 为真时不拒绝它。但由于抽样是随机性，我们无法保证我们的判断不犯错误。拒绝原假设时，原假设未必是假的；不拒绝原假设，也不意味着原假设必定就是真的。假设检验中可能犯的错误分为两种类型。

如果原假设事实上为真，但由于样本统计量落在了拒绝域，从而做出了拒绝原假设的结论，这类错误称为第一类错误，也称"弃真"或"拒真"错误。犯第一类错误的概率通常用 α 表示，也就是前面所说的显著性水平。实质上，显著性水平就是事先设定的犯第一类错误的概率的最大允许值。

当原假设事实上不真，但由于样本统计量落在了不能拒绝区域，从而做出不拒绝原假设的结论，这类错误则称为第二类错误，又称"取伪"或"采伪"错误。犯第二类错误的概率通常记为 β。

假设检验中的决策与两类错误的关系见表 6-1。

表 6-1　假设检验中的决策与两类错误

决策	实际情况	
	H_0 为真	H_0 为假
拒绝 H_0	第一类错误（概率为 α）	正确决策
未拒绝 H_0	正确决策	第二类错误（概率为 β）

进行假设检验时我们总希望犯两类错误的可能性都尽可能小。然而，在其他条件不变的情况下，α 和 β 是此消彼长的关系，二者不可能同时减小。若要同时减小 α 和 β，只能增大样本量 n。如图 6-3 所示：

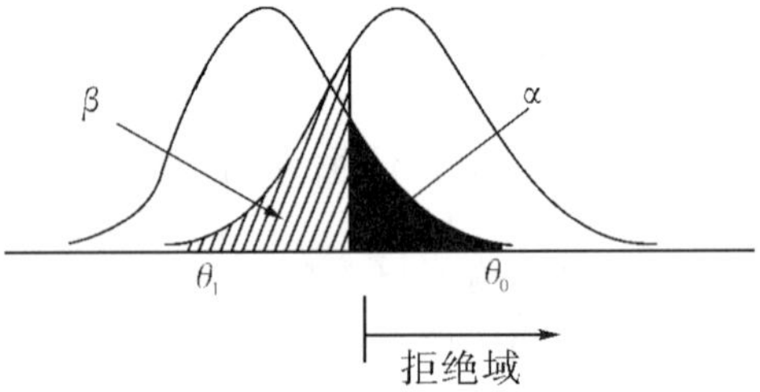

图 6-3　假设检验的两类错误及其概率（右侧检验中）

β 的大小与未知的参数真值有关，因此往往无法计算出 β 的确切数值。一般总是事先控制 α。确定 α 时须注意：如果犯第一类错误的代价较大，α 应小；反之如果犯第二类错误的代价较大，则 α 宜取大一些。

§6.2　一个总体参数的假设检验

许多场合中，人们凭经验或理论事先明确了某个总体的分布形式，但对该总体的某一个（或一些）参数的具体数值并不知晓，这就需要根据来自该总体的一个样本对未知的总体参数进行假设检验。一个总体参数的假设检验是假设检验最基本的内容，主要包括对均值、方差（或标准差）及成数等总体参数的假设检验。

§6.2.1　一个总体均值的检验

用 μ 表示待检验的总体均值，μ_0 表示总体均值的假设值（某一具体的数值）。对总体均值进行假设检验时，首先要建立下列三种类型之一的假设：

①$H_0:\mu = \mu_0, H_1:\mu \neq \mu_0$；

②$H_0:\mu = \mu_0$（或 $\mu \geqslant \mu_0$），$H_1:\mu < \mu_0$；

③$H_0:\mu = \mu_0$（或 $\mu \leqslant \mu_0$），$H_1:\mu > \mu_0$。

无论是哪种类型的假设，确定检验统计量及其分布的依据都是相同的，取决于总体是否服从正态分布、总体方差 σ^2 是否已知以及样本量大小等条件。

（1）正态总体且方差已知时，对总体均值的检验

根据抽样分布理论，若总体呈正态分布即 $X \sim N(\mu,\sigma^2)$，则样本均值 $\bar{X}$ 也呈正态分布且有 $\bar{X} \sim N(\mu,\sigma^2/n)$。因此，对于正态总体且总体方差 σ^2 已知时，若原假设 H_0：$\mu = \mu_0$成立，则检验统计量及其分布为：

$$Z = \frac{\bar{X} - \mu_0}{\sigma/\sqrt{n}} \sim N(0,1) \tag{6-1}$$

运用式（6-1）这种检验统计量进行检验也称为 Z 检验（或正态检验）①。

例 6-1 就是应用上述检验方法对总体均值进行双侧检验的一个具体例子。下面来看一个右侧检验的情形。至于左侧检验，只是拒绝域的方向和计算 P 值的方向不同罢了，读者可结合练习题去理解和掌握。

【例 6-2】根据过去大量资料，某厂产品的使用寿命 $X \sim N(1\ 020,100^2)$。现从该厂最近生产的一批产品中随机抽取 16 件，测得样本平均寿命为 1 080 小时。试在 0.05 的显著性水平下判断这批产品的使用寿命是否有显著提高？

根据题意，应建立如下假设：

$$H_0:\mu = 1\ 020, H_1:\mu > 1\ 020$$

已知总体服从正态分布且总体标准差为 100，应采用 Z 检验。根据式（6-1）可知，检验统计量为：

$$Z = \frac{\bar{X} - \mu_0}{\sigma/\sqrt{n}} = \frac{1\ 080 - 1\ 020}{100/\sqrt{16}} = 2.4$$

P 值 $= P(Z \geqslant 2.4) = 1 - P(Z \leqslant 2.4) = 1 - 0.991\ 802 = 0.008\ 198$

若根据临界值来判断，已知 $\alpha = 0.05$，查标准正态分布概率表可得临界值 $Z_\alpha = Z_{0.05} = 1.645$，由于 $Z = 2.4 > 1.645$，所以应拒绝 H_0 而接受 H_1，即根据样本信息可认为这批产品的使用寿命确有显著提高。

根据 P 值判断规则，P 值 $= 0.008\ 198 < \alpha = 0.05$，所以检验结论与上述结论相同。

Z 检验的 P 值的计算可借助于 Excel 中的函数“NORMSDIST”来实现。该函数计算的是正态分布的累计分布概率。若检验统计量的观测值为 z，左侧检验时，直接输入“= NORMSDIST(z)”即可得到相应的 P 值；右侧检验的 P 值则要用“= 1 - NORMSDIST(z)”来求得。如例 6-2 为右侧检验，$z = 2.4$，在一个空白单元格中输入“= 1 - NORMSDIST(2.4)”即可得到所求 P 值为 0.008 198。

（2）正态总体但方差未知时，对总体均值的检验

当总体方差 σ^2 未知时，需要用样本方差 s^2 代替总体方差 σ^2。此时在原假设成立的前提下，检验统计量（记为 t）及其分布②为：

---

① Z 检验也可近似适合于非正态总体但大样本（n ≥ 30）情形下对总体均值的检验。

② 采用服从 t 分布的检验统计量来进行的假设检验通常被称为“t 检验”。

$$t = \frac{\bar{X} - \mu_0}{S/\sqrt{n}} t(n-1) \tag{6-2}$$

左侧检验时,临界值为 $-t_\alpha(n-1)$,拒绝域为 $(-\infty, -t_\alpha(n-1))$,$P$ 值 $= P\{t(n-1) \leqslant t\}$;右侧检验时,临界值为 $t_\alpha(n-1)$,拒绝域为 $(t_\alpha(n-1), +\infty)$,P 值 $= P\{t(n-1) \geqslant t\}$;双侧检验时,拒绝域为 $(-\infty, -t_{\alpha/2}(n-1))$ 和 $(t_{\alpha/2}(n-1), +\infty)$,$P$ 值 = 相应的单尾检验 P 值的两倍。

【例 6-3】某厂采用自动包装机分装产品,假定每包产品的重量服从正态分布,每包标准重量为 1 000 克。某日随机抽查 9 包,测得样本平均重量为 986 克,样本标准差为 24 克。试问在 0.05 的检验水平上,能否认为这天自动包装机工作正常?

根据题意,检验目的是观察产品的平均每袋重量是否与标准重量一致。因此,可建立如下假设:

$H_0: \mu = 1\,000$, $H_1: \mu \neq 1\,000$

检验统计量的值:$t = \dfrac{\bar{X} - \mu_0}{S/\sqrt{n}} = \dfrac{986 - 1\,000}{24/\sqrt{9}} = -1.75$

P 值 $= 2 \times P\{t(8) \leqslant -1.75\} = 2 \times P\{t(8) \geqslant 1.75\} = 2 \times 0.059 = 0.118$

由 $\alpha = 0.05$,查 t 分布表得临界值:$t_{\alpha/2}(n-1) = t_{0.025}(9-1) = 2.306$

由于 P 值 $> \alpha$,或 $|t| = 1.75 < t_{\alpha/2}(n-1) = 2.306$,所以不能拒绝 H_0,即可认为这天自动包装机工作仍属正常。

利用 Excel 可根据检验统计量 t 的值来计算 P 值。针对本例,要计算的是双侧检验 P 值,其方法是:选择函数“T. DIST. 2T”,在该函数对话框中指定统计量的值 X(本例为 1.75),自由度 Deg_freedom(本例为 8),则可直接得到双侧检验 P 值为 0.118 232 785(例 6-3 中只保留的 3 位小数)。

在大样本条件下,由式(6-2)构造的检验统计量近似服从标准正态分布。正因为如此,总体方差未知时,只要样本量足够大,对总体均值的假设检验通常近似采用 Z 检验,检验统计量为:

$$Z = \frac{\bar{X} - \mu_0}{S/\sqrt{n}} \tag{6-3}$$

式(6-3)中 S 为样本标准差。利用式(6-3)对总体均值进行假设检验的具体操作与根据式(6-1)进行检验的操作相同,对此不再举例赘述。

§6.2.2 一个总体方差的检验

方差或标准差是衡量变量的离散程度、研究生产活动的均衡性、产品质量的稳定性等最常用的指标,也是正态总体的重要参数之一。所以对总体方差 σ^2 的检验也是常见的假设检验问题(检验了方差,也就等于检验了标准差)。下面的讨论只限于总体服从正态分布的情形。

用 σ_0^2 表示待检验的总体方差 σ^2 的一个假设值。所要检验的假设不外乎有下列三种类型:

$H_0:\sigma^2=\sigma_0^2, H_1:\sigma^2\neq\sigma_0^2$

$H_0:\sigma^2=\sigma_0^2$(或 $\sigma^2\geqslant\sigma_0^2$), $H_1:\sigma^2<\sigma_0^2$

$H_0:\sigma^2=\sigma_0^2$(或 $\sigma^2\leqslant\sigma_0^2$), $H_1:\sigma^2>\sigma_0^2$

由于样本方差 S^2 是总体方差 σ^2 的无偏估计量,自然可将 S^2 与 σ_0^2 对比来构造检验统计量。若 H_0 为真,则检验统计量及其分布为:

$$\chi^2=\frac{(n-1)S^2}{\sigma_0^2}\chi^2(n-1) \tag{6-4}$$

利用服从 χ^2 分布的检验统计量进行假设检验也称为 χ^2 检验。

进行左侧检验时,P 值 $=P\{\chi^2(n-1)<\chi^2\}$,临界值为 $\chi^2_{1-\alpha}(n-1)$,拒绝域为$(0,\chi^2_{1-\alpha}(n-1))$;进行右侧检验时,$P$ 值 $=P\{\chi^2(n-1)>\chi^2\}$,临界值为 $\chi^2_{\alpha}(n-1)$,拒绝域为$(\chi^2_{\alpha}(n-1),+\infty)$;进行双侧检验时,$P$ 值 = 相应的单尾 P 值的两倍,临界值为 $\chi^2_{1-\alpha/2}(n-1)$ 和 $\chi^2_{\alpha/2}(n-1)$,拒绝域为$(0,\chi^2_{1-\alpha/2}(n-1))$ 和$(\chi^2_{\alpha/2}(n-1),+\infty)$。

【例 6-4】根据长期正常生产的资料可知,某厂所产维尼纶的纤度服从正态分布,其方差为0.002 5。现从某日产品中随机抽出20根,测得样本方差为0.004 2。试判断该日纤度的波动与平时有无显著差异(取 $\alpha=0.10$)?

依题意可建立假设:

$H_0:\sigma^2=0.0025, H_1:\sigma^2\neq0.0025$

$\alpha=0.10$,查 χ^2 分布表得临界值 $\chi^2_{0.05}(19)=30.14$, $\chi^2_{0.95}(19)=10.12$

检验统计量的值为:$\chi^2=\dfrac{(n-1)S^2}{\sigma_0^2}=\dfrac{(20-1)0.0042}{0.0025}=31.92$

P 值 $=2P\{\chi^2(19)>31.92\}=2\times0.0319=0.0638$

由于 $\chi^2=31.92>\chi^2_{0.05}(19)=30.14$,$P$ 值 $<\alpha=0.10$,故应拒绝 H_0 而接受 H_1,即认为该日纤度的波动性与平时有显著差异。

χ^2 检验的临界值和 P 值可利用Excel中的函数功能来求得。先选定一个空白单元格,再选择函数 CHISQ. INV. RT,在该函数对话框中输入右尾概率 0.05 和自由度 19,即得右侧临界值 30.14,或直接输入"= CHISQ. INV. RT(0.05,19)"亦可。同理,输入"= CHISQ. INV. RT(0.95,19)"即可得到左侧临界值 $\chi^2_{0.95}(19)$ 为 10.12。选择函数 CHISQ. DIST. RT,在该函数对话框中输入数值 31.92 和自由度 19,即得单侧检验的 P 值 0.031 9,或直接输入"= CHISQ. DIST. RT(31.92,19)"亦可。

大样本条件下,样本标准差近似服从正态分布,即 $S\ \dot{\sim}\ N(\sigma,\dfrac{\sigma^2}{2n})$,所以对标准差的检验可近似采用 Z 检验。在原假设成立的前提下,将样本标准差作标准化变换,即可构造出近似服从标准正态分布的如下检验统计量:

$$Z=\frac{S-\sigma_0}{\sigma_0/\sqrt{2n}} \tag{6-5}$$

§6.2.3　一个总体成数的检验

成数可视为服从两点分布 $B(1,P)$ 的总体 X 的均值,对成数 P 的假设检验可构造一个服从二项分布的检验统计量来进行。但有关计算十分烦琐。下面只介绍在大样本条件下如何对总体成数进行假设检验。

首先提出待检验的假设：

$H_0: P = P_0, H_1: P \neq P_0$（或 $P < P_0, P > P_0$）

其中，P_0 为待检验成数的一个假设值。

当样本量足够大时（$n \geqslant 30, np \geqslant 5$ 且 $n(1-p) \geqslant 5$），样本成数 p 的抽样分布近似于正态分布，其均值 $E(p)=P$，其标准差 $\sigma_p = \sqrt{P(1-P)/n}$。于是，在原假设成立的前提下，对总体成数进行假设检验可近似采用 Z 检验，检验统计量①及其分布为：

$$Z = \frac{p - P_0}{\sqrt{\dfrac{P_0(1-P_0)}{n}}} N(0,1) \tag{6-6}$$

【例 6-5】某企业人事部经理认为，该企业职工对工作环境不满意的人数占职工总数的 1/5 以上。为了检验这种说法，从该企业随机调查了职工 100 人，其中有 26 人表示对工作环境不满意。试问：

（1）在 0.10 的显著性水平下，调查结果是否支持这位经理的看法？

（2）若检验的显著性水平为 0.05，又有何结论？

这是对总体成数的检验。据题意，可建立如下的假设：

$H_0: P \leqslant 1/5,\ H_1: P > 1/5$

本例符合大样本条件（$n > 30$ 且 $np = 26 > 5,\ n(1-p) = 74 > 5$），可以近似采用 Z 检验。检验统计量的观测值为：

$$Z = \frac{p - P_0}{\sqrt{P_0(1-P_0)/n}} = \frac{0.26 - 0.20}{\sqrt{0.20 \times 0.80/100}} = 1.5$$

$$P\text{ 值} = P\{Z \geqslant 1.5\} = 0.067$$

在给定显著性水平 0.1 和 0.05 的情形下，分别有如下结论：

（1）若给定 $\alpha = 0.1$，由于 P 值 < 0.1（或由于临界值 $Z_{0.1} = 1.282, Z = 1.5 > 1.282$），所以应拒绝原假设即支持这位经理的看法。

（2）若 $\alpha = 0.05$，由于 P 值 > 0.1（或由于临界值 $Z_{0.05} = 1.645, Z = 1.5 < 1.645$），则不能拒绝原假设，即不能支持这位经理的看法。

§6.3　两个总体参数的假设检验

有时候人们需要对两个总体的参数进行比较，看它们是否存在显著的差异。例如，两个不同企业生产的同类产品的使用寿命或优良率是否有显著差异，某种农作物的产量的稳定性（或波动程度）在不同地区是否相同，等等。

---

① 该统计量 Z 的分母中的 P_0 也用样本成数 p 来代替，即检验统计量可以为 $Z = (p - P_0)/\sqrt{\dfrac{p(1-p)}{n}}$。

§6.3.1　两个正态总体均值之差的检验

这里只讨论两个总体(分别记为 $X^{(1)}$ 和 $X^{(2)}$)均为正态分布的情况。

设:$X^{(1)} \sim N(\mu_1,\sigma_1^2)$,$X^{(2)} \sim N(\mu_2,\sigma_2^2)$。$X_1^{(1)},X_2^{(1)},\cdots,X_{n_1}^{(1)}$ 是来自总体 $X^{(1)}$ 的容量为 n_1 的样本,$X_1^{(2)},X_2^{(2)},\cdots,X_{n_2}^{(2)}$ 是来自总体 $X^{(2)}$ 的容量为 n_2 的样本。

对两个总体均值之差进行假设检验的假设有如下三种形式:

双侧检验:$H_0:\mu_1-\mu_2=D_0$　　　$H_1:\mu_1-\mu_2\neq D_0$

左侧检验:$H_0:\mu_1-\mu_2=$(或 $\geqslant$)D_0　　　$H_1:\mu_1-\mu_2<D_0$

右侧检验:$H_0:\mu_1-\mu_2=$(或 $\leqslant$)D_0　　　$H_1:\mu_1-\mu_2>D_0$

其中,D_0 是指定的一个任意数,若只关心两个总体均值相等与否,则 $D_0=0$。

根据样本获得方式的不同,两个总体均值的检验分为独立样本和成对样本两种情形,而且检验统计量也取决于总体方差是否已知及其样本量的大小。

(1) 两个样本相互独立的情形

① 两个正态总体的方差已知。

用 $\bar{X}_1$ 和 $\bar{X}_2$ 分别代表来自两个总体 $X^{(1)}$ 和 $X^{(2)}$ 的样本均值。由于 $\bar{X}_1$ 和 $\bar{X}_2$ 分别是 μ_1 和 μ_2 的优良估计量,$(\bar{X}_1-\bar{X}_2-D_0)$ 显然也就是$(\mu_1-\mu_2-D_0)$ 的优良估计量且$(\bar{X}_1-\bar{X}_2-D_0)\sim N(\mu_1-\mu_2-D_0,\frac{\sigma_1^2}{n_1}+\frac{\sigma_2^2}{n_2})$。若原假设 $H_0:\mu_1-\mu_2=D_0$ 成立,则可构建如下的检验统计量 Z:

$$Z=\frac{(\bar{X}_1-\bar{X}_2)-D_0}{\sqrt{\frac{\sigma_1^2}{n_1}+\frac{\sigma_2^2}{n_2}}}\sim N(0,1) \qquad (6-7)$$

当两个正态总体的方差已知,不论样本量大小,对两个总体均值之差的假设检验都是利用式(6-7)的检验统计量进行 Z 检验。

【例 6-6】已知甲乙两厂生产的灯泡的使用寿命都服从正态分布,甲厂灯泡使用寿命的标准差为100小时,乙厂灯泡使用寿命的标准差为90小时。现分别从甲乙两厂随机抽取20只和15只灯泡进行检测,测得灯泡平均寿命分别为1 268小时和1 210小时。问在0.05的显著性水平下,两厂生产的灯泡的平均使用寿命有无显著差异?

设 μ_1、μ_2 分别代表甲乙两厂灯泡的平均使用寿命,依题意可建立假设:

$H_0:\mu_1-\mu_2=0$　　$H_1:\mu_1-\mu_2\neq 0$

已知 $\sigma_1=100,\sigma_2=90,n_1=20,n_2=15,\bar{X}_1=1\,268,\bar{X}_2=1\,210$。由式(6-7)可计算得:

$$Z=\frac{1\,268-1\,210}{\sqrt{\frac{100^2}{20}+\frac{90^2}{15}}}=1.799$$

已知 $\alpha=0.05$,临界值 $Z_{\alpha/2}=1.96$

P 值 $=2P(Z\geqslant 1.799)=2[1-P(Z\leqslant 1.799)]=0.072$

由于$|Z| < Z_{\alpha/2}$或P值$> \alpha$,所以不能拒绝原假设,即根据所抽样本的信息,还不能断定这两厂所生产灯泡的平均使用寿命有显著差异。

② 两个正态总体的方差未知但相等。

若两个正态总体方差未知但相等,即$\sigma_1^2 = \sigma_2^2 = \sigma^2$(未知),可将两个样本方差加权平均得出总体方差$\sigma^2$的估计量$S_w^2$。可以证明,在原假设$H_0:\mu_1 - \mu_2 = D_0$成立的条件下,检验统计量及其分布为:

$$t = \frac{(\bar{X}_1 - \bar{X}_2) - D_0}{\sqrt{S_w^2(\frac{1}{n_1} + \frac{1}{n_2})}} \sim t(n_1 + n_2 - 2) \tag{6-8}$$

其中,

$$S_w^2 = \frac{(n_1 - 1)\sigma_1^2 + (n_2 - 1)\sigma_2^2}{n_1 + n_2 - 2} \tag{6-9}$$

双侧检验的临界值为$\pm t_{\alpha/2}(n_1 + n_2 - 2)$,左侧检验和右侧检验的临界值分别为$-t_\alpha(n_1 + n_2 - 2)$和$t_\alpha(n_1 + n_2 - 2)$。

【例6-7】设有A和B两个品牌的同类电池,它们的使用寿命都服从正态分布且方差相等。某研究者认为A品牌比B品牌的平均使用时间长10小时以上。为了检验这一观点,现分别从这两个品牌电池中随机抽取了10只进行检测,获得使用时间的样本数据如表6-2所示(单位:小时)。

表6-2 使用时间的样本数据

A品牌	59	61	63	49	55	50	63	58	57	54
B品牌	39	43	41	40	50	45	52	48	46	38

试问在0.1的显著性水平下,能否支持该研究者的观点?

μ_1,μ_2分别代表A和B两个品牌的总体平均寿命。根据题意,可提出如下的假设:

$H_0:\mu_1 - \mu_2 \leqslant 10 \qquad H_1:\mu_1 - \mu_2 > 10$

已知$n_1 = n_2 = 10$,根据样本观测值可计算得:

样本均值分别为:$\bar{x}_1 = 56.9$,$\bar{x}_2 = 44.2$

样本方差分别为:$S_1^2 = 24.322$,$S_2^2 = 23.067$

由式(6-9)可得合并的样本方差为:

$$S_w^2 = \frac{(10 - 1)24.322 + (10 - 1)23.067}{10 + 10 - 2} = 23.694$$

由式(6-8)可得检验统计量的观测值为:

$$t = \frac{(56.9 - 44.2) - 10}{\sqrt{23.694(\frac{1}{10} + \frac{1}{10})}} = 1.240$$

P值$= P(t(18) \geqslant 1.24) = 0.115$

已知$\alpha = 0.1$,查t分布表可得临界值$t_\alpha(n_1 + n_2 - 2) = t_{0.1}(18) = 1.33$。

由于P值$> \alpha = 0.1$或$t < t_\alpha(n_1 + n_2 - 2) = 1.33$,所以在0.1的显著性水平下不能拒绝原假设,即不能断定A品牌比B品牌的平均使用时间长10小时以上。

③ 两个正态总体的方差未知且不一定相等。

两个正态总体的方差未知时,若没有充分理由表明两个总体方差相等,就不能贸然采用上述检验法。这时,应使用如下的检验统计量:

$$t = \frac{(\bar{X}_1 - \bar{X}_2) - D_0}{\sqrt{\dfrac{S_1^2}{n_1} + \dfrac{S_2^2}{n_2}}} \tag{6-10}$$

式(6-10)的检验统计量的分布近似于 t 分布,其自由度 v 为:

$$v = \frac{\left(\dfrac{s_1^2}{n_1} + \dfrac{s_2^2}{n_2}\right)^2}{\dfrac{(s_1^2/n_1)^2}{n_1 - 1} + \dfrac{(s_2^2/n_2)^2}{n_2 - 1}} \tag{6-11}$$

当式(6-11)计算的自由度 v 不是整数时,取与之最接近的自然数。

当两个样本量 n_1 和 n_2 充分大时,式(6-10)的检验统计量 t 也近似服从标准正态分布。因此,大样本条件下,即使两个正态总体的方差未知且不一定相等,也可以采用 Z 检验法对两个总体均值之差进行假设检验①。

(2) 两个样本为成对样本的情形

检验两个总体均值之差时,有时两个样本不是独立的而是成对的。例如,比较同一样本的在校大学生一年级和四年级的体重有无显著变化,比较同一样本的工人使用两种操作方法的生产效率是否相同,比较同一群测试者对两个不同品牌产品的评分有何差异,等等。

实质上,这类假设检验问题可以转化为一个样本的均值检验问题。其方法是:先计算出每一对样本数据的差值:$d_i = x_i^{(1)} - x_i^{(2)}$,$i = 1,2,\cdots, n$;然后将这 n 个差值看作一个样本,把$(\mu_1 - \mu_2)$看作待检验的一个总体参数(即成对差值的总体均值,记为 D),原来的检验问题就转化为:根据一个样本去检验 D 是否等于(或小于、大于)假设值 D_0。

假定成对差值构成的总体服从正态分布,且成对样本差值是由差值总体中随机抽取的,则检验统计量及其分布为:

$$t = \frac{\bar{d} - D_0}{\sqrt{S_d^2/n}} = \frac{\bar{d} - D_0}{S_d / \sqrt{n}} \sim t(n - 1) \tag{6-12}$$

其中,$\bar{d} = \dfrac{\sum_{i=1}^{n} d_i}{n}$,$s_d^2 = \dfrac{\sum_{i=1}^{n} (d_i - \bar{d})^2}{n - 1}$。

【例 6-8】用某种药物治疗 9 例再生障碍性贫血患者,治疗前后患者血红蛋白变化的数据如表 6-3。问在 0.05 的显著性水平下,能否认为这种药物至少可以使血红蛋白数量增加 15 个单位?

---

① 该检验方法也近似适合于样本量足够大的条件下对两个非正态总体均值之差的检验。

表 6-3　血红蛋白变化

病人编号	治疗前	治疗后
1	69	107
2	67	65
3	76	113
4	61	123
5	70	112
6	76	89
7	65	80
8	66	78
9	72	105

令治疗前后的总体均值分别为 μ_1 和 μ_2，原假设和备择假设如下：

$H_0:\mu_2-\mu_1 \leqslant 15 \qquad H_1:\mu_2-\mu_1 > 15$

成对数据的差值 d_i 分别为：38，－2，37，62，42，13，15，12，33。

于是可计算出：$\bar{d}=\dfrac{250}{9}=27.778$，$s_d^2=\dfrac{3\,496}{9}=388.444$

检验统计量的值为：$t=\dfrac{\bar{d}-D_0}{\sqrt{S_d^2/n}}=\dfrac{27.778-15}{\sqrt{388.444/9}}=1.945$

P 值 $=P\{t(8)>1.945\}=0.043\,8$

已知 $\alpha=0.05$，查 t 分布表可得临界值 $t_\alpha(n-1)=t_{0.05}(8)=1.859\,5$，由于 P 值 $<\alpha$ 或 $t>t_\alpha(n-1)$，所以在 0.05 的显著性水平下应该拒绝原假设，即可以认为这种药物至少能使血红蛋白数量增加 15 个单位。

对两个总体均值之差的假设检验，有关计算较为烦琐，可利用 Excel 中的数据分析工具来完成。方法是：输入样本数据后，点击菜单栏的"数据"－"数据分析"，在分析数据选项中有四种选择，其中，"Z 检验：双样本平均差检验"适用于两个正态总体方差已知的情形；"t 检验：双样本等方差假设"适用于两个正态总体方差未知但相等的情形；"t 检验：双样本异方差假设"适用于两个正态总体方差未知且不相等的情形；"t 检验：平均值的成对二样本分析"适用于成对样本时对两个正态总体均值之差的检验。选定分析数据后，在其对话框中按提示输入样本数据所在的区域、均值之差的假设值和显著性水平等信息，在输出选项部分指定显示计算结果的位置即可。输出结果包含样本均值、方差、检验统计量的值，单侧检验的 P 值和双侧检验的 P 值等内容。

§6.3.2　两个正态总体方差相等性的检验

设有两个正态总体 $X^{(1)}$ 和 $X^{(2)}$，$X^{(1)}\sim N(\mu_1,\sigma_1^2)$，$X^{(2)}\sim N(\mu_2,\sigma_2^2)$。$X_1^{(1)},X_2^{(1)},\cdots,X_{n_1}^{(1)}$ 是来自总体 $X^{(1)}$ 的容量为 n_1 的样本，$X_1^{(2)},X_2^{(2)},\cdots,X_{n_2}^{(2)}$ 是来自总体 $X^{(1)}$ 的容

量为 n_2 的样本。检验两个总体方差相等性的假设有如下三种形式：

双侧检验：$H_0:\sigma_1^2=\sigma_2^2 \qquad H_1:\sigma_1^2 \neq \sigma_2^2$

左侧检验：$H_0:\sigma_1^2=\sigma_2^2$（或 $\sigma_1^2 \geq \sigma_2^2$）$H_1:\sigma_1^2 < \sigma_2^2$

右侧检验：$H_0:\sigma_1^2=\sigma_2^2$（或 $\sigma_1^2 \leq \sigma_2^2$）$H_1:\sigma_1^2 > \sigma_2^2$

检验两个总体方差的相等性（也称齐性），通常是通过其比值 σ_1^2/σ_2^2 来推断的，即比较两个总体的方差比与 1 的关系问题。两个样本方差比 S_1^2/S_2^2 是两个总体方差比 σ_1^2/σ_2^2 的优良估计量，如果原假设成立，S_1^2/S_2^2 应该在 1 的附近波动。反之，如果 S_1^2/S_2^2 远离 1，则应拒绝原假设。但 S_1^2/S_2^2 与 1 相差多大才算"远离"呢？这就要依靠估计量 S_1^2/S_2^2 的抽样分布来判断。当两个样本是分别独立地取自两个正态总体时，$\dfrac{S_1^2/\sigma_1^2}{S_2^2/\sigma_2^2} \sim F(n_1-1,n_2-1)$。因此，在原假设 $H_0:\sigma_1^2=\sigma_2^2$ 成立的条件下，检验两个总体方差比的统计量及其分布为：

$$F=\frac{S_1^2}{S_2^2} \sim F(n_1-1,n_2-1) \tag{6-13}$$

这是 F 检验，检验的临界值和 P 值都是根据自由度为 (n_1-1,n_2-1) 的 F 分布概率函数来确定的。左侧检验的拒绝域为 $(0,F_{1-\alpha}(n_1-1,n_2-1))$；右侧检验的拒绝域为 $(F_\alpha(n_1-1,n_2-1),+\infty)$；双侧检验的拒绝域为 $(0,F_{1-\alpha/2}(n_1-1,n_2-1))$ 和 $(F_{\alpha/2}(n_1-1,n_2-1),+\infty)$。

【例 6-9】在例 6-7 中，我们曾假定 A 和 B 两个品牌使用寿命都服从正态分布且方差相等。事实上，在两个总体的方差未知的情况下，二者相等的假定是很值得怀疑的。试对此进行假设检验，显著性水平为 0.1。

对于　$H_0:\sigma_1^2=\sigma_2^2 \qquad H_1:\sigma_1^2 \neq \sigma_2^2$

已知 $n_1=n_2=10$，在例 6-7 中已经根据样本观测值计算出两个样本方差分别为：$S_1^2=24.322$，$S_2^2=23.067$。代入式（6-12）得：

$$F=\frac{S_1^2}{S_2^2}=\frac{24.322}{23.067}=1.054$$

$$\begin{aligned} P\text{ 值} &= 2\times P\{F(n_1-1,n_2-1)\geq 1.054\} \\ &= 2\times P\{F(9,9)\geq 1.054\} \\ &= 2\times 0.469=0.938 \end{aligned}$$

给定 $\alpha=0.1$，右侧的临界值为 $F_{0.05}(9,9)=3.179$。构造检验统计量 F 时，可将两个样本标准差中较大者放在分子，自然有 $F>1$，这样就只需要将 F 的值与右侧临界值比较，不必再去判断 F 是否落入左侧的拒绝域，故可省略左侧临界值。

由于 $F=1.054<F_{0.05}(9,9)=3.179$，或 P 值 $=0.938>0.1$，所以不能拒绝原假设，即没有充足证据否定 A 和 B 两个品牌使用寿命的方差相等。

这里的 P 值可根据 Excel 中的 FDIST 函数来求得。在一个空白单元格中输入"=FDIST(1.054,9,9)"，回车即可得到单侧检验的 P 值为 0.469，将其乘以 2 即得双侧检验的 P 值为 0.938。临界值可根据 Excel 中的 FINV 函数来求得。在一个空白单元格中输入“= FINV(0.05,9,9)”,回车即可得到所求的临界值为3.179。

事实上,获得两个样本的观测值后,全部计算都可利用Excel的数据分析工具来完成。具体操作方法是:依次点击“数据”→“数据分析”→“F - 检验 双样本方差分析”,在其对话框中指定两个样本的数据所在区域、显著性水平①和输出区域起点单元格即可。输出结果主要包括两个样本的均值和方差,以及检验统计量F的值、单尾(右侧检验)的P值和临界值。

§6.3.3 两个总体成数之差的检验

用P_1和P_2分别代表所要检验的两个总体成数,样本成数p_1和p_2分别是这两个未知参数的无偏估计量,n_1和n_2分别代表两个样本容量。对两个总体成数之差的假设检验的基本思路与一个总体成数的检验类似。这里也只介绍大样本条件下的检验。当n_1p_1、$n_1(1-p_1)$、n_2p_2及$n_2(1-p_2)$都大于或等于5时,才能认为是大样本。

对两个总体成数之差进行假设检验,有如下三种形式的假设:

双侧检验:$H_0:P_1-P_2=D_0$ $H_1:P_1-P_2\neq D_0$

左侧检验:$H_0:P_1-P_2=(\text{或}\geqslant)D_0$ $H_1:P_1-P_2<D_0$

右侧检验:$H_0:P_1-P_2=(\text{或}\leqslant)D_0$ $H_1:P_1-P_2>D_0$

其中,D_0是指定的一个任意数,只关心两个总体成数相等与否,则取$D_0=0$。

当样本量充分大时,在原假设“$H_0:P_1-P_2=D_0$”成立的前提下,对两个总体成数之差进行假设检验可近似采用Z检验,检验统计量为:

$$Z=\frac{(p_1-p_2)-D_0}{\sqrt{\dfrac{p_1(1-p_1)}{n_1}+\dfrac{p_2(1-p_2)}{n_2}}} \tag{6-14}$$

【例6-10】某公司准备采购的一种产品有A和B两家供货商,供货商A的产品价格较高,但他们宣称其产品质量也较高。该公司决策者决定对两家供货商的产品次品率进行比较,若没有充足理由相信供货商A的产品质量较高,就会选择供货商B作为合作伙伴。从供货商A的产品中随机抽取200件,发现有20件次品;从供货商B的产品中随机抽取250件,发现有30件次品。试在0.10显著性水平下对此问题进行检验,说明该公司决策者应选择哪家供货商为合作伙伴?

设P_1,P_2分别代表A和B两家供货商的产品次品率。依题意,原假设与备择假设应为:

$H_0:P_1-P_2=0$ $H_1:P_1-P_2<0$

根据已知数据可计算出两个样本比率分别为:$p_1=10\%$,$p_2=12\%$。

检验统计量的观测值为:

$$Z=\frac{0.1-0.12}{\sqrt{\dfrac{0.1\times(1-0.1)}{200}+\dfrac{0.12\times(1-0.12)}{250}}}=-0.677$$

① Excel的F检验只输出单侧检验的临界值。对双侧检验,应在显著性水平一栏输入$\alpha/2$的值。

给定 $\alpha = 0.1$，临界值 $-Z_{\alpha} = -Z_{0.1} = -1.28$，由于 $Z = -0.667 > -z_{0.1} = -1.28$，$P$ 值 $= P(Z < -0.667) = 0.252 > 0.1$，所以不能拒绝原假设，即该公司决策者应选择供货商 B 为合作伙伴。

§6.4　多个总体均值的比较 —— 单因素方差分析

§6.4.1　问题的提出

前面两个小节分别介绍了单个总体及两个总体均值的检验方法。但有时需要对多个(两个以上)总体的均值同时进行假设检验。例如，多种不同包装的同类产品的平均销售量是否有显著差异？多个品牌同类产品的平均使用寿命是否相同？多个专业学生的统计学平均成绩是否有显著差异？解决这类推断问题就可以运用方差分析法。

从形式上看方差分析法是同时对多个总体均值的比较，实质上它是研究一个(或几个)定性变量对一个定量变量有无显著影响、鉴别因素效应的一种常用方法。例如，影响同类产品的平均销售量的因素往往是很多的。当其他影响因素都相同或相近时，若不同包装的平均销售量有显著差异，就说明包装是影响销售量的一个显著因素；反之亦然。

方差分析中，所考察的定性变量称为“因素”或“因子”，通常用大写字母 A，B，C 等来表示，例如上述例子中可能影响产品销售量的“包装”“品牌”和“质量”等。如果方差分析只考察一个因素(假定其他影响因素都不变)，就是单因素方差分析；若要同时考虑两个因素对某个指标的影响，就是双因素方差分析。本节只介绍单因素方差分析的基本思想和具体方法。

若用 μ_i 表示第 i 个总体均值($i = 1, 2, \cdots, k$)，方差分析就是要检验下述假设：

$H_0: \mu_1 = \mu_2 = \cdots = \mu_k$(所检验因素对观测变量没有显著影响)

$H_1: \mu_1, \mu_2, \cdots, \mu_k$ 不全相等(所检验因素对观测变量有显著影响)

§6.4.2　单因素方差分析的基本思想

先结合一个具体的例子来说明方差分析中的一些基本概念。

【例 6-11】一研究小组为了研究三种不同施肥方案对某种农作物收获量的影响，在 17 个试验地块上做了试验。每个地块上的土质、农作物品种、播种量和播种方法等影响该农作物收获量的因素均相同。试根据表 6-4 的收获量数据分析不同施肥方案是否对收获量有显著影响(显著性水平为 0.05)？

表 6-4　收获量数据

施肥方案＼地块编号	1	2	3	4	5	6
A1	55	62	76	68	60	63
A2	78	80	68	82	75	64
A3	70	58	62	50	65	

在这个问题中,“不同施肥方案是否对收获量有显著影响”等价于“三种不同施肥方案的总体平均收获量是否相等”。这是一个单因素方差分析问题,所要检验因素只有一个 —— 施肥方案。

所考察因素的不同状态或不同类别称为“水平”或“处理”。如本例中有三种不同的施肥方案,即“施肥方案”这个因素有 3 个水平(分别记为 A_1,A_2 和 A_3)。方差分析中,每个水平下的所有可能结果构成一个总体,本例中每种施肥方案下的所有地块收获量就是一个总体,共有 3 个总体。通常不可能获得总体数据,从而总体均值也只能根据样本数据来推断。样本是分别从每个水平(总体)中随机抽取的。每个水平下都有若干样本数据即“观测值”,第 i 个水平中的第 j 个观测值记为 $x_{ij}(i=1,2,\cdots,k;j=1,2,\cdots,n_i)$,$n_i$ 为从第 i 个水平中抽取的观测值个数。全部观测值的个数 $n=n_1+n_2+\cdots+n_k$。如本例中,$n_1=n_2=6,n_3=5,n=17$。

每一个样本观测值 x_{ij} 都可表示为:

$$x_{ij}=\mu_i+\varepsilon_{ij} \qquad (i=1,2,\cdots,k;j=1,2,\cdots,n_i) \tag{6-15}$$

其中,μ_i 表示第 i 个水平的总体均值,ε_{ij} 表示随机误差。

由式(6-15)不难理解,样本观测值之间的差异不外乎来源于两种误差:

① 由于诸 μ_i 不尽相等而造成的误差,它源于所检验因素条件的改变(不同水平),这种误差称为系统误差或条件误差,如本例中,施肥方案不同可能造成收获量有差异。

② 由于诸 ε_{ij} 不尽相等而引起的误差,是由于抽样的随机性或试验过程中各种随机因素的影响所造成的,所以也称为随机误差或试验误差。ε_{ij} 是随机变量。如本例中,由于抽取地块的随机性或影响收获量的很多随机因素的影响,无论是同一种施肥方案下还是在不同施肥方案之间,不同地块上的收获量总是存在随机波动。

方差分析要检验各个总体均值 μ_i 是否相等,也就是要鉴别观测值的差异是否存在无系统误差,为此就要对样本观测值之间的差异进行分析。

样本观测值之间的差异大小可用离差$(x_{ij}-\bar{X})$来衡量,这个离差习惯上也称为总离差,因为它可以分解为两个离差之总和,即:

$$(x_{ij}-\bar{X})=(x_{ij}-\bar{X}_i)+(\bar{X}_i-\bar{X}) \tag{6-16}$$

式(6-16)中,$\bar{X}_i$ 是第 i 组观测值的平均数,$\bar{X}$ 是全部样本观测值的平均数,即:

$$\bar{X}_i=\frac{\sum_{j=1}^{n_i}x_{ij}}{n_i}(i=1,2,\cdots,k);\bar{X}=\frac{\sum_{i=1}^{k}\sum_{j=1}^{n_i}x_{ij}}{n}=\frac{\sum_{i=1}^{k}n_i\bar{X}_i}{n}。$$

要对全部观测值的离差进行综合分析，就需要计算全部观测值的离差平方总和并对它进行分解。将式（6-16）的两边平方再加总：

$$\sum_{i=1}^{k}\sum_{j=1}^{n_i}(x_{ij}-\bar{X})^2=\sum_{i=1}^{k}\sum_{j=1}^{n_i}[(x_{ij}-\bar{X}_i)+(\bar{X}_i-\bar{X})]^2$$

$$=\sum_{i=1}^{k}\sum_{j=1}^{n_i}(x_{ij}-\bar{X}_i)^2+\sum_{i=1}^{k}\sum_{j=1}^{n_i}(\bar{X}_i-\bar{X})^2+\sum_{i=1}^{k}\sum_{j=1}^{n_i}2(x_{ij}-\bar{X}_i)(\bar{X}_i-\bar{X})$$

由于上式中最后一项为 0，所以有：

$$\sum_{i=1}^{k}\sum_{j=1}^{n_i}(x_{ij}-\bar{X})^2=\sum_{i=1}^{k}\sum_{j=1}^{n_i}(x_{ij}-\bar{X}_i)^2+\sum_{i=1}^{k}\sum_{j=1}^{n_i}(\bar{X}_i-\bar{X})^2 \tag{6-17}$$

式(6-17) 中三个离差平方和的含义如下：

① $\sum_{i=1}^{k}\sum_{j=1}^{n_i}(x_{ij}-\bar{X})^2$ 称为总离差平方和(记为 SST)。它是全部观测值 x_{ij} 与总平均值 $\bar{X}$ 的误差平方和，反映了全部观测值的差异大小。如本例中，要反映样本 17 个观测值的差异大小，就要计算它们的总离差平方和 SST。

② $\sum_{i=1}^{k}\sum_{j=1}^{n_i}(x_{ij}-\bar{X}_i)^2$ 称为组内平方和或误差平方和(记为 SSE)。它是同一水平下(同一总体或同一组内) 样本各观测值与其平均值之间的离差平方总和，反映了同一水平下样本观测值的差异状况。组内平方和实质上反映的是随机误差的大小。如本例中，组内平方和反映的是相同施肥方案下由于随机因素引起的不同地块上收获量的差异。

③ $\sum_{i=1}^{k}\sum_{j=1}^{n_i}(\bar{X}_i-\bar{X})^2=\sum_{i=1}^{k}n_i(\bar{X}_i-\bar{X})^2$ 称为组间平方和，也称为因素 A 的效应平方和(记为 SSA)，它是各水平(总体或组) 的样本平均值与总平均值之间的离差平方总和。实质上，组间平方和所反映的误差有两种可能：一是由于所检验因素水平的差异引起的系统误差，如本例中施肥方案不同可能造成收获量有差异(诸 μ_i 不尽相等)，致使来自不同总体的样本均值之间就有差异；二是随机误差，因为它是根据样本观测值计算的。如本例中，即使施肥方案对收获量毫无影响(总体平均收获量相等)，由于抽样的随机性也会使得来自不同施肥方案的样本平均数之间存在差异。

为了说明观测值中有无系统误差，就需要对组间平方和与组内平方和进行比较。由于平方和的大小受到数据项数多少的影响，所以可用各个平方和除以其自由度求得组间方差(MSA) 和组内方差(MSE) 来比较，计算公式为：

$$\text{MSA}=\frac{\text{组间平方和}}{\text{自由度}}=\frac{\text{SSA}}{k-1} \tag{6-18}$$

$$\text{MSE}=\frac{\text{组内平方和}}{\text{自由度}}=\frac{\text{SSE}}{n-k} \tag{6-19}$$

若不存在系统误差，那么组间方差与组内方差都反映的是随机误差，二者差异就不会很大；若组间方差显著地大于组内方差，就说明组间差异不仅包含随机误差，也存在系统误差。但是，组间方差要比组内方差大多少才能断定有系统误差？这就需要构造一个检验统计量。

为了找到适当的检验统计量,方差分析还需要对随机误差 ε_{ij} 做一些假定:诸随机误差 ε_{ij} 相互独立且同正态分布、均值为0、方差存在且相等,即 $\varepsilon_{ij} \sim N(0,\sigma^2)$。在这些假定下,若原假设成立($H_0:\mu_1=\mu_2=\cdots=\mu_k$ 为真),则组间方差与组内方差之比就是一个服从 F 分布的检验统计量,即检验统计量 F 及其分布为:

$$F=\frac{\text{MSA}}{\text{MSE}}=\frac{\text{SSA}/(k-1)}{\text{SSE}/(n-k)} \sim F(k-1,n-k) \tag{6-20}$$

依据式(6-20),就可根据样本信息对原假设做出检验结论。

§6.4.3 单因素方差分析的应用

如前面所述,方差分析形式上就是同时对多个总体均值的检验,所以单因素方差分析与假设检验的步骤是相通的。根据样本数据计算检验统计量 F 的值及其相应的 P 值。对于给定的显著性水平 α,查 F 分布表可得对应的临界值 $F_\alpha(k-1,n-k)$,若 $F>F_\alpha(k-1,n-k)$,或 P 值 $<\alpha$,则拒绝 H_0,表明所检验因素对观测变量有显著影响;反之则不能拒绝 H_0,表明所检验因素对观测变量没有显著影响。

通常将计算过程中的主要内容列在一个表格内,形成方差分析表,其基本形式如表6-5所示。

表6-5　方差分析表的基本形式

差异来源	平方和(SS)	自由度(df)	方差(MS)	F 值	P 值(P - *value*)	F 临界值(F *crit*)
组间	SSA	$k-1$	MSA	MSA/MSE		
组内	SSE	$n-k$	MSE			
总计	SST	$n-1$				

应注意的是,当 $F>F_\alpha(k-1,n-k)$ 时,可认为各水平的总体均值不完全相同,所检验因素的影响是显著的。但不能据此认为各水平的总体均值全部不相同,方差分析的结果也无法判断其中哪些相同、哪些不相同。此外,各水平下的样本观测值个数 n_i 可以相等也可以不相等,但是在总的样本量 n 相同的情况下,n_i 相等时的检验效率最高,所以 n_i 最好相等。

下面以例6-11来说明单因素方差分析的具体计算和应用。

设三种施肥方案收获量的总体均值分别为 μ_1,μ_2 和 μ_3,检验施肥方案对收获量是否有影响,就等价于检验如下假设:

$H_0:\mu_1=\mu_2=\mu_3$(施肥方案对收获量没有显著影响)

$H_1:\mu_1,\mu_2,\mu_3$ 不全相等(施肥方案对收获量有显著影响)

先计算各样本均值和总平均值:

$$\bar{X}_1=\frac{384}{6}=64,\bar{X}_1=\frac{305}{5}=61,\bar{X}_3=\frac{447}{6}=74.5,\bar{X}=\frac{1\ 136}{17}=66.823$$

$$SST=\sum_{i=1}^{k}\sum_{j=1}^{n_i}(x_{ij}-\bar{X})^2$$
$$=[(55-66.823)^2+\cdots+(63-66.823)^2]+[(70-66.823)^2+\cdots+(65-66.823)^2]+[(78-66.823)^2+\cdots+(64-66.823)^2]$$
$$=1\ 312.47$$

$$SSA=\sum_{i=1}^{k}\sum_{j=1}^{n_i}(\bar{X}_i-\bar{X})^2=\sum_{i=1}^{k}n_i(\bar{X}_i-\bar{X})^2$$
$$=6(64-66.823)^2+5(61-66.823)^2+6(74.5-66.823)^2=570.97$$

$$SSE=\sum_{i=1}^{k}\sum_{j=1}^{n_i}(x_{ij}-\bar{X}_i)^2$$
$$=[(55-64)^2+\cdots+(63-64)^2]+[(70-61)^2+\cdots(65-61)^2]$$
$$+[(78-74.5)^2+\cdots+(64-74.5)^2]=741.5$$

$$F=\frac{SSA/(k-1)}{SSE/(n-k)}=\frac{570.97/(3-1)}{741.5/(17-3)}=\frac{285.485}{52.964}=5.39$$

P 值 $=P\{F(k-1,n-k)>F\}=P\{F(2,14)>5.39\}=0.018\ 372$

给定的显著性水平 $\alpha=0.05$，可查 F 分布表得临界值 $F_\alpha(2,14)=3.74$。由于 $F=5.39>F_\alpha(2,14)=3.74$，故应拒绝 H_0，即施肥方案对收获量有显著影响。利用 P 值与 α 比较，可以得到同样的结论。

利用 *Excel* 可以轻易完成方差分析的所有计算。具体操作是：首先在 *Excel* 的工作表中输入样本数据，同一个水平下的样本观测值可放置在同一行，也可放置同一列。然后依次点击菜单栏的“工具”－“数据分析”－“方差分析：单因素方差分析”，在其对话框的输入选项部分，指定样本数据的输入区域和数据的分组方式；如果输入区域包括各组名称，则选中“标志位于第一行（列）”，否则不选中此项；指定显著性水平（默认值为 0.05）。在输出选项部分指定显示计算结果的位置即可。方差分析的输出结果分两个部分，其一是“SUMMARY”，是对样本各个水平的描述性统计，其二是“方差分析”即方差分析表。上述例子的输出结果如表 6-6 所示：

表 6-6　输出结果

方差分析：单因素方差分析						
SUMMARY						
组	观测数	求和	平均	方差		
A1	6	384	64	52.4		
A2	5	305	61	57		
A3	6	447	74.5	50.3		
方差分析						
差异源	SS	df	MS	F	P − value	F crit
组间	570.970 588	2	285.485	5.390 147	0.018 372	3.738 892
组内	741.5	14	52.964 29			
总计	1 312.470 588	16				

本章小结

1. 假设检验是基于小概率原理的一种统计推断方法，其一般步骤是：提出原假设和备择假设，构造检验统计量，给定显著性水平建立检验规则，计算检验统计量的观测值及其对应的P值，做出检验结论。假设检验可能犯的错误有两类，它们的概率α和β此消彼长。

(2) 参数的假设检验主要包括总体均值、总体方差和总体比例的检验。本章所介绍的检验方法有Z检验、t检验、χ^2检验、F检验，等等。

3. 一个总体参数的假设检验和两个总体参数之差(或比)的检验，其检验统计量不同，要注意它们之间的联系与区别。

4. 单因素方差分析法从形式上看是对多个总体均值相等性的检验，实质上是研究一个定性变量对一个定量变量有无显著影响。基本概念主要有系统误差、随机误差、组内平方和、组间平方和、组内方差、组间方差等。方差分析法的基本思想是通过观察组间方差与组内方差之比(F统计量)是否显著偏大来判断有无系统误差的存在，从而检验多个总体均值是否相等。

5. Excel的数据分析提供了两个样本时均值差的t检验、均值差的Z检验和方差比的F检验等分析工具，也提供了方差分析工具。其余检验问题的许多计算则可以借助于Excel的函数或公式功能来实现。

思考题与练习题

1. 什么是原假设与备择假设？怎么建立原假设和备择假设？

2. 什么是第一类错误和第二类错误？犯两类错误的概率大小之间有何关系？

3. 检验的P值表示什么含义？P值大小与哪些条件或因素有关？如何利用P值进行决策？

4. 对一个总体的方差及两个总体方差之比进行检验时，总体方差已知和未知的条件下，分别应如何建立检验统计量？

5. 对一个总体方差及两个总体方差之比进行检验时，分别应如何构建检验统计量？

6. 单因素方差分析中的组内平方和组间平方和分别表示什么含义？单因素方差分析的检验统计量是如何构建的？

7. 有一种电子元件，要求其使用寿命不得低于1 000小时。已知这种元件的使用寿命服从标准差为100小时的正态分布。现从一批元件中随机抽查了25件，测得平均使用寿命为972小时。试在0.05的显著性水平下检验这批电子元件是否合格。

8. 在正常生产情况下，某厂生产的一种无缝钢管的内径服从均值为54毫米，方差为 1 的正态分布。从某日生产的钢管中随机抽取 10 根，测得其内径分别为：53.8，54.0，55.1，54.2，55.0，55.8，55.4，55.5。试在 0.05 显著水平下检验该日生产的钢管内径是否正常。

9. 某种疾病传统治疗方法的治愈率为 70%。某医生研究出一种新疗法。对 200 名患者试用这种新疗法后，治愈了 152 人。试问这一试验数据能否说明新疗法确实比传统方法更加有效？以 0.10 的显著水平进行检验。

10. 农场为了试验某种农作物的新品种是否会比原品种的产量更高，分别在若干面积为 0.1 公顷的试验地进行试种，每块试验地上所收获的产量如下表（单位：千克）。

原品种	110	89	97	107	112	120	98	103	101	92	95
新品种	118	107	92	116	110	105	106	112	124		

确定产量服从正态分布试问在 5% 的显著性水平下，可否认为：

（1）两个品种产量的方差相等？

（2）新品种比原品种的产量有显著提高？

11. 某机构对甲乙两地区居民家庭拥有电脑的情况进行了抽样调查。在甲地区调查的样本量为 80 家，其中 56 家拥有电脑；在乙地区调查了 100 家，其中有 51 家拥有电脑。于是，该机构得出结论：甲地区居民家庭的电脑普及率至少比乙地区高出 10 个百分点。试问：对这个结论进行检验的 P 值是多少？

12. 某训练机构将 20 个学员随机分为四组，分别尝试课题讲授、视频教学、小组讨论和看说明书等不同方法向学员们介绍专业知识，训练结束后的测试成绩如下表所示：

方法 学员序号	课堂讲授	视频教学	小组讨论	自学教材
1	80	73	76	70
2	90	88	65	80
3	78	90	80	80
4	74	85	74	72
5	88	80	82	65

试以 0.10 的显著性水平检验这四种方法的训练效果有无显著差异。

第 6 章思考题与练习题答案

第 7 章
相关分析与回归分析

很多现象除了自身的变动以外,与其他现象相互之间可能会有一定的依存关系。这种现象间的相互依存关系常表现为不确定的统计关系,或称为相关关系。相关与回归分析是研究变量之间不确定性统计关系的重要方法。相关分析主要是判断两个或两个以上变量之间是否存在相关关系,并分析变量间相关关系的形态和程度。回归分析主要是对存在相关关系的现象间数量变化规律性的测定。本章主要讨论相关分析与回归分析的基本理论和方法。

§7.1 相关分析

§7.1.1 相关关系的概念

(1) 函数关系与相关关系

现实世界中的各种现象之间相互联系、相互制约、相互依存,某些现象发生变化时,另一现象也会随之发生变化。如商品价格的变化会刺激或抑制商品销售量的变化;居民收入的高低会影响银行储蓄额的增减等。从数量上研究这些现象之间的依存关系,找出它们之间数量变化的规律,是统计分析的重要内容之一。

各种变量相互之间的依存关系有两种不同的类型:一种是确定性的函数关系,另一类是不确定性的统计关系,也称为相关关系。

当一个或若干个变量 X 取一定数值时,某一个变量 Y 有确定的值与之相对应,我们称变量间的这种关系为确定性的函数关系。例如当销售价格 P 不变的情况下,某种商品销售量 X 与销售额 Y 之间的关系可表示为 $Y=PX$。又如圆面积 s 和它的半径 r 之间的关系,可表示为 $s=\pi r^2$。一般情况下,确定性的函数关系可表示为 $Y=f(X)$。通常将作为变动原因的变量 X 称为自变量,将作为变动结果的变量 Y 称为因变量。

当一个或若干个变量 X 取一定值时,与之相对应的另一个变量 Y 的值虽然不确定,但却按某种规律在一定范围内变化,我们称变量之间的这种关系为不确定的统计关系或相关关系,一般可表示为 $Y=f(X,u)$,其中 u 为随机变量。例如居民的可支配收入 X 与居民的消费支出 Y 之间的关系,通常具有相同收入水平居民的消费支出并不完全相同,这时居民可支配收入 X 与消费支出 Y 会呈现出不确定的相关关系。居民消费支出 X 之所以与居民可支配收入 Y 不呈现确定的函数关系,是因为除了居民可支配

收入 X 以外,还存在许多其他的因素也会影响居民消费支出 Y。又如成本的高低与利润的多少有密切关系,但某一确定的成本与相对应的利润却是不确定的。这是因为影响利润的因素除了成本外,还有价格、供求平衡等因素及其他偶然因素的影响。

变量之间的函数关系和相关关系并不是绝对的,在一定条件下二者可以相互转化。对本来具有函数关系的变量,如果考虑存在对变量的测量误差,其函数关系往往会以相关关系表现出来;对具有相关关系的变量,如果对它们有充分深刻的认识,从而能够把影响变量变动的所有其他因素全部都控制不变,这时原来的相关关系也可能会趋近于函数关系。因此,相关关系经常可以用一定的函数关系去近似地描述。

变量之间的相关关系可用坐标图又称散点图去描述。例如,变量 X 和 Y 之间关系的散点图可描述为图 7-1:

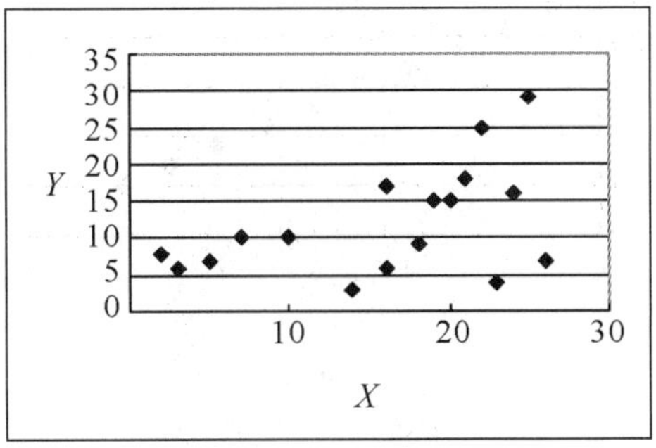

图 7-1　X 和 Y 的散点图

(2) 相关关系的种类

由于涉及的变量数量、相关性质及相关程度的不同,变量之间的相关关系可以分为若干类型:

① 按照相关关系涉及变量(或因素)的多少,相关关系可分为单相关和复相关。单相关又称一元相关,是指两个变量之间的相关关系,如广告费支出与产品销售量之间的相关关系。复相关又称多元相关,是指三个或三个以上变量之间的相关关系,如商品销售额与居民收入、商品价格之间的相关关系。

② 按照相关关系的表现形式不同,相关关系可分为线性相关和非线性相关。当变量之间相关关系的散点图中的点接近一条直线时,称为线性相关,如图 7-2a 和图 7-2b 所示。当变量之间相关关系散点图中的点接近于一条曲线时,称为非线性相关,如图 7-2c 所示。当变量之间的关系没有规律时,称为不相关,如图 7-2d 所示。

③按照相关现象变化的方向不同,相关关系可分为正相关和负相关。正相关是指当一个变量的值增加或减少时,另一个变量的值也随之增加或减少,如工人劳动生产率提高,产品产量也随之增加;负相关是指当一个变量的值增加或减少时,另一变量的值反而减少或增加,如商品流转额越大,商品流通费用率越低;又如劳动生产率提高,生产单位产品所耗时间则减少。

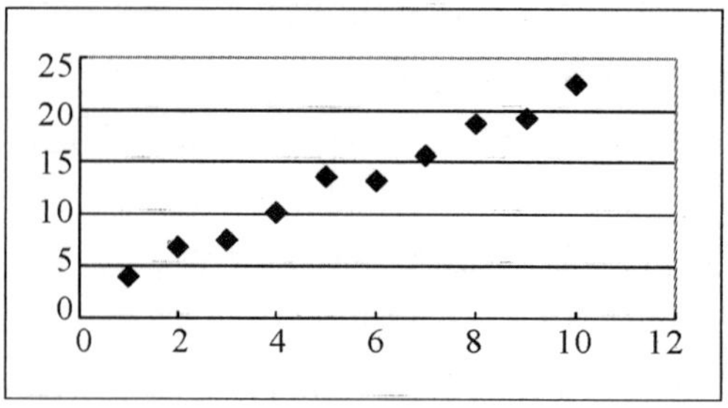

(a)

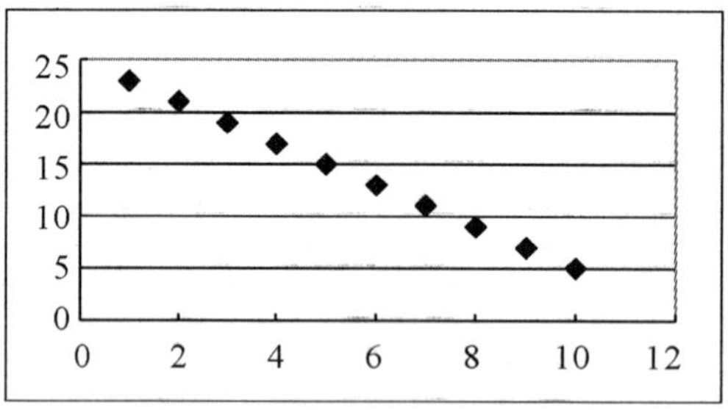

(b)

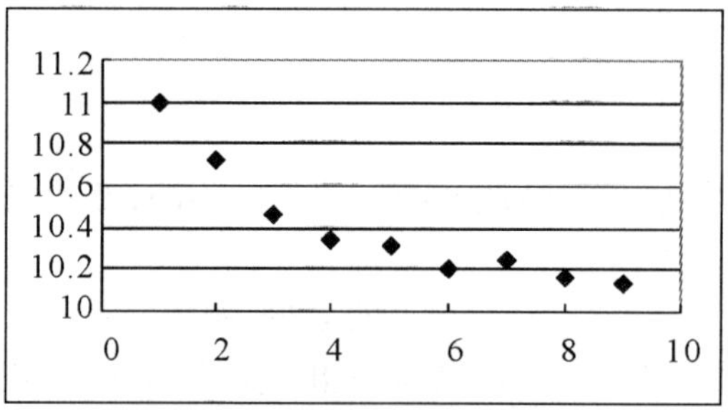

(c)

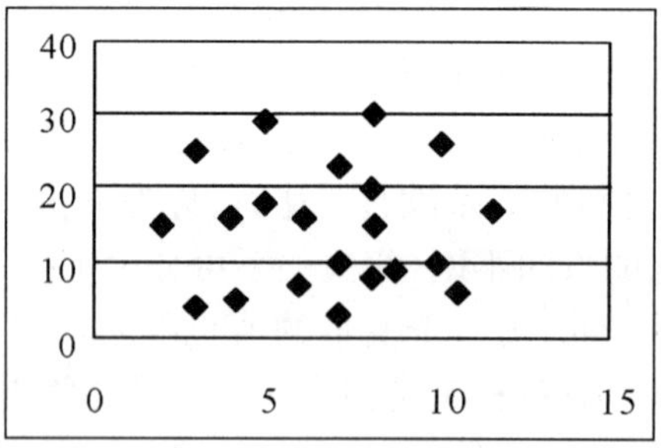

(d)

图 7-2　各种相关关系的散点图

(3)相关关系的描述

要判别现象之间有无相关关系,可编制相关表,绘制相关图,以便直观地判断现象之间相关的方向、形态及大致的密切程度。

①相关表。

相关表是一种统计表,是直接根据现象之间的原始数据,将一个变量的若干变量值按从小到大的顺序排列,并将另一变量的值与之对应排列形成的统计表。

【例 7-1】为研究美国软饮料公司的广告费用 X 与销售数量 Y 的关系,根据七种主要品牌软饮料公司的相关数据编制的相关表如下:

表 7-1 美国软饮料公司广告费用与销售数量

品牌名称	广告费用 X(百万美元)	销售数量 Y(百万箱)
7-Up	11.6	219.5
Moutain Dew	29.0	535.6
Dr. Pepper	40.2	546.9
Sprite	55.7	541.5
Diet-Coke	60.4	811.4
Pepsi-Cola	92.4	1 384.6
Coca-Cola Classic	131.3	1 929.2

资料来源:安德森,等. 商务与经济统计[M]. 9 版. 北京:机械工业出版社出版,2006:405.

从表 7-1 可以直观地看出,随着广告费用的增加,销售数量有上升的趋势,两者之间存在一定的正相关关系。

②相关图。

相关图又称散点图,它是用直角坐标系的 X 轴代表一个变量,Y 轴代表另一个变量,将两个变量间相对应的变量值用坐标点的形式描绘出来,用以表明相关点分布状况的图形。根据表 7-1 的资料可以绘制图 7-3 如下所示:

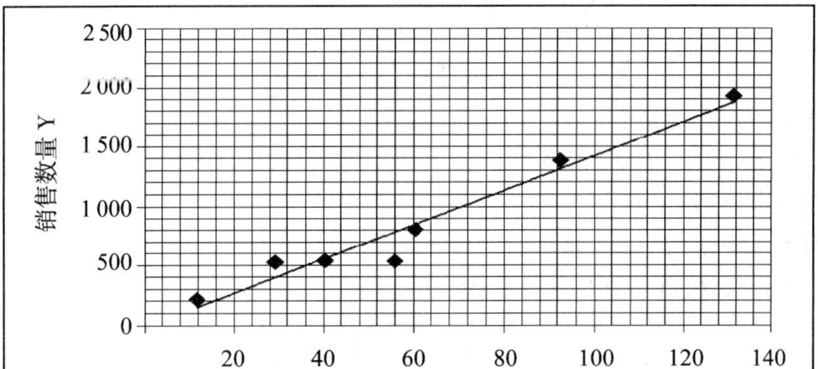

图 7-3 美国软饮料公司广告费用与销售数量相关图

从相关图可以直观地看出，美国软饮料公司广告费用与销售数量之间关系较密切，且有线性正相关的趋势。

§7.1.2 相关系数

图表形式虽然能够直观地展现变量之间的相关关系，但对变量相关关系及相关程度的描述不很精确。在统计学中，对不同类型的变量数据，常采用各种相关系数来具体度量变量间相关的程度，比较常用的主要有简单线性相关系数和 Spearman 等级相关系数。

(1)简单线性相关系数

在各种类型的相关分析中，只有两个变量的线性相关关系的分析是最简单的。两个变量之间线性相关程度可以用简单线性相关系数去度量，这种相关系数是最常用的，也简称为相关系数。对于我们所研究的二维总体 (X,Y)，两个相互联系的变量 X 和 Y 的相关系数称为总体相关系数，通常用 ρ 表示，总体相关系数 ρ 可用式（7-1）计算：

$$\rho = \frac{Cov(X,Y)}{\sqrt{D(X)D(Y)}} \tag{7-1}$$

其中：$D(X)$ 是变量 X 的方差；$D(Y)$ 是变量 Y 的方差；

$Cov(X,Y)$ 是变量 X 和 Y 的协方差。

总体相关系数 ρ 反映了二维总体两个变量 X 和 Y 的线性相关程度，对于特定的二维总体来说，X 和 Y 的数值是既定的，总体相关系数 ρ 是客观存在的特定数值。然而，总体的两个变量 X 和 Y 的全部数值通常不可能去直接观测，所以总体相关系数一般是未知的。通常是从总体中随机抽取一定数量的样本，通过 X 和 Y 的样本观测值去估计样本相关系数，二维总体 (X,Y) 中抽出的简单随机样本 x_i 和 y_i 的样本相关系数是个统计量，通常用 r_{xy} 表示，或简记为 r，可用式（7-2）去估计：

$$r_{xy} = \frac{S_{xy}}{S_x S_y} = \frac{\sum (x-\bar{X})(y-\bar{Y})/n}{\sqrt{\sum (x-\bar{X})^2/n}\sqrt{\sum (y-\bar{Y})^2/n}} = \frac{\sum (x-\bar{X})(y-\bar{Y})}{\sqrt{\sum (x-\bar{X})^2}\sqrt{\sum (y-\bar{Y})^2}} \tag{7-2}$$

其中：x 和 y 分别是变量 X 和 Y 样本的观测值；

$\bar{X}$ 和 $\bar{Y}$ 分别是变量 X 和 Y 样本值的平均值；

S_{xy} 是变量 X、Y 样本的协方差；

S_x 和 S_y 分别是变量 X 和 Y 样本的标准差。

样本相关系数也可用以下公式计算：

$$r = \frac{n\sum xy - \sum x \sum y}{\sqrt{n\sum x^2 - (\sum x)^2}\sqrt{n\sum y^2 - (\sum y)^2}} \tag{7-3}$$

样本相关系数 r 是根据从总体中抽取的随机样本的观测值 x 和 y 计算出来的，它是对总体相关系数 ρ 的估计。可以证明，这样计算的样本相关系数是总体相关系数的一致估计。

例如,将表 7-1 数据代入式(7-2)或(7-3)中可计算出这些软饮料公司的广告费用和销售数量的相关系数。如果利用 Excel 中计算相关系数的功能,则更加方便,其方法是在 Excel 的工作表中分别输入广告费用 X(如在 A2:A8 中)和销售数量 Y 的样本数据(如在 B2:B8 中),在“工具”中选“数据分析”,从中选“相关系数”,确定后出现对话框,在“输入区域”中输入数据所在单元格区域,如“A2:B8”,在“分组方式”栏点“逐列”,在“输出区域”输入相关系数输出位置,点“确定”,即得到 X 和 Y 的相关系数:如本例中为 0.978 15(见图 7-4)。

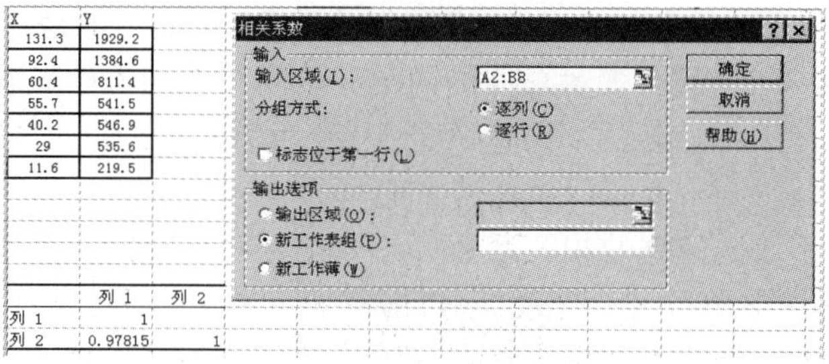

图 7-4　相关系数的输出

由(7-1)和(7-2)式可看出,相关系数有以下特点:

① 相关系数的取值在 -1 与 1 之间。

② 当 $r=0$ 时,表明 X 与 Y 没有线性相关关系。

③ 当 $0<|r|<1$ 时,表明 X 与 Y 存在一定的线性相关关系,若 $r>0$ 表明 X 与 Y 为正相关,若 $r<0$ 表明 X 与 Y 为负相关。

④ 当 $|r|=1$ 时,表明 X 与 Y 完全线性相关,若 $r=1$,称 X 与 Y 完全正相关;若 $r=-1$,称 X 与 Y 完全负相关。

使用相关系数分析相关关系时应当注意:

① X 和 Y 都是相互对称的随机变量,所以 $r_{xy}=r_{yx}$。

② 相关系数只反映变量间的线性相关程度,不能说明非线性相关关系。

③ 相关系数只能反映变量间线性相关的程度,并不能确定变量的因果关系,也不能说明相关关系具体接近于哪条直线。

(2) 相关系数的检验

前面已经强调,样本相关系数是根据从总体中抽取的随机样本的观测值 x 和 y 计算出来的,它只是对总体相关系数 ρ 的估计。由于从总体中每抽取一个样本,都可以根据其观测值估计出一个样本相关系数,因此样本相关系数是随抽样而变动的随机变量。那么,我们所估计的样本相关系数是否为抽样的偶然结果呢?为此,对相关系数的统计显著性检验还有待进行。

对相关系数的显著性检验可分为两类:一类是检验总体相关系数是否等于零;另一类是检验总体相关系数是否等于某个不等于零的特定数值。这里只介绍用得最多的总体相关系数是否等于零的统计检验。

作为随抽样而变动的随机变量,样本相关系数具有一定的概率分布,要对样本相关系数进行显著性检验,必须明确其抽样分布性质。如果 X 和 Y 都服从正态分布,在总体相关系数为 0 的假设下,即原假设 $H_0: \rho = 0$(总体两变量间线性相关性不显著),备择假设 $H_1: \rho \neq 0$(总体两变量间线性相关性显著),可以证明,与样本相关系数 r 有关的 t 统计量服从自由度为 $n-2$ 的 t 分布,如下:

$$t = \frac{r\sqrt{n-2}}{\sqrt{1-r^2}} \sim t(n-2) \tag{7-4}$$

由所估计的样本相关系数 r 可计算 t 统计量。给定显著性水平 α,查 t 分布表得自由度为 $n-2$ 的临界值 $t_{\alpha/2}$,若 $|t| \geq t_{\alpha/2}$,表明相关系数 r 在统计上是显著的不为0,应否定 $\rho = 0$ 而接受 $\rho \neq 0$ 的假设,表示总体的两个变量间线性相关性显著;若 $|t| < t_{\alpha/2}$,表明相关系数 r 在统计上不显著的不为0,不能拒绝 $\rho = 0$ 的假设,表示总体的两个变量间线性相关性不显著。

例如,对表 7-1 数据计算的相关系数可计算相应的 t 统计量,在 Excel 中直接实现的方法是,单击任一空单元格,输入"=0.978 14 * SQRT(7-2)/SQRT(1-POWER(0.978 14,2))",回车即得出 t 统计量值为 10.519 97。取显著性水平 $\alpha = 0.05$,查 t 分布表的自由度为 $7-2=5$ 的临界值为 2.015,因为计算的 t 统计量 10.519 97 大于临界值,表明两变量间的相关系数是显著不为 0 的,即美国软饮料公司的广告费用与销售数量之间确实存在线性相关关系。

(3) Spearman 等级相关系数

严格说来,两个变量之间简单线性相关系数要求两个随机变量的联合分布是二维正态分布。当变量不满足正态分布要求时,或者所研究的变量不是数量型变量时,简单线性相关系数的相关分析方法不宜使用,这时可以用 Spearman 等级相关系数做相关性分析。

对于样本容量为 n 的变量 X 和 Y,如果 X 和 Y 的取值分别都可以分为 n 个等级,而且样本的 n 个单位分别不重复地属于 X 和 Y 的不同等级,没有两个单位取相同等级的情况,并且用 d_i 表示样本单位属于 X 的等级与 Y 的等级的级差。Spearman 等级相关系数 r_s 为:

$$r_s = 1 - \frac{6\sum d_i^2}{n(n^2-1)} \tag{7-5}$$

样本等级相关系数的取值范围是 $-1 \leq r_s \leq 1$。$r_s = 1$ 时,说明样本等级完全正相关;当 $r_s = -1$ 时,样本等级完全负相关;当 $r_s = 0$ 时,说明样本等级不相关;当 $0 < r_s < 1$ 时,r_s 越接近 1,正相关程度越高;当 $-1 < r_s < 0$ 时,r_s 越接近 -1,负相关程度越高。可以证明,Spearman 等级相关系数是简单线性相关系数的特例。

等级相关系数主要适用于变量值表现为等级的变量。但是,对于变量值表现为数值的变量,如果无法假定其总体分布,或者其中有一个变量只能用等级表现时,有时也可以用等级相关系数分析其相关性。方法是可以按实际观察值大小排序把观察值的取值范围划分为若干等级区间,并赋予每个观察值秩次,而将其划分为若干等级,然后计算等级相关系数。

例如,【例 7-1】中将表 7-1 中广告费用 X 和销售数量 Y 用其秩次表示,并计算等级级差,如表 7-2 所示:

表 7-2　美国软饮料公司广告费用与销售数量等级级差计算

品牌名称	广告费用 X(百万美元)		销售数量 Y(百万箱)		等级级差 $d_i = q_i - s_i$	d_i^2
	变量	秩次 q_i	变量	秩次 s_i		
Coca-Cola Classic	131.3	1	1 929.2	1	0	0
Pepsi-Cola	92.4	2	1 384.6	2	0	0
7-Up	11.6	7	219.5	7	0	0
Sprite	55.7	4	541.5	5	-1	1
Dr. Pepper	40.2	5	546.9	4	1	1
Moutain Dew	29.0	6	535.6	6	0	0
Diet-Coke	60.4	3	811.4	3	0	0

依据等级级差,可计算出等级相关系数为:

$$r_s = 1 - \frac{6\sum d_i^2}{n(n^2-1)} = 1 - \frac{6 \times 2}{7 \times (7^2 - 1)} = 0.964\ 3$$

这表明美国软饮料公司广告费用与销售数量等级正相关程度比较高。

§7.2　一元线性回归模型与估计

在两个变量间存在线性相关关系的情况下,为了明确二者联系的具体数量规律,需要进行回归分析。只有两个变量的线性回归称为一元线性回归分析或简单线性回归分析。

§7.2.1　相关与回归分析的联系

相关分析主要分析现象间相互依存关系的性质和密切程度。不过相关分析还不能说明变量间相关关系的具体形式,也还不能从一个变量的变化去推测另一个变量的变化。如果要具体测定变量之间相关关系的数量形式,还需要运用回归分析的方法。

"回归" 这个词是由英国生物学家高尔顿在遗传学研究中首先提出。高尔顿发现相对于一定身高的父母,子女的平均身高有朝向人类平均身高移动或回归的趋势。这就是"回归" 的古典意义。

现在我们沿用"回归" 这个词,但其意义与回归的古典意义已有很大区别。现代意义的回归是关于一个变量(因变量) 对另一个或另外多个变量(自变量) 依存关系的研究,用适当的数学模型去近似地表达或估计变量之间的平均变化关系,其目的是要根据已知的或固定的自变量的数值,去估计因变量的总体平均值。

显然,相关分析与回归分析有密切的联系,它们具有共同的研究对象,都是对变量间相关关系的分析，二者可以相互补充。相关分析可以表明变量间相关关系的性质和程度，只有当变量间存在相当程度的相关关系时，进行回归分析去寻求相关的具体数学形式才有实际的意义。同时，在进行相关分析时如果要具体确定变量间相关的具体数学形式，又要依赖于回归分析，而且在多个变量的相关分析中相关系数的确定也是建立在回归分析基础上的。

但是应当明确，相关分析与回归分析的研究目的和研究方法是有明显区别的。从研究目的上看，相关分析是用一定的数量指标（相关系数）度量变量间相互联系的方向和程度；回归分析却是要寻求变量间联系的具体数学形式，是要根据自变量的固定值去估计和预测因变量的平均值。从对变量的处理看，相关分析对称地对待相互联系的变量，不考虑二者的因果关系，也就是不区分自变量和因变量，相关的变量不一定具有因果关系，均视为随机变量；回归分析是在变量因果关系分析的基础上研究其中的自变量的变动对因变量的具体影响，必须明确划分自变量和因变量，所以回归分析中对变量的处理是不对称的，在回归分析中通常假定自变量在重复抽样中是取固定值的非随机变量，只有因变量是具有一定概率分布的随机变量。

应当强调，相关分析和回归分析只是从数据出发定量地分析变量间相互联系的手段，并不能揭示现象相互之间的本质联系。现象间内在的本质联系，决定于事物的客观规律性，需要结合实际经验去分析，并要由实质性科学去加以说明。如果对本来没有内在联系的现象，仅凭数据进行相关分析和回归分析，就可能是一种“伪相关”或“伪回归”，这样不仅没有实际的意义，而且会导致荒谬的结论。所以在开展相关分析和回归分析时，要注意与定性分析相结合，才能得到有实际意义的结果。

§7.2.2 总体回归函数与样本回归函数

(1) 回归线与回归函数

回归分析的基本思想是通过样本回归函数去对总体回归函数做出合理的估计。

一元线性回归分析中只有两个变量，将变量区分为自变量 X 和因变量 Y，由于自变量 X 与因变量 Y 之间不是确定性的函数关系而是不确定性的相关关系，当自变量 X 取某固定值时，Y 的取值并不确定，Y 的不同取值会形成一定的分布，这是 Y 在 X 取某固定值时的条件分布。对于 X 的每一个取值，如果对 Y 所形成的条件分布确定其期望或均值，称为 Y 的条件期望或条件均值，可以用 $E(Y|X_i)$ 表示。如图 7-5 所示，对于 X 的每一个取值 X_i，都有 Y 的条件期望 $E(Y|X_i)$ 与之对应，Y 的条件期望是随 X 的变化而变化的，在坐标图上这些 Y 的条件期望的点随 X 而变化的轨迹所形成的直线或曲线称为回归线。因变量 Y 的条件期望 $E(Y|X_i)$ 随自变量 X 的变化而有规律的变化，如果把 Y 的条件期望 $E(Y|X_i)$ 表示为 X 的某种函数：$E(Y|X_i)=f(X_i)$，这个函数就称为回归函数。如果其函数形式是只有一个自变量的线性函数，如 $E(Y|X_i)=\alpha+\beta X_i$，就称为一元线性回归函数，也称为一元线性回归模型。如果其函数形式是有多个自变量的线性函数，如 $E(Y|X_i)=\alpha+\beta_1 X_{1i}+\beta_2 X_{2i}+\cdots+\beta_k X_{ki}$，就称为多元线性回归函数，也称为多元线性回归模型。

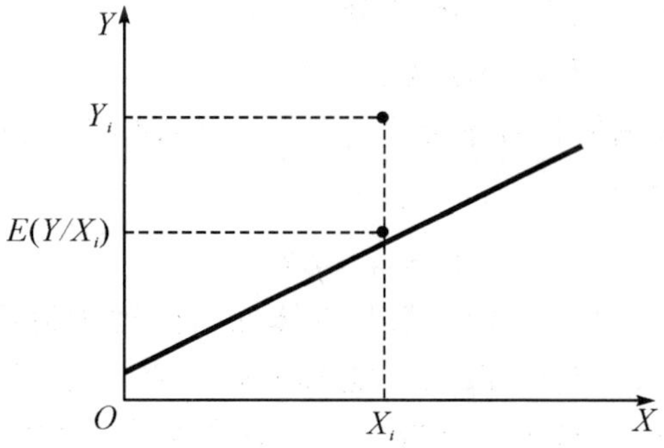

图 7-5

(2) 总体回归函数(PRF)

假如已知所研究的经济现象总体中因变量 Y 和自变量 X 的每个观测值,我们可以计算总体因变量 Y 的条件均值 $E(Y|X_i)$,并将其表现为自变量 X 的某种函数,这个函数称为总体回归函数(简记为 PRF)。

总体回归函数有两种表现形式:

① 条件均值表现形式:

假如 Y 的条件均值 $E(Y|X_i)$ 是解释变量 X 的线性函数,可表示为:

$$E(Y|X_i) = \alpha + \beta X_i \tag{7-6}$$

这是总体回归函数的条件均值表示方式。

② 个别值表现形式(随机设定形式):

对于一定的 X_i,Y 的个别值 Y_i 分布在条件均值 $E(Y|X_i)$ 的周围,若令各个 Y_i 值与条件均值 $E(Y|X_i)$ 的偏差为 u_i, 显然 u_i 是个可正可负的随机变量,代表排除在自变量以外的所有因素对 Y 的影响,称为随机误差项。

如果总体回归函数是只有一个自变量的线性函数,则有

$$u_i = Y_i - E(Y|X_i) = Y_i - \alpha - \beta X_i$$

$$Y_i = \alpha + \beta X_i + u_i \tag{7-7}$$

这是总体回归函数的个别值表示方式,或称随机设定形式。

(3) 样本回归函数(SRF)

对于实际的问题,通常总体包含的单位数很多,无法掌握所有单位的数值,总体回归函数实际上是未知的。我们可能做到的只是对应于自变量 X 的选定水平,对因变量 Y 的某些样本进行观测,然后通过对样本观测获得的信息去估计总体回归函数。

对从总体中抽取的样本数据进行观测,对应于自变量 X 的一定值,取得的因变量 Y 的样本观测值也可计算其条件均值,Y 的样本观测值的条件均值随自变量 X 而变动的轨迹,称为样本回归线。如果把因变量 Y 的样本条件均值表示为自变量 X 的某种函数,这个函数称为样本回归函数(简记为 SRF)。

显然,样本回归函数的函数形式应与设定的总体回归函数的函数形式一致。

如果样本回归函数为线性函数,可表示为

$$\hat{Y}_i = \hat{\alpha} + \hat{\beta} X_i \tag{7-8}$$

其中：$\hat{Y}_i$ 是与 X_i 相对应的 Y 的样本条件均值；

$\hat{\alpha}$ 和 $\hat{\beta}$ 分别是样本回归函数的参数。

因变量 Y 的实际观测值 Y_i 并不完全等于样本条件均值 $\hat{Y}_i$，二者之偏差称为残差项或剩余项，用 e_i 表示，则 $Y_i - \hat{Y}_i = e_i$ 或者

$$Y_i = \hat{\alpha} + \hat{\beta}X_i + e_i \tag{7-9}$$

由图 7-6 可以看出，样本回归函数与总体回归函数的关系是显而易见的。如果能够获得 $\hat{\alpha}$ 和 $\hat{\beta}$ 的数值，显然 $\hat{\alpha}$ 和 $\hat{\beta}$ 是对总体回归函数参数 α 和 β 的估计。$_i$ 是对总体条件期望 $E(Y|X_i)$ 的估计，残差 e_i 在概念上类似总体回归函数中的随机误差 u_i。但是必须明确样本回归函数与总体回归函数是有区别的。首先，总体回归函数虽然未知，但它是确定的；而由于从总体中每次抽样都能获得一个样本，就都可以拟合一条样本回归线，所以样本回归线却是随抽样的样本而变化的，可以有许多条。所以，样本回归线还不是总体回归线，至多只是未知总体回归线的近似表现。其次，总体回归函数的参数 α 和 β 是确定的常数；而样本回归函数的参数 $\hat{\alpha}$ 和 $\hat{\beta}$ 是随抽样而变化的随机变量。此外，总体回归函数中的 u_i 是不可直接观测的；而样本回归函数中的 e_i 是只要估计出样本回归的参数就可以计算的数值。

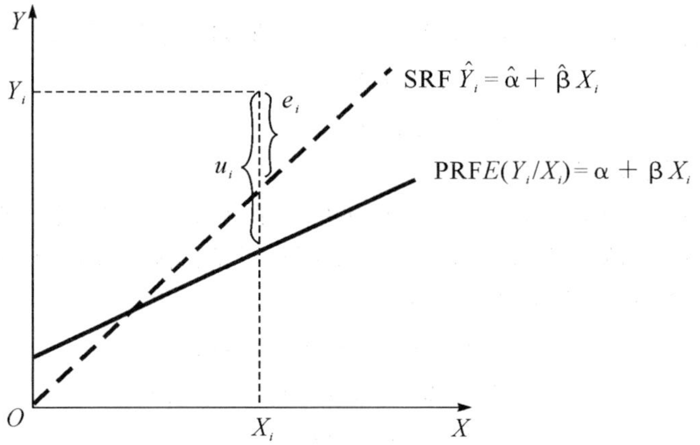

图 7-6　样本回归函数与总体回归函数的关系

回归分析的目的是要用样本回归函数去估计总体回归函数。由于样本对总体总是存在代表性误差，样本回归函数总会过高或过低估计总体回归函数。我们所面临的问题是，需要寻求一种规则和方法，使得到的样本回归函数的参数 $\hat{\alpha}$ 和 $\hat{\beta}$ 能够“尽可能地接近”总体回归函数中的参数 α 和 β。

§7.2.3　回归系数的普通最小二乘估计

回归分析要用样本数据去估计回归函数中的参数，而各种参数估计方法都是以一定假定为前提的。

(1) 一元线性回归的基本假定

总体回归函数中的随机扰动项 u_i 是无法通过直接观测获得的，为了进行回归分

析，需要对其性质做一些假定：

假定 1：零均值假定。在给定 X 的条件下，u_i 的条件期望为零。

$$E(u_i|X_i)=0 \tag{7-10}$$

假定 2：同方差假定。在给定 X 的条件下，u_i 的条件方差为某个常数 σ^2。

$$D(u_i|X_i)=E[u_i-E(u_i|X_i)]^2=E(u_i^2)=\sigma^2 \tag{7-11}$$

假定 3：无自相关假定。随机扰动项 u 的逐次值互不相关。

$$Cov(u_i,u_j)=E[u_i-E(u_i)][u_j-E(u_j)]=E(u_i,u_j)=0 \tag{7-12}$$

假定 4：随机扰动 u_i 与自变量 X_i 不相关。

$$Cov(u_i,X_i)=E[u_i-E(u_i)][X_i-E(X_i)]=0 \tag{7-13}$$

假定 5：正态性假定，即假定 u_i 服从均值为零、方差为 σ^2 的正态分布。

$$u_i \sim N(0,\sigma^2) \tag{7-14}$$

完全满足以上基本假定的线性回归模型，又称为古典线性回归模型。

（2）普通最小二乘法

对模型参数估计的方法有多种，对于满足基本假定的线性回归模型的估计，最简便最常用的是普通最小二乘法（简称 OLS）。

在一元线性回归中，对于样本回归函数和既定的样本观测值，用不同的估计方法可能得到不同的样本回归参数的估计值 $\hat{\alpha}$ 和 $\hat{\beta}$，用样本回归函数所估计的 $\hat{Y}_i$ 也可能不同。我们总是希望所估计的 $\hat{Y}_i$ 偏离实际观测值 Y_i 的残差 e_i 越小越好。可是因为 e_i 可正可负，残差直接的代数和会相互抵消，为此可以取残差平方和 $\sum e_i^2$ 作为衡量 $\hat{Y}_i$ 与 Y_i 偏离程度的标准，这就是所谓的最小二乘准则，即

$$\min(\sum e_i^2)=\min\sum(Y_i-\hat{Y}_i)^2=\min\sum(Y_i-\hat{\alpha}—\hat{\beta}X_i)^2$$

很明显，$\sum e_i^2$ 的大小依赖于 和 的取值，根据微积分中求极值的原理，为使 $\sum e_i^2$ 达到最小，待定系数 $\hat{\alpha}$ 和 $\hat{\beta}$ 应满足：

$$\frac{\partial(\sum e_i^2)}{\partial\hat{\alpha}}=-2\sum(Y_i\hat{\alpha}—\hat{\beta}X_i)=0$$

$$\frac{\partial(\sum e_i^2)}{\partial\hat{\beta}}=-2\sum(Y_i\hat{\alpha}—\hat{\beta}X_i)X_i=0$$

从而得如下方程组

$$\sum Y_i=n\hat{\alpha}+\hat{\beta}\sum X_i$$

$$\sum X_iY_i=\hat{\alpha}\sum X_i+\hat{\beta}\sum X_i^2$$

其中：n 为样本容量。

这个方程组称为最小二乘的正规方程，求解这一方程组得：

$$\hat{\beta}=\frac{n\sum X_iY_i-\sum X_i\sum Y_i}{n\sum X_i^2-(\sum X_i)^2} \tag{7-15}$$

$$\hat{\alpha}=\frac{\sum X_i^2\sum Y_i-\sum X_i\sum X_iY_i}{n\sum X_i^2-(\sum X_i)^2} \tag{7-16}$$

或

$$\hat{\alpha}=\bar{Y}—\hat{\beta}\bar{X} \tag{7-17}$$

其中：$\bar{X}$ 和 $\bar{Y}$ 分别为样本观测值 X_i 和 Y_i 的平均值。

【例 7-2】为了研究改革开放以来中国的财政收入与国内生产总值的关系，取得以下数据：

表 7-3　1978—2015 年中国财政收入与国内生产总值数据

年　份	财政收入 Y(亿元)	国内生产总值 X(亿元)
1978	1 132. 26	3 678. 7
1979	1 146. 38	4 100. 5
1980	1 159. 93	4 587. 6
1981	1 175. 79	4 935. 8
1982	1 212. 33	5 373. 4
1983	1 366. 95	6 020. 9
1984	1 642. 86	7 278. 5
1985	2 004. 82	9 098. 9
1986	2 122. 01	10 376. 2
1987	2 199. 35	12 174. 6
1988	2 357. 24	15 180. 4
1989	2 664. 9	17 179. 7
1990	2 937. 1	18 872. 9
1991	3 149. 48	22 005. 6
1992	3 483. 37	27 194. 5
1993	4 348. 95	35 673. 2
1994	5 218. 1	48 637. 5
1995	6 242. 2	61 339. 9
1996	7 407. 99	71 813. 6
1997	8 651. 14	79 715
1998	9 875. 95	85 195. 5
1999	11 444. 08	90 564. 4
2000	13 395. 23	100 280. 1
2001	16 386. 04	110 863. 1
2002	18 903. 64	121 717. 4
2003	21 715. 25	137 422
2004	26 396. 47	161 840. 2
2005	31 649. 29	187 318. 9

表7-3(续)

年　份	财政收入 Y(亿元)	国内生产总值 X(亿元)
2006	38 760. 2	219 438. 5
2007	51 321. 78	270 232. 3
2008	61 330. 35	319 515. 5
2009	68 518. 3	349 081. 4
2010	83 101. 51	413 030. 3
2011	103 874. 43	489 300. 6
2012	117 253. 52	540 367. 4
2013	129 209. 64	595 244. 4
2014	140 370. 03	643 974
2015	152 269. 23	689 052. 1

资料来源:《中国统计年鉴 2016》,中国统计出版社出版。

可以建立全国财政收入对国内生产总值的线性回归模型:

$$Y_t = \alpha + \beta X_t + u_t$$

其中: Y_t 为第 t 年的财政收入; X_t 为第 t 年的国内生产总值。

为了估计其参数,可以将 1978—2006 年的样本数据代入式 (7-15) 与(7-16)或(7-17) 中计算。也可以运用 Excel 直接做回归分析,方法是在工作表中输入样本数据,如在(A2:A30) 中输入“年份”,在(B2:B30) 中输入“Y” 的数据,在(C2:C30) 中输入“X” 的数据,在“工具” 菜单的“数据分析” 中选“回归”,点“确定” 打开对话框。在回归对话框的“Y 值输入区域” 输入“B2:B30”,在“X 值输入区域” 中输入“C2:C30”,在“输出区域” 中输入选定的单元格,如“E2”。完成以上输入后,点“确定”,得到的回归估计结果。由 Excel 得到的回归估计结果主要包括“回归统计”“方差分析” 和“回归系数估计” 等三个部分,具体见图 7-7。

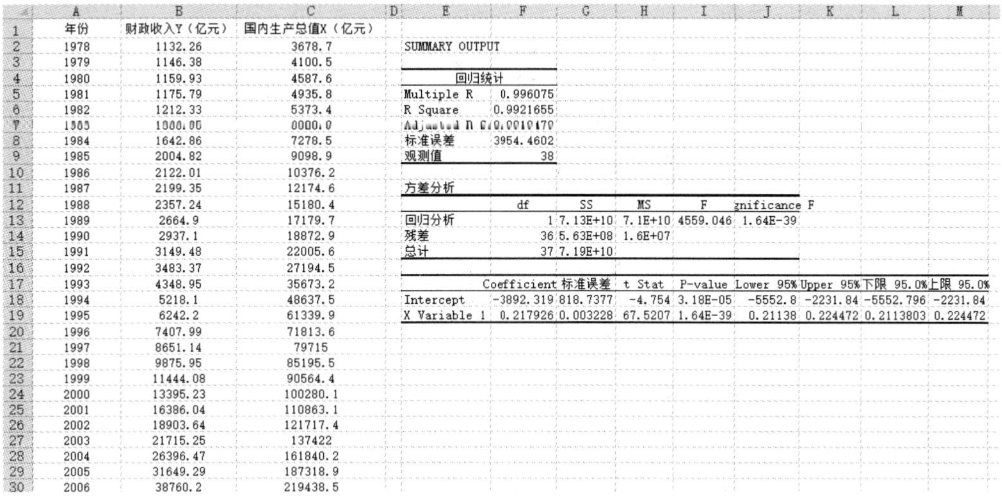

	A	B	C
1	年份	财政收入Y（亿元）	国内生产总值X（亿元）
2	1978	1132.26	3678.7
3	1979	1146.38	4100.5
4	1980	1159.93	4587.6
5	1981	1175.79	4935.8
6	1982	1212.33	5373.4
7	[illegible]	[illegible]	[illegible]
8	1984	1642.86	7278.5
9	1985	2004.82	9098.9
10	1986	2122.01	10376.2
11	1987	2199.35	12174.6
12	1988	2357.24	15180.4
13	1989	2664.9	17179.7
14	1990	2937.1	18872.9
15	1991	3149.48	22005.6
16	1992	3483.37	27194.5
17	1993	4348.95	35673.2
18	1994	5218.1	48637.5
19	1995	6242.2	61339.9
20	1996	7407.99	71813.6
21	1997	8651.14	79715
22	1998	9875.95	85195.5
23	1999	11444.08	90564.4
24	2000	13395.23	100280.1
25	2001	16386.04	110863.1
26	2002	18903.64	121717.4
27	2003	21715.25	137422
28	2004	26396.47	161840.2
29	2005	31649.29	187318.9
30	2006	38760.2	219438.5

SUMMARY OUTPUT

回归统计	
Multiple R	0.996075
R Square	0.9921655
Adjusted R Square	[illegible]
标准误差	3954.4602
观测值	38

方差分析

	df	SS	MS	F	gnificance F
回归分析	1	7.13E+10	7.1E+10	4559.046	1.64E-39
残差	36	5.63E+08	1.6E+07		
总计	37	7.19E+10			

	Coefficient	标准误差	t Stat	P-value	Lower 95%	Upper 95%	下限 95.0%	上限 95.0%
Intercept	-3892.319	818.7377	-4.754	3.18E-05	-5552.8	-2231.84	-5552.796	-2231.84
X Variable 1	0.217926	0.003228	67.5207	1.64E-39	0.21138	0.224472	0.2113803	0.224472

图 7-7　用 Excel 做回归分析

从输出的“回归系数估计”部分的“Coefficients”可以得到：估计的截距项 $\hat{\alpha}$（Intercept）为-749.371，估计的斜率系数 $\hat{\beta}$（X Variable）为 0.165 182，即估计出的样本回归函数（图 7-8）为：

$$\hat{Y}_t = -749.371 + 0.165\,182X_t$$

这说明中国的 GDP 每增加 1 亿元，平均说来财政收入将增加 0.165 182 亿元。

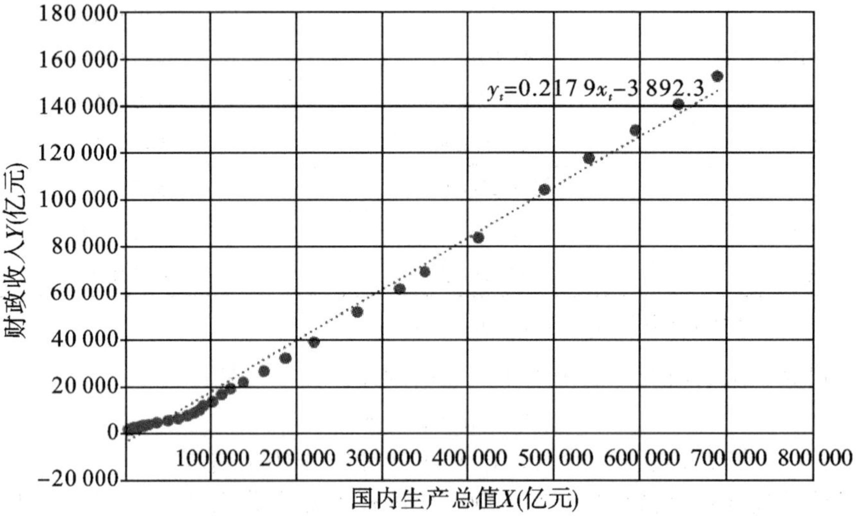

图 7-8　估计的样本回归函数

（3）最小二乘估计的性质

前面已经指出，简单线性回归模型的系数不能直接观测，只能通过样本观测值去估计，所得到的样本回归系数的估计量是随抽样而变动的随机变量。那么，像这样估计的回归系数是否可靠？是否仅仅为抽样的偶然结果呢？这还需要进行假设检验。对回归系数的假设检验，是建立在确定所估计样本回归系数的概率分布性质基础上的。

①$\hat{\alpha}$ 和 $\hat{\beta}$ 的分布性质。

因为
$$\hat{\beta} = \frac{n\sum X_iY_i - \sum X_i \sum Y_i}{n\sum X_i^2 - (\sum X_i)^2}$$
$$= \frac{\sum (X_i - \bar{X})(Y_i - \bar{Y})}{\sum (X_i - \bar{X})^2}$$
$$= \frac{\sum (X_i - \bar{X})Y_i}{\sum (X_i - \bar{X})^2}$$
$$= \sum \frac{(X_i - \bar{X})}{\sum (X_i - \bar{X})^2}Y_i$$

若令 $\frac{(X_i - \bar{X})}{\sum (X_i - \bar{X})^2} = k_i$，在重复抽样中，$X_i$ 取一组固定的值，k_i 是一组常数。且 k_i 具有

$\sum k_i = 0, \sum k_i X_i = 1$ 的性质。则有

$$\hat{\beta} = \sum k_i Y_i \tag{7-18}$$

而且 $$\hat{\alpha} = \bar{Y}—\bar{X}$$

由此可见,最小二乘估计 $\hat{\alpha}$ 和 $\hat{\beta}$ 都是 Y_i 的线性函数。由基本假定已知,u_i 是服从正态分布的,为此因变量的观测值 Y_i 也服从正态分布,显然 $\hat{\alpha}$ 和 $\hat{\beta}$ 也就都是服从正态分布的随机变量。

②$\hat{\alpha}$ 和 $\hat{\beta}$ 的期望。

由(7-18)式
$$\begin{aligned}\hat{\beta} &= \sum k_i Y_i \\ &= \sum k_i(\alpha + \beta X_i + u_i) \\ &= \alpha \sum k_i + \beta \sum k_i X_i + \sum k_i u_i \\ &= \beta + \sum k_i u_i \end{aligned} \tag{7-19}$$

则有
$$\begin{aligned}E(\hat{\beta}) &= E(\beta) + E(\sum k_i u_i) \\ &= \beta + \sum k_i E(u_i)\end{aligned} \tag{7-20}$$

由基本假定 $E(u_i) = 0$,所以

$$E(\hat{\beta}) = \beta \tag{7-21}$$

此外
$$\begin{aligned}E(\hat{\alpha}) &= E(\bar{Y}—\hat{\beta}\bar{X}) \\ &= E(\bar{Y}) - \bar{X}E(\hat{\beta}) \\ &= (\alpha + \beta\bar{X}) - \bar{X}\beta\end{aligned}$$

则有
$$E(\hat{\alpha}) = \alpha \tag{7-22}$$

这表明虽然估计的参数 $\hat{\alpha}$ 和 $\hat{\beta}$ 都是随机变量,但它们的期望值等于总体回归系数 α 和 β 的真实值,也就是说最小二乘估计是无偏估计。

③$\hat{\alpha}$ 和 $\hat{\beta}$ 的方差。

因为
$$\begin{aligned}D(\hat{\beta}) &= E[\hat{\beta} - E(\hat{\beta})]^2 \\ &= E(\hat{\beta} - \beta)^2\end{aligned}$$

由(7 19)式
$$\begin{aligned}D(\hat{\beta}) - E(\beta + \sum h_{0_i} u_i)^2 \\ &= E(\sum k_i u_i)^2 \\ &= \sum k_i^2 E(u_i^2) \\ &= \sigma^2 \sum k_i^2 \\ &= \frac{\sigma^2}{\sum (X_i - \bar{X})^2}\end{aligned}$$

这就证明了 $\hat{\beta}$ 的方差和标准误差为:

$$D(\hat{\beta}) = \frac{\sigma^2}{\sum (X_i - \bar{X})^2} \tag{7-23}$$

$$S_{\hat{\beta}} = \frac{\sigma}{\sqrt{\sum (X_i - \bar{X})^2}} \tag{7-24}$$

同理可证明 $\hat{\alpha}$ 的方差和标准误差为：

$$D(\hat{\alpha}) = \sigma^2 \frac{\sum X_i^2}{n\sum (X_i - \bar{X})^2} \tag{7-25}$$

$$S_{\hat{\alpha}} = \sigma \sqrt{\frac{\sum X_i^2}{n\sum (X_i - \bar{X})^2}} \tag{7-26}$$

所以 $\hat{\beta} \sim N(\beta, \frac{\sigma^2}{\sum (X_i - \bar{X})^2})$

$\hat{\alpha} \sim N(\alpha, \sigma^2 \frac{\sum X_i^2}{n\sum (X_i - \bar{X})^2})$

在基本假定成立的情况下，可以证明在所有的线性无偏估计中，回归系数的最小二乘估计的方差最小①。

设 β 的另一个线性无偏估计为 β^*，即：

$$\beta^* = \sum w_i Y_i$$

其中 $w_i \neq k_i$，$k_i = \frac{(X_i - \bar{X})}{\sum (X_i - \bar{X})^2}$

$$\begin{aligned} E(\beta^*) &= E(\sum w_i Y_i) \\ &= E[\sum w_i(\alpha + \beta X_i + u_i)] \\ &= \alpha \sum w_i + \beta \sum w_i X_i \end{aligned}$$

因为 β^* 也是 β 的无偏估计，即 $E(\beta^*) = \beta$，必然有：

$$\sum w_i = 0, \sum w_i X_i = 1$$

同时

$$\begin{aligned} D(\beta^*) &= D(\sum w_i Y_i) \\ &= \sum w_i^2 D(Y_i) \\ &= \sigma^2 \sum w_i^2 \qquad [\text{因为 } Var(Y_i) = \sigma^2] \\ &= \sigma^2 \sum (w_i - k_i + k_i)^2 \\ &= \sigma^2 \sum (w_i - k_i)^2 + \sigma^2 \sum k_i^2 + 2\sigma^2 \sum (w_i - k_i) k_i \\ &= \sigma^2 \sum (w_i - k_i)^2 + \sigma^2 \sum k_i^2 + 2\sigma^2 (\sum w_i k_i - \sum k_i^2) \end{aligned}$$

上式最后一项中

① 这里只证明 $D(\hat{\beta})$ 最小，$D(\hat{\alpha})$ 最小的证明可以类似得出。

$$\sum w_i k_i - \sum k_i^2 = \frac{\sum w_i(X_i - \bar{X})}{\sum (X_i - \bar{X})^2} - \frac{\sum (X_i - \bar{X})^2}{[\sum (X_i - \bar{X})^2]^2}$$

$$= \frac{\sum w_i(X_i - \bar{X})}{\sum (X_i - \bar{X})^2} - \frac{1}{\sum (X_i - \bar{X})^2}$$

$$= \frac{\sum w_i X_i - \bar{X}\sum w_i}{\sum (X_i - \bar{X})^2} - \frac{1}{\sum (X_i - \bar{X})^2}$$

$$= 0 \qquad (\text{因为} \sum w_i = 0, \sum w_i X_i = 1)$$

所以

$$D(\beta^*) = \sigma^2 \sum (w_i - k_i)^2 + \sigma^2 \frac{\sum (X_i - \bar{X})^2}{[\sum (X_i - \bar{X})^2]^2}$$

$$= \sigma^2 \sum (w_i - k_i)^2 + \frac{\sigma^2}{\sum (X_i - \bar{X})^2}$$

$$= \sigma^2 \sum (w_i - k_i)^2 + D(\hat{\beta})$$

而 $\sigma^2 \geqslant 0$，因为 $w_i \neq k_i$，则有 $(w_i - k_i)^2 \geqslant 0$，为此：

$$D(\beta^*) \geqslant D(\hat{\beta})$$

只有当 $w_i = k_i$ 时，$Var(\beta^*) = Var(\hat{\beta})$，由于 β^* 是任意设定的 β 的线性无偏估计式，这表明 β 的 OLS 估计式具有最小方差性。

所以，在基本假定成立的条件下，回归系数的最小二乘估计是最佳线性无偏估计，这一结论也称为高斯 — 马尔可夫定理。

(4) 方差 σ^2 的估计

由式 (7-18) 和 (7-20) 可以看出，$\hat{\alpha}$ 和 $\hat{\beta}$ 的方差除了样本观测值以外，都还涉及总体随机误差项 u_i 的方差 σ^2，由于 u_i 不能直接观测，显然 σ^2 也是未知的。但是可以证明①，在最小二乘估计的基础上，由 (7-27) 式可以得到 σ^2 的无偏估计：

$$\hat{\sigma}^2 = \frac{\sum e_i^2}{n - 2} \tag{7-27}$$

式(7-27) 中的 $n-2$ 是自由度，n 是样本观测值的个数，2 是一元线性回归中要估计的回归系数的个数。

§7.3　一元线性回归的显著性检验与回归预测

对回归模型的统计检验，包括拟合优度的度量、各个回归系数的显著性检验和对回归方程的总显著性检验。在一元线性回归中，由于只有一个自变量，对各回归系数的显著性检验与对回归方程的总显著性检验事实上是等价的，所以本节只讨论对回归

① 证明从略。

系数的显著性检验及利用回归模型做预测的方法。

§7.3.1　拟合优度的度量

样本回归直线是对样本数据的一种拟合，不同估计方法可拟合出不同的回归线，从散点图上看，样本回归直线与样本观测值总是一定程度上存在或正或负的偏离。我们对所估计出的样本回归线首先要考察对样本观测数据拟合的优劣程度，即对所谓的拟合优度进行度量。对样本回归拟合优度的度量是建立在对因变量总离差平方和分解的基础上的。

回顾已经估计的样本回归函数

$$Y_i = \hat{\alpha} + \hat{\beta} X_i + e_i = \hat{Y}_i + e_i$$

如果以平均值 $\bar{Y}$ 为基准，说明观测值 Y_i 和估计值$_i$ 对 $\bar{Y}$ 的偏离程度，上式可用离差表示为：

$$(Y_i - \bar{Y}) = (\hat{Y}_i - \bar{Y}) + e_i \tag{7-28}$$

(7-28)式中各变量的关系如图 7-9 所示：

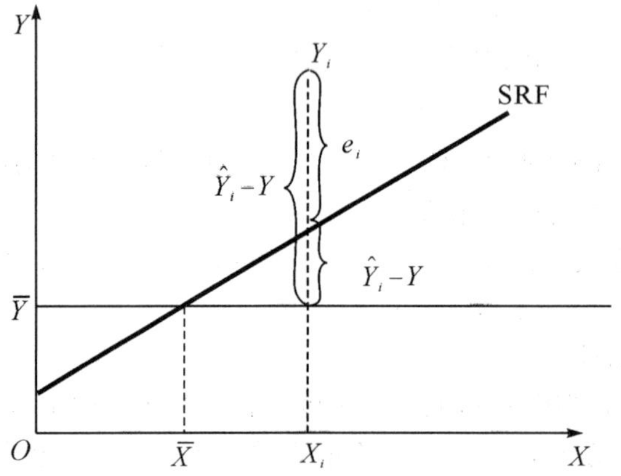

图 7-9　各变量的关系示意图

将式(7-28) 两边平方并对所有观测值加总，得到

$$\sum (Y_i - \bar{Y})^2 = \sum (\hat{Y}_i - \bar{Y})^2 + \sum (Y_i - \hat{Y}_i)^2 \tag{7-29}$$

其中：因变量 Y 的样本观测值与其平均值的离差平方和 $\sum (Y_i - Y)^2$，称为总离差平方和(SST)；因变量 Y 的样本估计值与其平均值的离差平方和 $\sum (\hat{Y}_i - Y)^2$，称为回归平方和(SSR)，是由回归线作出解释的离差平方和；因变量观测值与估计值之差的平方和 $\sum (Y_i - \hat{Y}_i)^2$，称为残差平方和(SSE)，是回归线未作解释的离差平方和。

将式 (7-29) 两边同除以 $SST = \sum (Y_i - Y)^2$，得：

$$1 = \frac{\sum (\hat{Y}_i - \bar{Y})^2}{\sum (Y_i - \bar{Y})^2} + \frac{\sum (Y_i - \hat{Y}_i)^2}{\sum (Y_i - \bar{Y})^2} \tag{7-30}$$

式中 $\sum (\hat{Y}_i - \bar{Y})^2 / \sum (Y_i - \bar{Y})^2$ 是由样本回归作出解释的离差平方和在总离差

平方和中占的比重；$\sum (Y_i - \hat{Y}_i)^2 / \sum (Y_i - \bar{Y})^2$ 是未由回归线作出解释的离差平方和在总离差平方和中占的比重。

显然，如果样本回归线对样本观测值拟合程度越好，各样本观测点与回归线靠得越近，由样本回归作出解释的离差平方和在总离差平方和中占的比重也将越大；反之拟合程度越差，这部分所占比重越小。所以 $\sum (\hat{Y}_i - \bar{Y})^2 / \sum (Y_i - \bar{Y})^2$ 可以作为综合度量回归模型对样本观测值拟合优度的指标，这一比例称为可决系数（或称判定系数），一般用 R^2 表示。

$$R^2 = \frac{\sum (\hat{Y}_i - \bar{Y})^2}{\sum (Y_i - \bar{Y})^2} \tag{7-31}$$

或

$$R^2 = 1 - \frac{\sum (Y_i - \hat{Y}_i)^2}{\sum (Y_i - \bar{Y})^2} \tag{7-32}$$

例如，中国的财政收入对国内生产总值的线性回归模型中，在图 7-7 Excel 回归的输出结果的“回归统计”部分可以看出，在估计参数的同时，已经计算出的可决系数（R Square）为 0. 966 021。

可决系数 R^2 有如下特点：

（1）可决系数是非负的统计量；

（2）可决系数取值范围：$0 \leq R^2 \leq 1$；

（3）可决系数是样本观测值的函数，它是随抽样而变动的随机变量；

（4）在一元线性回归中，可决系数在数值上是简单线性相关系数的平方：$R^2 = r^2$，因为容易证明可决系数 R^2 也可表示为

$$R^2 = \frac{\left[\sum (X_i - \bar{X})(Y_i - \bar{Y}) \right]^2}{\sum (X_i - \bar{X})^2 \sum (Y_i - \bar{Y})^2} \tag{7-33}$$

虽然可决系数在数值上等于简单线性相关系数的平方，但是应注意二者是有区别的。可决系数是就估计的回归模型而言，度量回归模型对样本观测值的拟合程度；相关系数是就两个变量而言，说明两个变量的线性依存程度。可决系数度量的是自变量与因变量不对称的因果关系；相关系数度量的是不考虑是否有因果关系的相关关系。可决系数有非负性，取值范围为 $0 \leq R^2 \leq 1$；相关系数可正可负，取值范围为 $-1 \leq r \leq 1$。

§7. 3. 2 回归系数显著性的 t 检验

对回归系数显著性检验的目的，是为了根据样本回归估计的结果对总体回归函数的回归系数的有关假设进行检验，以检验总体回归系数是否等于某特定的数值。对 α 和 β 的检验方法相同，但通常对检验 $\beta = \beta^*$ 是否成立更为关注。

以对 β 的检验为例，回归系数显著性检验的基本步骤如下：

（1）提出假设

对回归系数显著性检验的假设一般为：

$H_0: \beta = \beta^*$ $H_1: \beta \neq \beta^*$

式中的 H_0 表示原假设;H_1 表示备择假设;β^* 是假设的总体回归系数的真值,取某特定的值。在简单线性回归中,人们最关心的是自变量 X 对因变量 Y 是否有显著线性影响,因此在对回归系数做假设检验时经常取 $\beta^* = 0$。若不拒绝 $H_0: \beta = 0$ 的原假设,表明 X 对 Y 没有显著的线性影响;若拒绝 $H_0: \beta = 0$ 的原假设,表明 X 对 Y 存在显著的影响。

(2) 计算统计量

当 σ^2 未知,且样本容量较小时,只能用$^2 = \sum e_i^2/(n-2)$ 去代替 σ^2,此时可计算以下服从 t 分布的 t 统计量:

$$t^* = \frac{\hat{\beta} - \beta^*}{S(\hat{\beta})} \tag{7-34}$$

(3) 给定显著性水平 α,确定临界值

例如取 $\alpha = 0.05$ 或 $\alpha = 0.01$,查自由度 $n-2$ 时 t 分布表的临界值。注意这里的假设检验可以是双侧检验,也可以是单侧检验,二者临界值有所区别。例如对于 $H_0: \beta = \beta^*$ 和 $H_1: \beta \neq \beta^*$ 进行的是双侧检验,临界值为 $t^{\alpha/2}(n-2)$;又如,对于 $H_0: \beta \leqslant \beta^*$ 和 $H_1: \beta > \beta^*$ 进行的是单侧检验,临界值为 $t_\alpha(n-2)$。

(4) 检验结果判断

对于双侧检验,如果计算的 t 统计量的绝对值大于临界值,即 $|t^*| > t_{\alpha/2}(n-2)$,则拒绝原假设 $H_0: \beta = \beta*$,而不拒绝备择假设 $H_1: \beta \neq \beta^*$;反之,如果计算的 t 统计量的绝对值小于临界值,则不拒绝原假设 $H_0: \beta = \beta^*$。

对于单侧检验,如果计算的 t 统计量大于临界值,即 $t^* > t_\alpha(n-2)$,则拒绝原假设 $H_0: \beta \leqslant \beta^*$;反之,则不拒绝原假设。

例如,【例 7-2】中对于中国的财政收入对国内生产总值的线性回归模型的检验,可以建立原假设 $H_0: \alpha = 0$ 和 $H_0: \beta = 0$,根据样本估计结果分别计算 $\hat{\alpha}$ 和 $\hat{\beta}$ 的 t 统计量,对原假设 $H_0: \alpha = 0$ 和 $H_0: \beta = 0$ 进行 t 检验。此外,也可以由图 7-7 中 Excel 回归结果的"回归系数估计"部分直接得到 t 检验有关数据,其中估计的截距系数 $\hat{\alpha}$ 的 t 统计量为 $-1.538\ 1$,估计的 X 的系数 $\hat{\beta}$ 的 t 统计量为 27.705 82。若取显著性水平 $\alpha = 0.05$,查 t 分布表得 $t_{0.025}(29-2) = 2.051\ 8$,显然 $\hat{\alpha}$ 的 t 统计量小于 $t_{0.025}(29-2)$,表明应不拒绝 $H_0: \alpha = 0$①;$\hat{\beta}$ 的 t 统计量大于 $t_{0.025}(29-2)$,表明应拒绝 $H_0: \beta = 0$,即说明中国的国内生产总值 X 对财政收入 Y 有显著的影响。

对回归系数的假设检验是在给定的显著性水平下做出的,因此当给定的显著性水平不同时,对检验所得的结论很可能不同,甚至会得出相反的结论。例如,对于 $H_0: \beta = 0$,如果在 $n = 20$ 时由样本值计算的 t 统计量为 2.500 0,若显著性水平取 0.05,临界值为 $t_{\alpha/2}(n-2) = t_{0.025}(18) = 2.100\ 9$,应当拒绝 $H_0: \beta = 0$;但若显著性水平取 0.01,临界

① 在线性回归分析中,需要着重检验的是斜率系数的显著性,一般对截距项的显著性检验不那么关注。这里只是作为如何做 t 检验的示例。

值为 $t_{\alpha/2}(n-2)=t_{0.005}(18)=2.8784$，则不拒绝 $H_0:\beta=0$。由此可以看出，在原假设既定，t 统计量已确定的情况下，对参数假设检验的结论与显著性水平息息相关，那么就可以从显著性水平出发去判断检验结果。在既定原假设下计算出回归系数的 t 统计量 t^* 以后，由 t 分布的性质可求得统计量大于 t^* 的概率：

$$P(t \geqslant t^* \mid H_0)=\alpha^*$$

这里的 α^* 是 t 统计量大于 t^* 值的概率，即所估计的回归系数的 P 值。显然，我们所取的显著性水平 α（例如取 0.05）只要比 P 值 α^* 更大，就可在显著性水平 α 下拒绝 $H_0:\beta=0$。反之，所取的 α 还小于 P 值 α^*，就应在显著性水平 α 下不拒绝 $H_0:\beta=0$。这就是利用 P 值进行回归系数显著性检验的方法。在 Excel 及各种回归分析的软件中，在给出回归的结果时通常都会同时给出所估计参数的 P 值，这给判断参数显著性检验的结论带来很大方便。

例如，在图 7-7 中已经分别给出了参数 $\hat{\alpha}$ 和 $\hat{\beta}$ 的 P 值为"0.135 662"和"2.29$E-21$"，如果取显著性水平为 $\alpha=0.05$，显然 $\hat{\alpha}$ 的 P 值 0.135 662 大于 $\alpha=0.05$，不能拒绝 $H_0:\alpha=0$，而 $\hat{\beta}$ 的 P 值"2.29$E-21$"远小于 $\alpha=0.05$，可以拒绝 $H_0:\beta_2=0$。可见，利用 P 值检验的结果与 t 检验的结果是一致的。

§7.3.3　一元线性回归模型的预测

回归分析的目的之一是对因变量做合理的预测。如果所建立的回归方程通过了各项统计检验，并且在经济上也是有实际意义的，我们估计出参数的回归模型就可以用于对因变量的预测。预测的基本方法是将自变量预测期的数值 X_f 代入估计的模型计算出因变量的预测值 $\hat{Y}_f$：

$$\hat{Y}_f=\hat{\alpha}+\hat{\beta}X_f \tag{7-35}$$

由样本回归函数的意义不难理解，用式（7-35）计算的 $\hat{Y}_f$ 只是对 Y_f 的平均值做的点估计，$\hat{Y}_f$ 是由样本回归方程计算的，因为 $\hat{\alpha}$ 和 $\hat{\beta}$ 是随样本而变化的随机变量，$\hat{Y}_f$ 也是一个随机变量。对平均值的点预测值 $\hat{Y}_f$ 不一定等于因变量预测期的真实个别值 Y_f，我们还需要对 Y_f 可能的置信区间做出预测，也就是说要对 Y_f 进行区间预测。

已知：

$$E(e_f)=E(Y_f-\hat{Y}_f)=0$$

在一元回归时，

$$D(e_f)=E(Y_f-\hat{Y}_f)^2=\sigma^2\left[1+\frac{1}{n}+\frac{(X_f-\bar{X})^2}{\sum(X_i-\bar{X})^2}\right] \tag{7-36}$$ ①

当用$^2=\sum e_i^2/(n-2)$ 代替 σ^2 时，可以证明：

$$t=\frac{e_f-E(e_f)}{S_{e_f}}=\frac{Y_f-\hat{Y}_f}{S_{e_f}}\sim t(n-2)$$

给定显著性水平 α，查 t 分布表得自由度为 $n-2$ 的临界值 $t_{\alpha/2}(n-2)$ 或 $t_{\alpha/2}(n-k)$，则有：

---

① 证明从略。

$$P\{[\hat{Y}_f - t_{\alpha/2}S_{e_f}] \leqslant Y_f \leqslant [\hat{Y}_f + t_{\alpha/2}S_{e_f}]\} = 1 - \alpha \tag{7-37}$$

因此,一元回归时 Y_f 的置信度为 $1-\alpha$ 的预测区间为:

$$[\hat{Y}_f - t_{\alpha/2}\hat{\sigma}\sqrt{1+\frac{1}{n}+\frac{(X_f-\bar{X})^2}{\sum(X_i-\bar{X})^2}};\hat{Y}_f + t_{\alpha/2}\hat{\sigma}\sqrt{1+\frac{1}{n}+\frac{(X_f-X)^2}{\sum(X_i-\bar{X})^2}}] \tag{7-38}$$

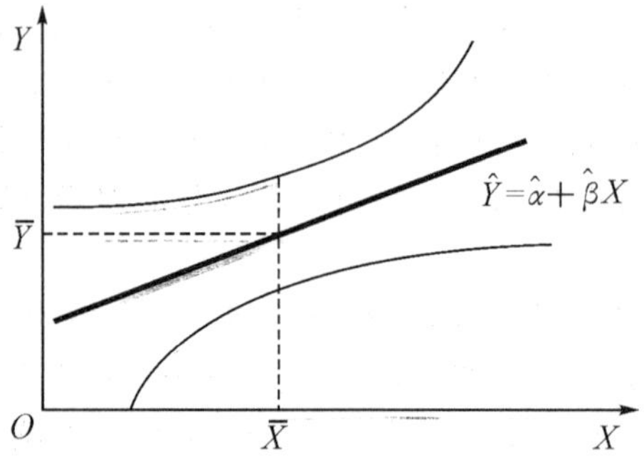

图 7-10　回归预测的置信区间

回归预测的置信区间如图 7-10 所示,对因变量 Y_f 的区间预测有如下特点:

(1) 对 Y_f 的预测区间不是常数,是随 X_f 的变化而变化,当 $X_f = X$ 时,$(X_f - X)^2 = 0$,此时预测区间最窄,X_f 越是远离 X,$(X_f - X)^2$ 越大,预测区间越宽。因此用回归模型做预测时,X_f 不宜离开 X 过远,否则预测精度会降低,甚至使预测失效。

(2) 预测区间与样本容量有关,样本容量 n 越大,$\sum(X_i - \bar{X})^2$ 越大,预测误差的方差越小,预测区间也越窄。当样本容量过小时,预测精度将较差。

例如对于【例 7-2】,如果已经通过其他方法预测出中国 2007 年的国内生产总值(*GDP*)将增长 12%,即可达到 237 225 亿元,利用建立的回归模型可以对 2007 年中国的财政收入做出预测。首先可以将 2007 年 *GDP* 的预测值代入估计的回归方程,得到财政收入的点预测值:

$\hat{Y}_t = -749.371 + 0.165\,182 \times 237\,225 = 38\,435.93$(亿元)

为了对财政收入做区间预测,根据(7-38)式,需要计算 $\bar{X}$ 和 $\sum(X_i - \bar{X})^2$。在 Excel 的工作表中,选择 $\bar{X}$ 的输出位置,如(*C*32),在"插入"菜单的"函数"中选"AVERAGE",在"函数参数"的"Number 1"中输入自变量 X 国内生产总值(*GDP*)的数据区域(*C*2:*C*30),点"确定",在(*C*32)位置即得到 $\bar{X}$ 的值 56 756.75。在 Excel 中可以由 X 的方差计算出 $\sum(X_i - \bar{X})^2$,方法是在存放 X 方差的单元格(如 *C*34)中输入"= *VAR*(*C*2:*C*30)",回车得 X 的方差 3 580 011 539,在存放 $\sum(X_i - \bar{X})^2$ 的单元格(如 *C*36)中输入"= *C*34 * (29 - 1)",回车得 $\sum(X_i - \bar{X})^2$ 的值 1.002 4*E* + 11。

取 $\alpha = 0.05$ 查表得 $t_{\alpha/2}(n-2) = t_{0.025}(29-2) = 2.051\,8$,并且由图 7-7 中回归结果的"回归统计"部分已得到"标准误差 = 1 887.616"。则可利用这些数据计算预测的置信区间的上下限,方法是在存放置信区间下限的单元格(如 *E*30)中输入"38 435.93 -

2.051 88 * 1 887.616 * SQRT(1 + (1/29) + (237 225 - 56 756.75)^2/1.002 4E + 11)",回车即得 25 000.17;在存放置信区间上限的单元格(E32)中输入"38 435.93 + 2.051 88 * 1 887.616 * SQRT(1 + (1/29) + (237 225 - 56 756.75)^2/1.002 4E + 11)",回车即得 51 871.69。这就是说当中国的 GDP 为 237 225 亿元时,财政收入的置信度 95% 的预测区间为(25 000.17 亿元,51 871.69 亿元)。

§7.4　多元线性回归分析

简单线性回归模型只是讨论因变量和一个自变量之间的线性关系。但是,由于社会经济现象的复杂性,一个经济变量可能会同多个经济变量相联系。例如,消费者对某种商品的需求量不仅受收入水平的影响,而且还取决于商品价格的高低;又如,影响一个国家货币需求量的不仅有经济总量,而且还有利率、物价水平等因素。因此,有必要运用多元相关分析与回归分析的方法。由于多个变量的相关系数是以多元回归为基础的,所以先讨论多元回归分析。

§7.4.1　多元线性回归模型及假定

(1) 多元线性回归模型

研究两个以上变量的线性相关关系称为多元线性相关分析;研究因变量与两个或两个以上自变量的线性关系,称为多元线性回归分析;表现多个变量的线性关系的数学公式,称为多元线性回归模型。例如,某种商品的需求量 Q,它可能与商品价格 P、居民的收入 R 都有关系,如果它们的关系是线性的,则可表示为:

$$Q = a + bP + cR + u$$

其中 a、b、c 为参数,u 为随机误差项。

如果总体回归函数描述了一个因变量与多个自变量之间的线性关系,由此而设定的总体回归函数就是多元线性回归模型。

包含因变量 Y 与 $k-1$ 个自变量 $X_2, X_3, \cdots, X_k$ 的多元总体线性回归函数的一般形式为:

$$Y_i = \beta_1 + \beta_2 X_{2i} + \beta_3 X_{3i} + \cdots + \beta_k X_{ki} + u_i \qquad (7-39)$$

其中 $k-1$ 为解释变量的个数;$(Y_i, X_{2i}, X_{3i}, \cdots, X_{ki})$ 为第 i 次观测样本;$\beta_j (j = 0, 1, 2, \cdots, k)$ 为模型参数;u_i 为随机扰动项。

多元总体线性回归函数的条件均值形式为:

$$E(Y_i | X_{2i}, X_{3i}, \cdots, X_{ki}) = \beta_1 + \beta_2 X_{2i} + \beta_3 X_{3i} + \cdots + \beta_k X_{ki} \qquad (7-40)$$

对于 Y_i 和 X_{2i}、$X_{3i} \cdots X_{ki}$ 的观测值,不能用二维平面坐标的散布图来表现,只能用"超平面"上的点描绘它们的关系。由于存在随机扰动,这些点并不恰好在一个平面上。

多元线性回归模型与简单线性回归模型基本类似,只不过自变量由一个增加到两个以上。由于多个解释变量会同时对因变量 Y 的变动发挥作用,因此,如果要考察其

中某个解释变量对 Y 的影响，就必须使其他解释变量保持不变。多元线性回归模型中，回归系数 $\beta_j(j = 1,2,\cdots,k)$ 表示当控制其他自变量不变的条件下，第 j 个自变量的单位变动对因变量的影响，这些系数称为偏回归系数。

在总体线性回归函数中，各个回归系数是未知的，只能利用样本观测值对其进行估计。如果将因变量的样本条件均值表示为各个自变量的线性函数，就得到多元线性样本回归函数：

$$\hat{Y}_i = \hat{\beta}_1 + \hat{\beta}_2 X_{2i} + \hat{\beta}_3 X_{3i} + \cdots + \hat{\beta}_k X_{ki} \tag{7-41}$$

其中 $\hat{\beta}_j(j = 1,2,\cdots,k)$ 是对总体回归参数 β_j 的估计。

多元回归中，由样本回归函数得到的应变量估计值 $\hat{Y}_i$ 与实际观测值 Y_i 之间通常存在偏差，即残差 e_i。多元线性样本回归函数也可表示为：

$$Y_i = \hat{Y}_i + e_i$$

或
$$Y_i = \hat{\beta}_1 + \hat{\beta}_2 X_{2i} + \hat{\beta}_3 X_{3i} + \cdots + \hat{\beta}_k X_{ki} + e_i \qquad i = 1,2,\cdots,n \tag{7-42}$$

(2) 多元线性回归模型的矩阵表示

对于有 k 个自变量、n 个观测样本的多元线性回归模型可以表示为如下线性方程组：

$$\begin{aligned} Y_1 &= \beta_1 + \beta_2 X_{21} + \beta_3 X_{31} + \cdots + \beta_k X_{k1} + u_1 \\ Y_2 &= \beta_1 + \beta_2 X_{22} + \beta_3 X_{32} + \cdots + \beta_k X_{k2} + u_2 \\ &\cdots \\ Y_n &= \beta_1 + \beta_2 X_{2n} + \beta_3 X_{3n} + \cdots + \beta_k X_{kn} + u_n \end{aligned} \tag{7-43}$$

将方程组写成矩阵形式：

$$\begin{bmatrix} Y_1 \\ Y_2 \\ \vdots \\ Y_n \end{bmatrix} = \begin{bmatrix} 1 & X_{21} & X_{31} & \cdots & X_{k1} \\ 1 & X_{22} & X_{32} & \cdots & X_{k2} \\ \vdots & \vdots & \vdots & \vdots & \vdots \\ 1 & X_{2n} & X_{3n} & \cdots & X_{kn} \end{bmatrix} \begin{bmatrix} \beta_1 \\ \beta_2 \\ \vdots \\ \beta_k \end{bmatrix} + \begin{bmatrix} u_1 \\ u_2 \\ \vdots \\ u_n \end{bmatrix}$$

记

$$Y = \begin{bmatrix} Y_1 \\ Y_2 \\ \vdots \\ Y_n \end{bmatrix} \qquad X = \begin{bmatrix} 1 & X_{21} & X_{31} & \cdots & X_{k1} \\ 1 & X_{22} & X_{32} & \cdots & X_{k2} \\ \vdots & \vdots & \vdots & \vdots & \vdots \\ 1 & X_{2n} & X_{3n} & \cdots & X_{kn} \end{bmatrix}$$

$$\beta = \begin{bmatrix} \beta_1 \\ \beta_2 \\ \vdots \\ \beta_k \end{bmatrix} \qquad U = \begin{bmatrix} u_1 \\ u_2 \\ \vdots \\ u_n \end{bmatrix}$$

则多元总体线性回归模型可用矩阵表示为：

$$Y = X\beta + U \tag{7-44}$$

类似地，多元线性样本回归函数可用矩阵表示为：

$$Y = X\hat{\beta} + e \tag{7-45}$$

其中,

$$\hat{\beta} = \begin{bmatrix} \hat{\beta}_1 \\ \hat{\beta}_2 \\ \vdots \\ \hat{\beta}_k \end{bmatrix} \qquad e = \begin{bmatrix} e_1 \\ e_2 \\ \vdots \\ e_n \end{bmatrix}$$

$\hat{\beta}$、e 分别为回归系数估计值的向量和残差的向量。

(3) 多元回归模型的假定

在多元回归分析中,为了有效地估计模型中的参数及对模型进行统计检验,也需要对模型做一些假定。对多元线性回归模型的假定条件,除了简单线性回归中的零均值、同方差、无自相关、随机扰动项与自变量不相关,以及正态性假定以外,还要增加各自变量之间不存在较强的线性关系的假定。

§7.4.2　多元线性回归模型的估计

(1) 参数的最小二乘估计

与简单线性回归模型的估计方法一样,可以用残差平方和最小准则即最小二乘法去估计模型的回归参数。

由 (7-42) 式,残差为

$$e_i = Y_i - (\hat{\beta}_1 + \hat{\beta}_2 X_{2i} + \hat{\beta}_3 X_{3i} + \cdots + \hat{\beta}_k X_{ki}) \qquad i = 1,2,\cdots,n \qquad (7-46)$$

得到残差平方和

$$\sum e_i^2 = \sum [Y_i - (\hat{\beta}_1 + \hat{\beta}_2 X_{2i} + \hat{\beta}_3 X_{3i} + \cdots + \hat{\beta}_k X_{ki})]^2$$

要使其最小,其充分必要条件是

$$\frac{\partial(\sum e_i^2)}{\partial \beta_j} = 0 \qquad j = 1,2,\cdots,k$$

即:

$$-2\sum [Y_i - (\hat{\beta}_1 + \hat{\beta}_2 X_{2i} + \hat{\beta}_3 X_{3i} + \cdots + \hat{\beta}_k X_{ki})] = 0$$

$$-2\sum X_{2i}[Y_i - (\hat{\beta}_1 + \hat{\beta}_2 X_{2i} + \hat{\beta}_3 X_{3i} + \cdots + \hat{\beta}_k X_{ki})] = 0$$

…

$$-2\sum X_{ki}[Y_i - (\hat{\beta}_1 + \hat{\beta}_2 X_{2i} + \hat{\beta}_3 X_{3i} + \cdots + \hat{\beta}_k X_{ki})] = 0$$

整理后的正规方程组表示为:

$$n\hat{\beta}_1 + \hat{\beta}_2 \sum X_{2i} + \cdots + \hat{\beta}_k \sum X_{ki} = \sum Y_i$$

$$\hat{\beta}_1 \sum X_{2i} + \hat{\beta}_2 \sum X_{2i}^2 + \cdots + \hat{\beta}_k \sum X_{2i} X_{ki} = \sum X_{2i} Y_i \qquad (7-47)$$

…

$$\hat{\beta}_1 \sum X_{ki} + \hat{\beta}_2 \sum X^{2i} X_{ki} + \cdots + \hat{\beta}_k \sum X_{ki}^2 = \sum X_{ki} Y_i$$

由样本观测值求解正规方程组,即可得到多元线性回归的系数估计值。

正规方程组可简记为矩阵形式

$$(X'X) = X'Y \tag{7-48}$$

由古典假定条件知，$(X'X)^{-1}$存在，用$(X'X)^{-1}$左乘上述方程两端，得参数向量β的最小二乘估计为

$$\hat{\beta} = (X'X)^{-1}X'Y \tag{7-49}$$

用手工计算多元线性回归系数十分烦琐，但利用 Excel 进行多元回归就十分方便。

【例 7-3】为了分析全国各地区财政收入的差异及其原因，经分析认为地区财政收入与经济发展水平（用国内生产总值GDP表示）、产业结构（用第一产业就业人员所占比重代表）存在关系，选取 20 ×× 年各省、市、自治区财政收入（Y）、国内生产总值（GDP）、第一产业就业人员比重（X）作样本数据进行回归分析，见表 7-4 所示。

表 7-4　20××年各省市区财政收入、地区生产总值及第一产业就业比重

序号	地区	财政收入 Y（亿元）	地区生产总值 GDP（亿元）	第一产业就业比重 X（%）
1	北京	4 723.86	23 014.59	4.2
2	天津	2 667.11	16 538.19	7.4
3	河北	2 649.18	29 806.11	32.95
4	山西	1 642.35	12 766.49	8.76
5	内蒙古	1 964.48	17 831.51	39.1
6	辽宁	2 127.39	28 669.02	28.6
7	吉林	1 229.35	14 063.13	35.4
8	黑龙江	1 165.88	15 083.67	37.5
9	上海	5 519.5	25 123.45	3.38
10	江苏	8 028.59	70 116.38	18.4
11	浙江	4 809.94	42 886.49	13.2
12	安徽	2 454.3	22 005.63	32.1
13	福建	2 544.24	25 979.82	22.3
14	江西	2 165.74	16 723.78	30
15	山东	5 529.33	63 002.33	29.6
16	河南	3 016.05	37 002.33	39
17	湖北	3 005.53	29 550.19	38.38
18	湖南	2 515.43	28 902.21	40.7
19	广东	9 366.78	72 812.55	22.1
20	广西	1 515.16	16 803.12	50.6
21	海南	627.7	3 702.76	41.36
22	重庆	2 154.83	15 717.27	30.8
23	四川	3 355.44	30 053.1	38.6
24	贵州	1 503.38	10 502.56	59.67
25	云南	1 808.15	13 619.17	53.6

表7-4(续)

序号	地区	财政收入 Y(亿元)	地区生产总值 GDP(亿元)	第一产业就业比重 X(%)
26	西藏	137.13	1 026.39	41.2
27	陕西	2 059.95	18 021.86	38.1
28	甘肃	743.86	6 790.32	57.06
29	青海	267.13	2 417.05	35.8
30	宁夏	373.45	2 911.77	44.2
31	新疆	1 330.85	9 324.8	44.08

资料来源:《中国统计年鉴 2016》,中国统计出版社出版;中国财政年鉴 2016,中国财政杂志社出版;各省 2016 年统计年鉴。

利用 Excel 做多元回归的估计和检验的步骤如下:

输入数据:在 Excel 工作表中选定区域(在本例中为 C3:C33)输入因变量"财政收入 Y"的数据;在选定的区域(如 D3:D33)输入第一个自变量"地区生产总值 GDP"的数据;在选定区域(如 E3:E33)输入第二个自变量"第一产业就业人员比重 X"的数据。

估计参数:在"工具"菜单的"数据分析"中选"回归",点确定打开对话框。在回归对话框的"Y 值输入区域"输入"C3:C33",在"X 值输入区域"中输入"D3:E33",在"输出区域"中输入选定的单元格,如"G1"。完成以上输入后,点"确定",得到的回归估计结果见图 7-11。

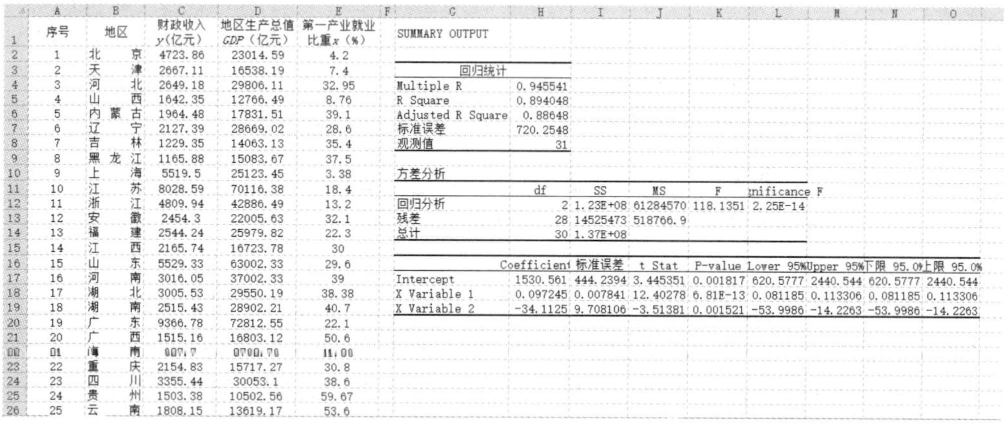

图 7-11　利用 Excel 做多元回归的估计和检验的示意图

因此所得回归结果为:　　$Y_i = 369.4911 + 0.066419GDP_i - 21.1159X_i$

这说明各省、市、自治区的财政收入与 GDP 水平和产业结构有关,相对来说 GDP 每多 1 亿元,财政收入平均说来将多收 0.066 4 亿元,而第一产业就业人员所占比重每多一个百分点,财政收入平均将少 21.115 9 亿元。

(2) 参数最小二乘估计的性质

从(7-49)式可以看出,参数的最小二乘估计是样本观测值的函数,因此,参数估计量是随样本而变化的随机变量,当我们将具体的样本观测值代入时,就可得到参数的估计值。

类似于简单线性回归，在模型古典假定成立的情况下，可以证明多元线性回归模型参数的最小二乘估计也是因变量观测值 Y_i 的线性组合，并具有无偏性与最小方差性。因此多元线性回归的最小二乘估计也是最佳线性无偏估计①。

(3) 随机误差项方差 σ^2 的估计

多元回归中，在计算估计的回归系数的方差和对模型做假设检验时，都要涉及随机误差项的方差 σ^2。然而，随机扰动项的方差 σ^2 是未知的，也需要对利用样本回归的残差平方和去估计。

多元回归中可以证明：

$$\hat{\sigma}^2 = \frac{\sum e_i^2}{n - k} \tag{7-50}$$

而且 $\hat{\sigma}^2$ 是随机扰动项方差 σ^2 的无偏估计②。

在用 *Excel* 做多元回归分析的输出结果中，已直接给出了用（7-50）式计算的 $\hat{\sigma}^2$ 数值。例如，从图 7 - 11 输出结果的"方差分析" 部分，可得"残差" 的"*MS*" 值为 29 523.65，这就是计算的 $\hat{\sigma}^2$。

§7.4.3　多元线性回归模型的检验

(1) 多元线性回归的拟合优度

在简单线性回归模型中，我们用可决系数 r^2 来衡量估计模型对观测值的拟合程度。在多元线性回归模型中，为了说明估计的模型对观测值的拟合程度，也可以考察在 Y 的总离差平方和中由各个自变量所解释的那部分占的比重，即回归平方和与总平方和的比值，这一比值称为多重可决系数，用 R^2 表示。

类似于简单回归模型，多元线性回归有如下离差平方和分解式

变差　$$\sum (Y_i - \bar{Y})^2 = \sum (Y_i - \hat{Y}_i)^2 + \sum (\hat{Y}_i - \bar{Y})^2 \tag{7-51}$$

(SST) = (SSE) + (*SSR*)

自由度　$n - 1 = n - k + k - 1$

其中，总体平方和 SST 反映了因变量观测值总离差的大小；回归平方和 *SSR* 反映了因变量回归估计值说明的总离差的大小，它是因变量观测值总离差中由自变量解释的那部分离差；残差平方和 SSE 反映了因变量观测值与估计值之间的总离差，是因变量观测值总离差中未被自变量解释的那部分。显然，回归平方和 *SSR* 越大，残差平方和 SSE 就越小，从而因变量观测值总离差平方和中能由自变量解释的那部分就越大，模型对观测数据的拟合程度就越高。因此我们定义多重可决系数为：

$$R^2 = \frac{\sum (\hat{Y}_i - \bar{Y})^2}{\sum (Y_i - \bar{Y})^2} \tag{7-52}$$

或者表示为：

① 证明从略。
② 证明从略。

$$R^2 = \frac{\sum (Y_i - \bar{Y})^2 - \sum (Y_i - \hat{Y}_i)^2}{\sum (Y_i - \bar{Y})^2} = 1 - \frac{\sum (Y_i - \hat{Y}_i)^2}{\sum (Y_i - \bar{Y})^2} = 1 - \frac{\sum e_i^2}{\sum (Y_i - \bar{Y})^2} \tag{7-53}$$

多重可决系数是介于0和1之间的一个数，R^2 越接近1，模型对数据的拟合程度就越好。

由于在样本容量一定的条件下，总离差平方和与自变量的个数无关，而残差平方和会随着模型中自变量个数的增加而减少，至少不会增加。也就是说，随着模型中自变量的增加，多重可决系数 R^2 是自变量个数的不减函数。多元线性回归模型中，在比较因变量相同而自变量个数不同的模型的拟合程度时，不能简单地对比多重可决系数。在样本容量一定的情况下，增加自变量必定使得待估参数的个数增加，从而损失自由度；而且在实际应用中，有时所增加的自变量并非必要。为此，人们用自由度去修正多重可决系数 R^2 中的残差平方和与回归平方和，引入了修正的可决系数 $\bar{R}^2$，其计算公式为：

$$\bar{R}^2 = 1 - \frac{\sum e_i^2/(n-k)}{\sum (Y_i - \bar{Y})^2/(n-1)} = 1 - \frac{n-1}{n-k} \frac{\sum e_i^2}{\sum (Y_i - \bar{Y})^2} \tag{7-54}$$

修正的可决系数与未经修正的多重可决系数之间有如下关系：

$$\bar{R}^2 = 1 - (1 - R^2) \frac{n-1}{n-k} \tag{7-55}$$

由此式可以看出，当 $k > 0$ 时，$\bar{R}^2 < R^2$，这意味着随着自变量的增加，$\bar{R}^2$ 可能将越来越小于 R^2。

在实际应用中，我们希望所建模型回归结果的 R^2 或 $\bar{R}^2$ 越大越好。但应注意，可决系数只是对模型拟合优度的度量，R^2 和 $\bar{R}^2$ 越大，只是说明列入模型中的自变量对因变量的联合影响程度越大，并非说明模型中各个自变量对因变量的影响程度都大。在回归分析中，不仅要求模型的拟合程度高，而且还要求得到总体回归系数的可靠估计量。

当用 Excel 做回归分析时，多重可决系数和修正的可决系数的计算结果是直接给出的。例如，用 GDP 和第一产业就业人员比重去解释各地区财政收入的差异的分析中，在用 Excel 做回归分析的同时，回归的输出结果中的“回归统计”部分就已经列出了多重可决系数和修正的可决系数，例如图 7-11 中的输出结果可直接看出 $R^2 = 0.900\,652$，$\bar{R}^2 = 0.893\,556$。

(2) 回归参数的显著性检验（t - 检验）

多元回归分析中对各个回归系数的检验，目的在于检验当其他自变量不变时，该回归系数对应的自变量是否对因变量有显著影响。检验方法与简单线性回归的检验基本相同。

在多元回归中 $E(\hat{\beta}_j) = \beta_j$，由于对 u_i 的正态性假定，回归系数的估计量服从正态分布，可以证明①：

① 证明从略。

$$D(\hat{\beta}_j) = \sigma^2 c_{jj} \tag{7-56}$$

其中:c_{jj} 是矩阵$(\boldsymbol{X'X})^{-1}$第j行第j列的元素。

即
$$\hat{\beta}_j \sim N[\beta_j, D(\hat{\beta}_j)] \tag{7-57}$$

因为σ^2未知,故$D(\hat{\beta}_j)$也未知。用$\hat{\sigma^2}$代替σ^2,可构造统计量

$$t = \frac{\hat{\beta}_j - \beta_j}{\hat{\sigma}\sqrt{C_{jj}}} \sim t(n-k) \tag{7-58}$$

可以证明,这时该统计量服从自由度为$n-k$的t分布。

用t统计量进行回归参数显著性检验的具体过程如下:

① 提出检验假设:

$H_0: \beta_j = 0 \qquad (j = 1, 2, \cdots, k)$

$H_1: \beta_j \neq 0 \qquad (j = 1, 2, \cdots, k)$

② 计算t统计量:

在H_0成立的条件下,根据样本观测值和参数估计值计算t统计量

$$t = \frac{\hat{\beta}_j - 0}{\hat{\sigma}\sqrt{C_{jj}}} = \frac{\hat{\beta}_j}{\hat{\sigma}\sqrt{C_{jj}}} \tag{7-59}$$

③ 检验:

给定显著性水平α,查自由度为$n-k$的t分布表,得临界值$t_{\alpha/2}(n-k)$。

若$|t| \geqslant t_{\alpha/2}(n-k)$,就拒绝$H_0$,不拒绝$H_1$;说明在其他自变量不变的情况下,自变量$X_j$对因变量$Y$的影响是显著的。

若$|t| < t_{\alpha/2}(n-k)$,就不拒绝H_0;说明在其他自变量不变的情况下,自变量X_j对因变量Y的影响不显著。

在用Execl做回归分析时,所估计参数对应的t统计量是在“回归系数估计” 部分同时给出的,例如从图7-11可以看出,与“GDP” 的参数对应的t统计量为12.337 37,与“第一产业就业人员比重” 的参数对应的t统计量为$-3.960\,7$。取$\alpha = 0.05$查t分布表可得$t_{\alpha/2}(n-k) = t_{0.025}(31-3) = 2.048$,与计算的$t$统计量对比可知,两个自变量的参数所对应的$t$统计量的绝对值都大于临界值2.048,这说明GDP和第一产业就业人员比重分别对各地区财政收入的差异都有显著影响,也就是说各地区的财政收入分别与经济发展水平和产业结构有显著的关系。

在多元线性回归参数的显著性检验中,也可以利用P值做检验,由图7-11中“回归系数估计” 部分可看出,相对于GDP参数的P值为“$7.72E-13$”,相对于“第一产业就业人员比重” 参数的P值为0.000 467,无论取$\alpha = 0.05$或$\alpha = 0.01$,两个自变量的参数对应的P值都远小于α值,说明两个自变量对地区财政收入的影响都是显著的,这与t检验的结论相同。

(3) 回归方程的显著性检验(F-检验)

虽然t检验对单个回归系数是否显著进行了推断,由于多元线性回归模型包含了多个自变量,它们联合起来同因变量之间是否存在显著的线性关系还需要进一步做出判断,即应当对回归系数进行整体检验。该检验是在方差分析的基础上利用F检验进

行的。所检验的假设为

$H_0:\beta_1=\beta_2=\cdots=\beta_k=0$

$H_1:\beta_j(j=1,2,\cdots,k)$ 不全为零

如前所述,因变量 Y 观测值的离差平方和等于回归平方和与残差平方和的加总。为便于比较分析,如果将自由度考虑进去,将离差平方和转换为样本方差,可形成如表 7-5 的方差分析表:

表 7-5　方差分析表

离差来源	平方和	自由度	方差
源于回归	$\sum(\hat{Y}_i-\bar{Y})^2$	$k-1$	$\sum(\hat{Y}_i-\bar{Y})^2/(n-1)$
源于残差	$\sum(Y_i-\hat{Y}_i)^2$	$n-k$	$\sum(Y_i-\hat{Y}_i)^2/(n-k)$
总平方和	$\sum(Y_i-\bar{Y})^2$	$n-1$	$\sum(Y_i-\bar{Y})^2/(n-1)$

可以证明,在 H_0 成立的条件下,统计量 F 服从自由度为 $k-1$ 和 $n-k$ 的 F 分布, 即

$$F=\frac{\sum(\hat{Y}_i-\bar{Y})^2/(n-1)}{\sum(Y_i-\bar{Y}_i)^2/(n-k)}\sim F(k-1,n-k) \tag{7-60}$$

给定显著性水平 α,在 F 分布表中查出自由度为 $k-1$ 和 $n-k$ 的临界值 $F_\alpha(k-1,n-k)$,将样本观测值代入 (7-60) 式计算 F 值,然后将 F 值与临界值 $F_\alpha(k-1,n-k)$ 比较。若 $F>F_\alpha(k-1,n-k)$,则拒绝原假设 $H_0:\beta_1=\beta_2=\cdots=\beta_k=0$,说明回归方程中所有自变量联合起来对因变量有显著影响;若 $F<F_\alpha(k-1,n-k)$,则不拒绝原假设 H_0,说明回归方程中所有自变量联合起来对因变量影响不显著,所建回归模型没有意义。

在利用 Excel 做多元回归时,方差分析的有关数据和计算的 F 统计量是随回归结果同时给出的。例如, 图 7-11 输出的 Excel 回归结果的“方差分析” 部分列出了:“回归平方和” 为 7 494 229,自由度(df) 为 2, 方差(Excel 中用 MS 表示) 为 3 747 115;“残差平方和” 为 826 662. 3,自由度(df) 为 28, 方差为 29 523. 65;计算的 F 统计量为 126. 919 1。取 $\alpha=0.05$,查 F 分布表得自由度为 $k-1$ 和 $n-k$ 的临界值 $F_{0.05}(3-1,31-3)=3.34$,显然在本例中 F 统计量远大于临界值,说明 GDP 和“第一产业就业人员比重” 联合起来对地区财政收入有显著影响。

需要指出的是,在一元线性回归中,由于解释变量只有一个,也就用不着进行 F 检验。

事实上,在一元回归情形下容易证明 $F=t^2$,F 检验与 t 检验是等价的。

本章小结

1. 各种变量相互之间的依存关系有两种不同的类型:一种是确定性的函数关系,

另一类是不确定性的统计关系，也称为相关关系。变量之间的相关关系可用坐标图，又称散点图来描述。相关分析的目的是分析变量间是否存在相关关系，并计量相关关系的程度。

2. 变量之间的相关关系从变量的数量看，可分为简单相关关系和多重相关或复相关关系；从表现形式可分为线性相关和非线性相关；从相关关系变化的方向分为正相关和负相关；从相关的程度分为完全相关、不完全相关和不相关。

3. 变量间的相关关系的程度可用相关系数去度量。简单线性相关系数分为总体的简单线性相关系数和样本的简单线性相关系数。样本相关系数是随抽样而变动的随机变量，其显著性需要加以检验。对变量的秩次也可以用等级相关系数表现其相关性。

4. 现代意义的回归是关于一个变量对另一个或另外多个变量依存关系的研究，其目的是要根据已知的或固定的自变量的数值，去估计因变量的总体平均值。回归函数分为总体回归函数和样本回归函数。回归分析的目的是要用样本回归函数去估计总体回归函数。

5. 线性回归模型在各项基本假定满足的条件下，用普通最小二乘法去估计的参数是总体回归系数的最佳线性无偏估计。

6. 样本回归系数的估计量是随抽样而变动的随机变量。对样本进行回归得到的回归系数需要进行统计检验。估计出的样本回归结果对样本实际观测数据拟合的优劣程度，可用对因变量总离差平方和分解的基础上计算的可决系数或修正的可决系数去度量。

7. 回归系数的显著性检验可用 t 检验。整个回归方程的显著性检验，需要在方差分析的基础上做 F 检验：

8. 利用估计的线性回归模型可以对因变量做点预测，也可以做区间预测。

9. 相关分析和回归分析的实际计算和图形的描绘可以应用 Excel 去实现。

思考题与练习题

1. 相关分析与回归分析的区别和联系是什么?

2. 简单线性相关系数与等级相关系数的区别是什么?

3. 什么是总体回归函数和样本回归函数，它们之间的区别是什么?

4. 随机误差项和残差，它们之间的区别是什么?

5. 为什么在对参数进行最小二乘估计之前，要对模型提出一些基本的假定?

6. 总体方差与参数估计方差的区别是什么?

7. 据世界卫生组织统计，全世界肥胖症和体重超常已遍及五大洲，因“吃”致病导致死亡的人数已高于因饥饿死亡的人数，即“全球吃死的人比饿死的人多”。你认为相关与回归分析方法能在这个问题的研究中发挥作用吗?

8. 相关分析与回归分析的关系是什么?

9. 为什么对计算的样本相关系数还要进行检验?

10. 为什么用可决系数能够度量回归方程对样本数据的拟合程度?

11. 对回归系数显著性做 t 检验的基本思想是什么?

12. 回归系数与偏回归系数有什么不同?

13. 为什么对多元线性回归的可决系数要做修正?

14. 在多元线性回归中,对参数做了 t 检验以后为什么还要做方差分析和 F 检验?

15. 复相关系数、偏相关系数、简单相关系数的区别和联系是什么?

16. 线性相关系数与线性回归系数有什么区别?

17. 试证明"在一元回归情形下 $F = t^2$,F 检验与 t 检验是等价的"。

18. 设销售收入 x 为自变量,销售成本 y 为因变量。现已根据某百货公司某年 12 个月的有关资料计算出以下数据:(单位:万元)

$$\sum (x_i - \bar{x})^2 = 425\ 053.73 \qquad \bar{x} = 647.88$$

$$\sum (y_i - \bar{y})^2 = 262\ 855.25 \qquad \bar{y} = 549.8$$

$$\sum (x_i - \bar{x})(y_i - \bar{y}) = 334\ 229.09$$

(1) 拟合简单线性回归方程,并对方程中回归系数的经济意义做出解释。

(2) 计算可决系数和回归估计的标准误差。

(3) 对β_2 进行显著水平为 5% 的显著性检验。

(4) 假定下年 1 月销售收入为 800 万元,利用拟合的回归方程预测其销售成本,并给出置信度为 95% 的预测区间。

19. 为研究中国改革开放以来国内生产总值(GDP)与最终消费的关系,收集到以下数据:

中国国内生产总值与最终消费

单位:亿元

年份	国内生产总值(GDP)x	最终消费 y	年份	国内生产总值(GDP)x	最终消费 y
1996	71 813.6	43 087	2006	219 438.5	114 729
1997	79 715	47 509	2007	270 232.3	136 229
1998	89 195.5	51 460	2008	319 515.5	157 466
1999	90 564.4	56 622	2009	349 081.4	172 728
2000	100 280.1	63 668	2010	413 030.3	198 998
2001	110 863.1	68 547	2011	489 300.6	241 022
2002	121 717.4	74 068	2012	540 367.4	271 113
2003	137 422	79 513	2013	595 244.4	300 338
2004	161 840.2	89 086	2014	643 974	328 313
2005	187 318.9	101 448	2015	685 505.8	359 516

资料来源:《中国统计年鉴 2016》,中国统计出版社出版。

(1) 分析国内生产总值对消费的推动作用,建立线性回归方程,并估计其参数。

(2) 计算回归估计的标准误差和可决系数。

(3) 对回归系数进行显著性水平为 5% 的显著性检验。

(4) 假定 2020 年中国的国内生产总值 769 503.088 亿元,预测可能达到的最终消费水平,并对最终消费给出置信度为 95% 的预测区间。

20. 已知某企业近年来的总成本和产量的数据:

年份	总成本 y(万元)	产量 x(件)	年份	总成本 y(万元)	产量 x(件)
2005	329	410	2011	863	906
2006	524	608	2012	1 390	1 223
2007	424	512	2013	1 157	1 107
2008	629	723	2014	1 548	1 319
2009	741	811	2015	1 787	1 424
2010	1 020	1 009	2016	2 931	1 541

(1) 用已知数据估计以下总成本函数的参数:$y_t = \beta_1 + \beta_2 x_t + \beta_3 x_t^2 + \beta_4 x_t^3 + u_t$

(2) 检验参数的显著性。

(3) 检验整个回归方程的显著性。

(4) 计算总成本对产量的非线性相关指数。

(5) 评价此回归分析存在什么不足。

21. 下表给出 y 对 x_2 和 x_3 回归的结果:

离差来源	平方和(SS)	自由度(df)	平方和的均值(MSS)
来自回归(SSR)	65 965	—	—
来自残差(SSE)	—	—	—
总离差(SST)	66 042	14	

(1) 该回归分析中样本容量是多少?

(2) 计算 SSR。

(3)SSE 和 SSR 的自由度是多少?

(4) 计算可决系数和修正的可决系数。

(5) 怎样检验 x_2 和 x_3 对 y 是否有显著影响? 根据以上信息能否确定 x_2 和 x_3 各自对 y 的贡献为多少?

第 7 章思考题与练习题答案

第 8 章
时间序列分析与预测

把某种现象在不同时间上的数据按时间先后顺序排列起来所形成的序列称为时间数列，有时也称为动态数列。任何一个时间序列都具有两个基本要素：一是被研究现象所属的时间范围；二是反映该现象一定时间条件下数量特征的数值，即在不同时间上的统计数据。时间序列分析是研究按时间顺序观测的系列数据的统计分析方法，着重于从时间的发展变化角度揭示现象数量变化和时间的关系，研究事物随时间推移的演变趋势和变化规律，预测事物在未来时间可能达到的数量规模和水平。

时间序列包括确定型时间序列和随机型时间序列。确定型时间序列是指序列的变化过程可以用时间 t 的确定函数 $\hat{y}_t = f(t)$ 加以描述，其未来时期预测值可以用 $\hat{y}_{t+\tau} = f(t+\tau)$（其中 τ 为从 t 期到预测期的间隔期数，$\tau = 1,2,3,\cdots$）表示；随机型时间序列是把时间序列作为一个随机过程来研究和描述。本章只讨论确定型的时间序列分析和预测方法。

确定型时间序列分析方法，通常包括指标分析法和构成因素分析法两类。指标分析法是通过计算一系列时间序列分析指标，包括发展水平、发展速度、增减速度等揭示现象的发展变化状况和发展变化程度，在第三章中已经做了介绍，本章重点讨论时间序列的构成因素分析法。

§8.1　时间序列的分解与组合

§8.1.1　时间序列的构成因素

时间序列揭示的事物发展变化状况是许多因素共同作用的结果，这些影响因素有大有小，有强有弱，有决定性的、也有偶然性的，有长期性或周期性的、也有短暂无规律性的。一般可以将这些影响因素合并归类为长期趋势（以 T 表示）、季节变动（也称为季节周期，以 S 表示）、循环变动（也称为经济循环周期，以 C 表示），以及无法归入上述三类的不规则变动（以 I 表示）。

不同因素的影响，使时间序列呈现为不同的形态。对时间序列中的各类因素进行分解、分析、测定、预测等，揭示事物随时间变化而演变的趋势和规律，是统计分析的重要内容。

(1)长期趋势

长期趋势是事物在较长的时期内沿着某一方向持续发展变化的形态。趋势因素是对事物的发展长期起作用的基本因素,任何一个时间序列,都必然受这种基本因素的影响而呈现出某种长期趋势形态。长期趋势可能是一种向上的发展趋势,如 GDP 增长率;可能是一种向下的发展趋势,如人口自然增长率;也可能是一种水平发展趋势,如劳动力资源占总人口的比率。不论是上升趋势、下降趋势或者水平趋势,都应理解为现象的长期趋势。

(2)季节变动

季节变动是现象在一年时间范围内以一定时期为一周期的较有规律的变动。较常见的季节变动表现为现象在一年内随着自然季节的更替而发生的十二个月或四个季度为一周期的较有规律的增减变化,但现在也出现了很多诸如一月 3 旬、一周 7 天或一天 24 小时的周期变化,通常把这种周期变动也称为季节变动或准季节变动。形成季节周期的原因,除了自然因素外,也有人为因素,后者如由于制度、习惯、法规、法律等对事物产生影响而形成的周期性规律。

(3)循环变动

循环变动指现象呈现的若干年(通常不少于三年)为一周期的涨落相间、扩张与紧缩、波峰与波谷相交替的波动。循环变动与长期趋势一样是需要长期观察才能显现的规律性,但是它不是沿着某一方向的持续运动,而是一种兴衰交替的周期波动。循环变动的周期不如季节变动周期有规律,其周期长短很不一致,因而循环变动周期的可识别性也远不如季节变动周期。

(4)不规则变动

不规则变动是一种没有规律可遵循的偶然性、突发性的变动。这种变动时大时小、时起时伏、方向不定、难以把握,无法用以前三种变动加以解释,通常是从时间序列中分离了长期趋势、季节变动和循环变动之后剩余的因素,因此它又称为剩余变动。对于偶然性因素引起的不规则变动,根据概率论原理,有相互抵消的可能。而某些突发性因素,如战争、特大自然灾害等引起的不规则变动,虽然也会影响对现象基本趋势和周期的正确分析,但常常把这些与突发因素有关的数据作为异常值处理。

时间序列分析的重要任务,是对影响时间序列的各种因素给以统计测定和分析,从序列的变动中分解出各类因素的影响,揭示各类因素影响序列变动的规律性特征,为正确认识事物并预测事物的未来发展提供科学的依据。

§8.1.2 时间序列的组合模式

(1)加法模型和乘法模型

时间序列中的数据(也称为观测值)总是由各种不同的影响因素共同作用所至,即是说,时间序列中的数据总是包含着不同因素的影响。若以 Y 代表时间序列中的数据,则 Y 由上述四类因素所决定的组合模型可以分别由加法模型和乘法模型表示:

加法模型:$Y = T + S + C + I$ 或 $Y_t = T_t + S_t + C_t + I_t$

乘法模型：$Y = T \times S \times C \times I$ 或 $Y_t = T_t \times S_t \times C_t \times I_t$[①]

在加法模型中，各种影响因素是相互独立的，均为与 Y 同计量单位的绝对量。季节变动和循环变动的影响值在各自的一个周期内总和为零，即在一个周期内由于季节或循环因素的影响使现象增加或减少的数值趋于抵消，平均为零；不规则变动的影响值从长时间来看，其总和也应为零。加法模型中，各因素的分解可根据减法进行，如 $Y - T = (T + S + C + I) - T = S + C + I$。

在乘法模型中，只有长期趋势值是与 Y 同计量单位的绝对量，其余因素均为以长期趋势值为基础的比率，表现为相对于长期趋势的变化幅度，通常以百分数表示。季节变动和循环变动的影响值在各自的一个周期内平均为 1 或 100%，即在一个周期内由于季节或循环因素的影响使现象在趋势值的基础上增加或减少的幅度趋于抵消；不规则变动的影响值从长时间来看，平均也应为 1 或 100%。乘法模型中，各因素的分解可根据除法进行，如 $Y/T = (T \times S \times C \times I)/T = S \times C \times I$。

乘法模型是时间序列构成因素分析的主要模型形式。本书对时间序列的分析预测，均构建在乘法模型基础之上。

（2）时间序列的不同组合模式

上述观测值 Y 包含四类影响因素的模式是时间序列的完备模式。事实上，这四类因素并不是对每一个现象的时间序列都同时施加影响，并不是每一个时间序列都同时由这四类因素所构成。这就形成了时间序列的不同组合模式：

趋势模式：$Y = T \times I$，常见于时间不太长的年度数据；

趋势季节模式：$Y = T \times S \times I$，常见于时间不太长的季度或月度数据；

趋势循环模式：$Y = T \times C \times I$，常见于时间较长的年度数据；

趋势季节循环模式：$Y = T \times S \times C \times I$，常见于时间较长的季度或月度数据。

本章将侧重对前面两种最常见的组合模式中的趋势和季节的分解、预测方法进行阐述，并对第三种模式的循环因素的分解做简单介绍。

§8.2　长期趋势的测定方法

长期趋势的测定和分析是时间序列构成因素分析中最重要的部分。研究长期趋势的目的，一是认识和掌握现象随时间演变的趋势和规律；二是通过对现象过去变动规律的认识，对事物的未来发展趋势做出预计和推测；三是测定出现象的长期趋势后，便于从原时间序列中剔除趋势，更好地分解、研究其他因素。

需要指出的是，对一个时间序列进行趋势分析时，所选定的时间应尽可能长一些。时间越长，偶然性因素的影响便趋于互相抵消，这样越能反映现象发展的基本规律。但若长时间的数据中出现了前后数据不可比的情况或个别有悖于基本趋势的不正常数据，则应视具体情况予以调整或删除。

① 下标 t 表示时间序号。以下公式没有下标与有下标意义相同。

长期趋势的测定方法主要有平滑法和方程拟合法两类。

§8.2.1 平滑法

所谓平滑法,是指用平均的方法消除或削弱序列中的不规则成分和其他成分,揭示序列基本趋势的方法。平滑法主要包括移动平均法和指数平滑法等。

(1)移动平均法

①移动平均法的计算和原理。

所谓移动平均,是选择一定的平均项数或步长 k,采用逐项递移的方法对原时间序列计算一系列移动平均数,揭示现象在较长时间内的发展趋势。现以表 8-1 数据为例说明移动平均的计算方法和原理。

表 8-1 我国 2010—2016 年分季度的住宿和餐饮业增加值移动平均数计算表

年、季	时间序号 t	住宿和餐饮业增加值(亿元)	三期移动平均值(k=3)	四期移动平均值(k=4)	中心化移动平均值(k=2)	住宿和餐饮业增加值的季节调整
2010.1	1	1 814.8	—	—	—	1 869.64
2010.2	2	1 768.8	1 846.8	—	—	1 906.71
2010.3	3	1 956.7	1 965.7	1 928	1 950.7	1 939.15
2010.4	4	2 171.7	2 041.5	1 973.3	1 997.4	1 987.63
2011.1	5	1 996	2 043.2	2 021.6	2 050.3	2 056.32
2011.2	6	1 961.9	2 048.1	2 079	2 110.2	2 114.87
2011.3	7	2 186.3	2 189.8	2 141.4	2 170.7	2 166.69
2011.4	8	2 421.2	2 279.5	2 200.1	2 227.5	2 215.98
2012.1	9	2 230.9	2 277.9	2 255	2 285.9	2 298.32
2012.2	10	2 181.6	2 282	2 316.8	2 350.5	2 351.7
2012.3	11	2 433.5	2 435.3	2 384.2	2 404.7	2 411.67
2012.4	12	2 690.9	2 506.3	2 425.1	2 445.1	2 462.82
2013.1	13	2 394.5	2 475.5	2 465	2 486.9	2 466.86
2013.2	14	2 341.1	2 448.1	2 508.8	2 532.9	2 523.63
2013.3	15	2 608.7	2 611.3	2 557.1	2 585	2 585.3
2013.4	16	2 884	2 703.5	2 612.9	2 640.4	2 639.55
2014.1	17	2 617.8	2 687.6	2 667.9	2 696.8	2 696.91
2014.2	18	2 561	2 672.9	2 725.7	2 757.7	2 760.68
2014.3	19	2 840	2 846.9	2 789.6	2 817.5	2 814.52
2014.4	20	3 139.6	2 940.2	2 845.4	2 872.8	2 873.49
2015.1	21	2 841	2 920.3	2 900.3	2 933.6	2 926.86
2015.2	22	2 780.4	2 909.4	2 967	3 002.7	2 997.18
2015.3	23	3 106.8	3 104.2	3 038.4	3 071.5	3 078.93

表8-1(续)

年、季	时间序号 t	住宿和餐饮业增加值（亿元）	三期移动平均值（$k=3$）	四期移动平均值（$k=4$）	中心化移动平均值（$k=2$）	住宿和餐饮业增加值的季节调整
2015. 4	24	3 425. 5	3 212. 7	3 104. 6	3 136. 7	3 135. 15
2016. 1	25	3 105. 7	3 189. 6	3 168. 9	3 204. 2	3 199. 55
2016. 2	26	3 037. 5	3 177. 6	3 239. 6	3 279. 9	3 274. 33
2016. 3	27	3 389. 6	3 391. 7	3 320. 2	—	3 359. 19
2016. 4	28	3 748	—	—	—	3 430. 32

资料来源:《中国统计年鉴 2016》。

从表 8-1 数据和图 8-1 可以看出,我国住宿和餐饮业零售总额存在明显的上升趋势和季节周期。为了揭示其长期趋势,需要消除原序列中的季节周期和不规则变动。我们首先进行三期移动平均,即以每三个数据进行移动平均,如:

(1 814. 8+1 768. 8+1 956. 7)/3=1 846. 8

(1 768. 8+1 956. 7+2 171. 7)/3=1 965. 7

以此类推。

由于三期移动平均值代表的是这三期的平均水平,因而其平均数的位置应在这三个时期的中间,如表 8-1 第(3)列所示。

从表 8-1 及图 8-1 中我们可以看出,序列中原来的上下波动被削弱了(统计上也称为平滑或修匀),且平均的项数 k 越大,波动被削弱的幅度越大。三期移动平均值使原来的季节变动幅度变小,但并没有彻底消除季节变动(图 8-1a),因而还必须消除季节变动,使序列的长期趋势得以充分显示。

若以 k=4 计算 4 期移动平均值,由于四期移动平均值代表这四期的中间水平,其平均数的位置应在第二、第三期之间,如表 8-1 第(4)列所示,这就出现移动平均值不能对准原序列的某一时期的情况。因而,应将四期移动平均值再两期移动平均(称为中心化平均或移正平均),这样,移动平均值下移半个时期,正好对准原序列的某一时期,见表 8-1 中第(5)栏。

从表 8-1 第五栏四期中心化移动平均值及图 8-1b 可以看出,原序列中的季节变动已被消除,其长期趋势很清楚地表现出来。

表 8-1 中的数据包含了三个因素:长期趋势、季节变动和不规则变动。从上例可以看出:通过移动平均能够消除不规则变动,且平均项数越多,消除的不规则变动越多;当平均项数与季节周期长度一致时,移动平均还能消除季节变动。

至于移动平均是否能消除循环变动,这取决于移动平均的项数是否能与序列中的循环周期长度一致。如果序列中各循环周期长度能始终保持一致,则相同平均项数的移动平均也能消除循环波动。但问题是,循环波动的周期长度远不如季节周期长度那么有规律(如以十二个月或四个季度为一周期),在同一序列中,各循环周期的长度是各不相同的。因而,固定平均项数的移动平均也就很难将序列中的循环波动完全消除。

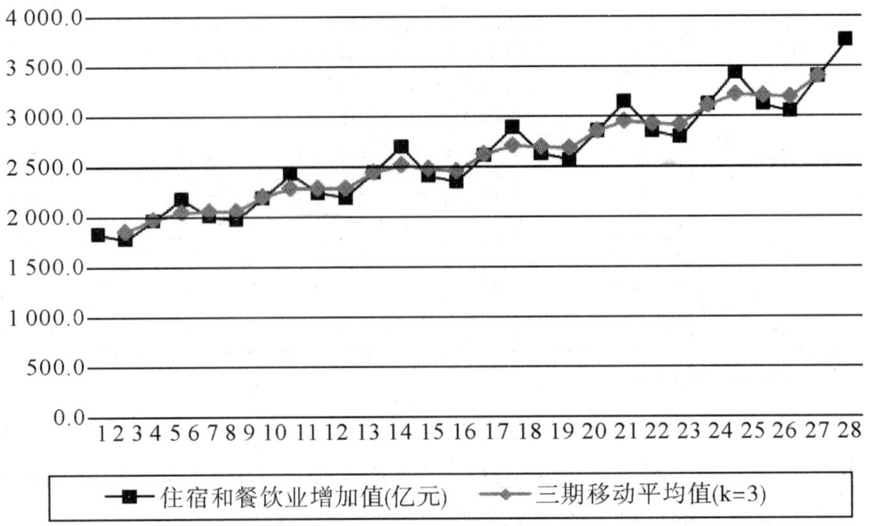

(a)

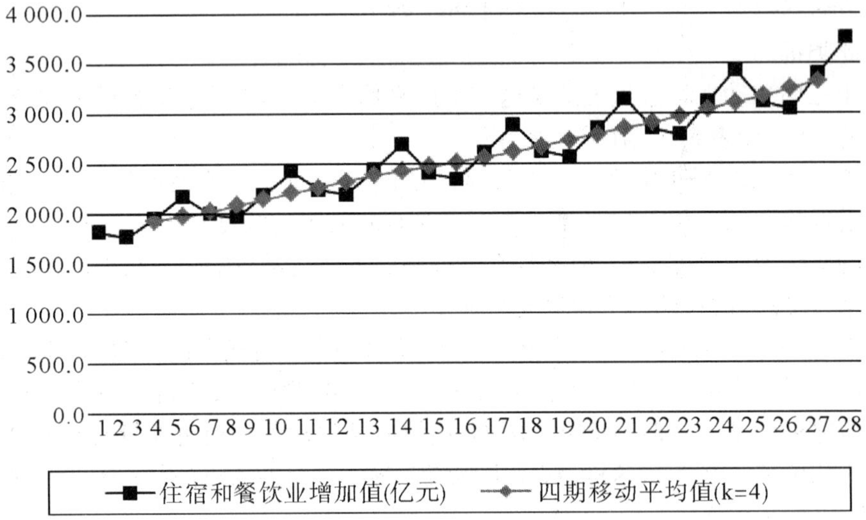

(b)

图 8-1　住宿和餐饮业增加值与移动平均值的比较

②移动平均法的特点。

通过以上例示和分析，可以看出移动平均法具有如下一些特点：

移动平均对序列具有平滑修匀作用，平均项数越大，对序列的平滑修匀作用越强，但对数据变化的反映越慢。

平均项数 k 为奇数，只需一次移动平均，其平均值所代表的时期即可与序列中的某一时期相对应；而平均项数 k 为偶数时，尚需再进行一次中心化或移正平均，其平均值所代表的时期才能与序列中的某一时期相对应。

若序列中包含季节周期变动，平均项数 k 必须与季节周期长度一致，才能消除序列中的季节周期波动，揭示序列中的长期趋势。

移动平均后,移动平均值序列较原序列项数要少。k 为奇数时,新序列首尾各少 $(k-1)/2$ 项;k 为偶数时,新序列首尾各少 $k/2$ 项。

移动平均值的计算可利用 Excel 的“数据分析”宏。方法是:进入 Excel 工作簿,点击“工具”→“数据分析”→“移动平均”→根据对话框提示在“输入区域”中输入原始数据,在“间隔”中输入平均项数 K 并指定输出区域即可。但移动平均值的位置是放在 K 期的最后一期。

③移动平均值用于水平趋势预测。

分解长期趋势的目的之一,是为了对序列的未来趋势发展做出预测。但由于移动平均值本身不能将趋势线延长进行外推预测,因而只适合对水平趋势序列做一期的趋势外推预测,即以本期移动平均值 M_t 作为下期趋势预测值,公式为: $Y_{t+1} = M_t$ 。但这样做要求移动平均值对应的时期要下移与预测期衔接,使原序列的最后时期不出现缺项, Excel 中移动平均程序即是这样处理的。

(2)指数平滑法

①指数平滑的基本原理。

对于趋势季节序列,移动平均是分解其趋势的一种有效方法。但移动平均也存在一些不足,最主要是对于不含季节因素的趋势序列,每一期的移动平均实际上都只包含了 k 个数据的信息,没有将数据信息充分反映到趋势值中。指数平滑法弥补了移动平均法的不足,它充分利用了所有数据信息,又体现出近期数据对未来预测影响作用更大的特点。

指数平滑法不仅能通过计算一系列指数平滑值来消除不规则变动,揭示现象的基本趋势,还可以根据指数平滑值与实际值的滞后偏差规律对模型中的参数进行估计,因而在增长趋势序列和各种复杂的季节序列中都得到广泛应用[①]。

以 E_t 代表指数平滑值,其计算公式是:

$$E_t = E_{t-1} + \alpha(y_t - E_{t-1}) \quad (t = 1,2,\cdots,n) \tag{8-1}$$

式中 E_t 为 t 时期的指数平滑值, E_{t-1} 为 $t-1$ 时期的指数平滑值, y_t 为 t 时期的实际观测值; α 称为平滑系数,其值介于 0 与 1 之间。显然,指数平滑具有递推性质,各期指数平滑值均在上期平滑值的基础上递推而得。

由公式 8-1 可知,t 期的指数平滑值是在 $t-1$ 期指数平滑值的基础上加上 t 期实际观测值与 $t-1$ 期指数平滑值(作为 t 期趋势估计值)的误差的一部分组合而成。这体现了指数平滑法求趋势估计值的基本思想:如果 t 期趋势估计值与 t 期实际值完全一致,二者之间没有误差,则可以 t 期趋势估计值直接作为 $t+1$ 期的趋势估计值;如果二者之间有误差,则这种误差应理解为是由两部分所组成:一部分是现象从 $t-1$ 期到 t 期的实质性变化;另一部分是随机误差。这种情况下,我们既要剔除随机误差,即不规则变动,也要反映出现象的实质性变化。而误差中属于现象实质性变化的部分由平滑系数 α 所决定。α 的取值越大,即认为误差中现象实质性变化的比例越大,下期的趋势估计中,本期的误差就保留得越多;而 α 的取值越小,则认为误差中随机因素引

① 限于篇幅,本章不讨论指数平滑在季节模式中的应用。

起的随机误差所占比例越大，下期的趋势估计中本期误差就剔除得越多。

公式 8-1 也可改写为：

$$E_t = \alpha y_t + (1-\alpha)E_{t-1} \quad (t=1,2,\cdots,n) \tag{8-2}$$

并将其展开，可得：

$$\begin{aligned}E_t &= \alpha y_t + (1-\alpha)E_{t-1}\\ &= \alpha y_t + (1-\alpha)[\alpha y_{t-1} + (1-\alpha)E_{t-2}]\\ &= \alpha y_t + \alpha(1-\alpha)y_{t-1} + (1-\alpha)^2E_{t-2}\\ &= \alpha y_t + \alpha(1-\alpha)y_{t-1} + (1-\alpha)^2[\alpha y_{t-2} + (1-\alpha)E_{t-3}]\\ &= \alpha y_t + \alpha(1-\alpha)y_{t-1} + \alpha(1-\alpha)^2y_{t-2} + (1-\alpha)^3E_{t-3}\\ &\cdots\\ &= \alpha y_t + \alpha(1-\alpha)y_{t-1} + \alpha(1-\alpha)^2y_{t-2} + \cdots + \alpha(1-\alpha)^{t-1}y_t + (1-\alpha)^tE_0\\ &= \alpha\sum_{j=0}^{t-1}(1-\alpha)^jy_{t-j} + (1-\alpha)^tE_0\end{aligned} \tag{8-3}$$

(8-3)式中 E_0 称为初始值，序列项数较多时，初始值对平滑值的影响不大，故可设定为 $E_0 = y_1$。

由于 α 是介于 0 与 1 之间的数，随着时间 t 增大，最后一项的系数 $(1-\alpha)^t$ 几乎为零，将此略去后，有：

$$E_t = \alpha\sum_{j=0}^{t-1}(1-\alpha)^jy_{t-j} \tag{8-4}$$

当 t→∞ 时，以上各项系数(权数)构成一个无穷递减等比级数，其公比是(1-α)，由无穷递减等比级数求和公式有：

$$\frac{\text{首项}}{1-\text{公比}} = \frac{\alpha}{1-(1-\alpha)} = 1 \tag{8-5}$$

可见指数平滑值 E_t 实际上是各期观测值 y_t 的权数和为 1 的加权平均数，各期权数呈指数递减形式，故称为指数平滑。t 期平滑值包含了 t 期及 t 期以前所有数据的信息，但又对不同时期的数据给予不同的权数，越是近期的数据，给予权数越大。由于是平均值，对序列具有平滑修匀作用，能消除不规则变动的影响；又由于对各期数据赋予不同权数，体现了对各期数据的不同重视程度。正是由于指数平滑的这些特点，使该方法有广泛的应用场合，特别是对于一些趋势形态比较特殊、不大适合拟合某种曲线的序列，更体现出它独到的优点。

②平滑系数 α 的选择。

指数平滑法中，平滑值的计算受平滑系数 α 的影响很大，α 的取值不同，计算出的平滑值差异也较大(表 8-2 和图 8-2)。因此，使用指数平滑方法，平滑系数 α 的选择是个很重要的问题。α 值的选择并没有一个固定的模式，究竟怎样选择恰当的 α 值，应视研究的目的任务和对象的性质特点灵活决定。

α 值越小，对序列的平滑作用越强、跟踪数据越慢，因而，序列中随机波动较大时，为了消除随机波动的影响，可选择较小的 α，使序列较少受随机波动的影响。α 值越大，对序列的平滑作用越弱、跟踪数据越快，因而，为了反映出序列的变动状况，可选择

较大的 α，使数据的变化很快反映出来。如果主要依靠近期信息，α 宜选择得大一些；如果希望充分重视历史信息，α 宜选择得小一些。对初始值的正确性把握不大，希望减小初始值的影响，则 α 值宜大些；反之，对初始值的正确性把握性较大，希望突出初始值的影响，则 α 值宜小些。总之，选择使实际值和估计值均方误差最小的 α。

表 8-2 是根据表 8-1 数据计算的不同 α 的指数平滑值。从表 8-2 和图 8-2 可以看出，α 值越小，对序列的平滑作用越强、跟踪数据越慢。

表 8-2　我国历年城镇居民家庭人均可支配收入的指数平滑值计算表

单位：元

年份	时期序号 t	人均可支配收入 y_t（元）	指数平滑值 E_t（$\alpha=0.1$）	指数平滑值 E_t（$\alpha=0.3$）	指数平滑值 E_t（$\alpha=0.7$）
1992	1	2 026.6	2 026.6	2 026.6	2 026.6
1993	2	2 577.4	2 081.7	2 191.8	2 412.2
1994	3	3 496.2	2 223.1	2 583.1	3 171.0
1995	4	4 283.0	2 429.1	3 093.1	3 949.4
1996	5	4 838.9	2 670.1	3 616.8	4 572.0
1997	6	5 160.3	2 919.1	4 079.9	4 983.8
1998	7	5 425.1	3 169.7	4 483.4	5 292.7
1999	8	5 854.0	3 438.1	4 894.6	5 685.6
2000	9	6 280.0	3 722.3	5 310.2	6 101.7
2001	10	6 859.6	4 036.1	5 775.0	6 632.2
2002	11	7 702.8	4 402.7	6 353.4	7 381.6
2003	12	8 472.2	4 809.7	6 989.0	8 145.0
2004	13	9 421.6	5 270.9	7 718.8	9 038.6
2005	14	10 493.0	5 793.1	8 551.1	10 056.7
2006	15	11 759.5	6 389.7	9 513.6	11 248.7
2007	16	13 785.8	7 129.3	10 795.3	13 024.7
2008	17	15 780.8	7 994.5	12 290.9	14 954.0
2009	18	17 174.7	8 912.5	13 756.1	16 508.5
2010	19	19 109.4	9 932.2	15 362.1	18 329.1
2011	20	21 809.8	11 120.0	17 296.4	20 765.6
2012	21	24 564.7	12 464.4	19 476.9	23 425.0
2013	22	26 467.0	13 864.7	21 573.9	25 554.4
2014	23	28 843.9	15 362.6	23 754.9	27 857.0
2015	24	31 194.8	16 945.8	25 986.9	30 193.5
2016	25	33 616.0	18 612.8	28 275.6	32 589.2

资料来源：《中国统计年鉴 2016》及《中华人民共和国 2016 年国民经济和社会发展统计公报》。

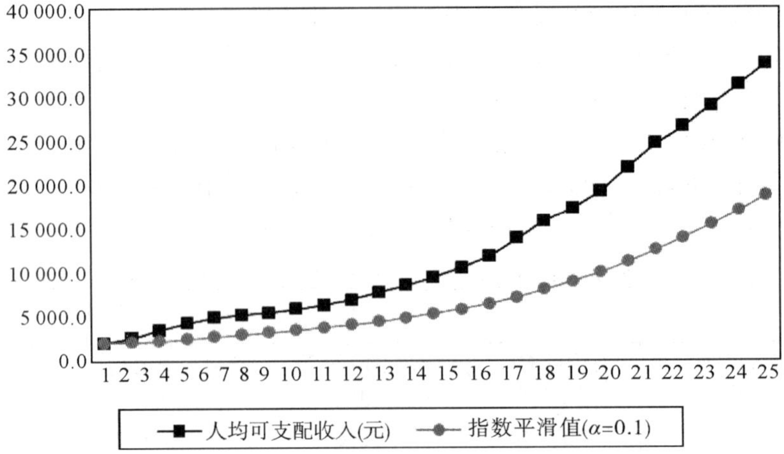

(a)

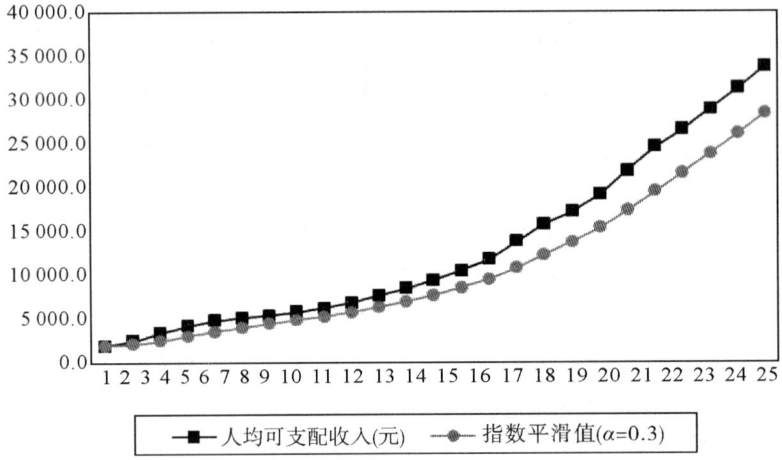

(b)

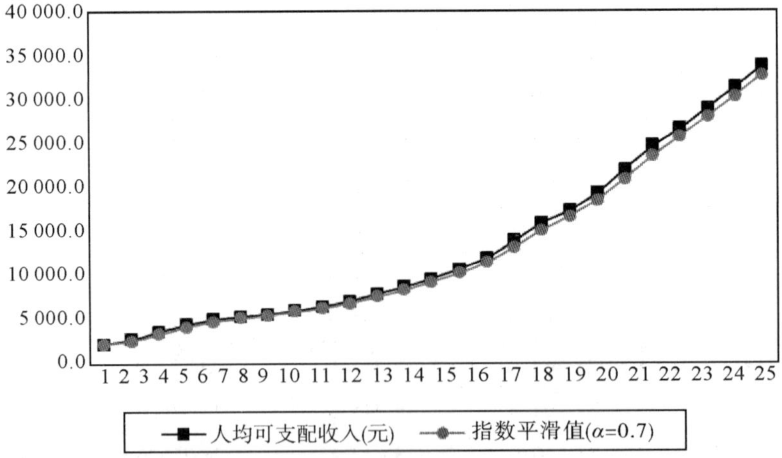

(c)

图 8-2　不同平滑系数对趋势序列平滑作用的比较

图 8-3 是根据表 8-1 数据计算的不同平滑系数对季节序列平滑作用。可以看出,若希望通过平滑值消除季节因素,只能取较小 α 值,但这样可能会导致所得趋势值偏低。

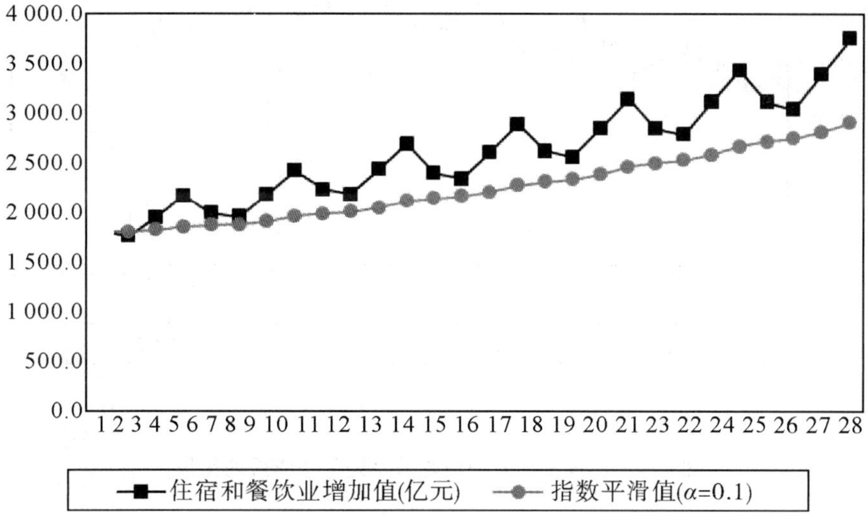

(a)

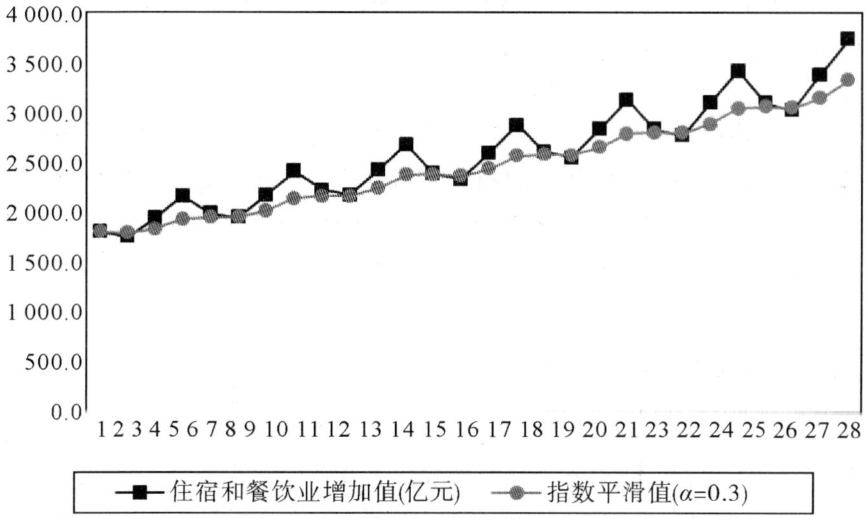

(b)

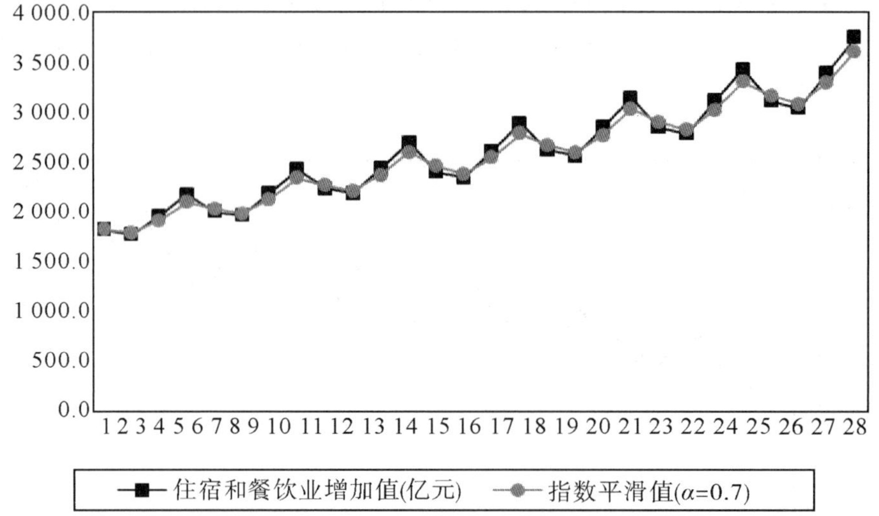

(c)

图 8-3 不同平滑系数对季节序列平滑作用的比较

指数平滑值的计算可利用 Excel 的“数据分析”宏。方法是:进入 Excel 工作簿,点击“工具”→“数据分析”→“指数平滑”→根据对话框提示输入原始数据区域、阻尼系数(注:这里的阻尼系数指 $1-\alpha$)、输出区域等即可。但指数平滑值的位置是按 $t-1$ 期的平滑值作为 t 期趋势估计值处理的。

③指数平滑值用于水平趋势预测。

正如移动平均值直接用于有增长趋势的序列的趋势预测会产生滞后偏差一样,将指数平滑值直接用于增长趋势序列的趋势预测也会产生滞后偏差,因而也只适合对水平趋势序列(常数模式)做一期的趋势外推预测,即以本期指数平滑值作为下期趋势预测值,公式为:$\hat{y}_{t+1}=E_t$。而对于增长趋势序列的趋势预测,其后介绍的二次指数平滑法将是一种很有效的方法。

§8.2.2 方程拟合法

方程拟合法是利用某种数学方程对原序列中的趋势进行拟合,揭示序列长期趋势的一种方法。由于这种方法以某种函数形式代表序列的趋势值,因而特别适合只包含趋势和不规则变动的序列,因为这种序列比较容易判断出其类似于哪一种函数形式;又由于趋势方程具有延伸外推的功能,便于对未来时期的趋势做出外推预测,因而也特别适合于需要对未来进行预测的增长趋势序列。

(1)趋势方程的选择

客观现象的实际变化是复杂多样的,有的呈现直线趋势,有的呈现曲线趋势,有的呈现混合形式。对这些趋势形态各异的各种序列,要准确判断其发展变化的趋势规律,选择出准确的函数形式确非易事,实际操作中有几种作法可供参考:

①定性分析。即根据经济理论、经济常识和现象的客观性质判断该现象在一般情

况下遵循什么规律发展,从定性角度选择拟合的曲线的形式。如人口增长、耐用消费品销售量等通常选择 S 曲线进行拟合。

②绘制观测值散点图或时间序列折线图。这些图形常能很直观地表现出序列的趋势类型,配合定性分析,一般能对拟合曲线做出选择。这是最常用的有效方法。

③对混合趋势形式的序列,可采取分段拟合的方法,分别考察各阶段的趋势变化。但若要对未来的趋势发展做出预测,通常只能根据最后一阶段的趋势方程进行外推预测。

(2)线性方程参数估计的最小二乘法

线性趋势模式表现的是序列数据呈现类似直线上升(或下降)的情形,其每期的增长量(或负增长量)基本相等:所拟合的趋势方程为一直线方程:

$$\hat{y}_t = a + bt \tag{8-6}$$

式中 a、b 为直线方程待估计的参数,a 是直线的截距;b 为直线斜率,也即时间 t 每增加一个单位现象平均增加的数量;$\hat{y}_t$ 为 t 时期的趋势估计值;t 为时间序号(一般设为 $1,2,\cdots,n$)。

这实际上是以时间 t 为解释变量的回归方程,在回归分析的基本假定满足的条件下,方程的参数可用普通最小二乘法去估计。其标准方程为:

$$\begin{aligned} \sum y_t &= na + b\sum t \\ \sum ty_t &= a\sum t + b\sum t^2 \end{aligned} \tag{8-7}$$

根据表 8-2 数据,用 Excel 回归分析的输出结果建立的最小二乘直线趋势方程为:$\hat{Y}_t = -3\,209.87 + 1\,253.1t$,图 8-4 是其拟合图。

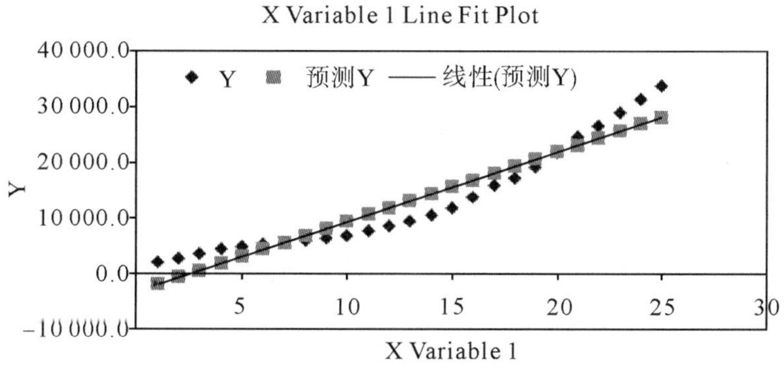

图 8-4　人均可支配收入的实际值与最小二乘法趋势方程拟合值

根据趋势方程所得 2017 年和 2018 年的预测值分别为:

$\hat{y}_{26} = -3\,209.87 + 1\,253.1 \times 26 = 29\,370.73$(元)

$\hat{y}_{27} = -3\,209.87 + 1\,253.1 \times 27 = 30\,623.83$(元)

从拟合图来看,由于该现象后几期增长较快(最后两年的平均增长量高达 2 010.5 元),故拟合值滞后于实际值,对未来的预测也偏低。这也说明用线性趋势方法做预测时数据应尽可能呈直线增长。

＊(3)非线性方程拟合①

实际现象的趋势形态,类似直线增长的毕竟是少数,大多数情况下表现为非线性形式,比如指数曲线、二次曲线和 s 曲线形式等,曲线方程中参数的估计方法也各有特点。下面简单介绍一些常见的曲线趋势的拟合。

①二次曲线。

现象的发展趋势类似于抛物线形态时,可对其进行二次曲线拟合。二次曲线的趋势方程式为:

$$\hat{y}_t = a + bt + ct^2 \tag{8-8}$$

用最小二乘法估计参数的标准方程:

$$\begin{aligned}\sum y_t &= na + b\sum t + c\sum t^2 \\ \sum ty_t &= a\sum t + b\sum t^2 + c\sum t^3 \\ \sum t^2y_t &= a\sum t^2 + b\sum t^3 + c\sum t^4\end{aligned} \tag{8-9}$$

利用 Excel 的“数据分析”宏建立二次曲线趋势方程,方法与回归分析相同,只是自变量应为两个,时间序号 t(设为 x_1)和 t 的平方 t^2(设为 x_2),在“回归”对话框中的“x 值输入区域(x)”中同时输入两列变量值区域。

②指数曲线。

用以描述等比增长(每期增长率大致相同)现象的趋势。当现象的发展趋势近似于按几何级数递增(或递减)时,可对其拟合指数曲线。很多经济现象的时间序列,都呈现出指数增长形态。指数曲线的趋势方程式为:

$$\hat{y}_t = ab^t \tag{8-10}$$

式中,$\hat{y}_t$、a 及 t 的意义与线性方程相同,分别表示 t 时期的趋势估计值、时间 t 为 0 时的数据均值及时间序号;但 b 指时间 t 每增加一个单位现象的发展速率。也就是说,直线方程反映的现象的趋势是等量增长,而指数曲线方程反映的现象的趋势是等速增长。

③修正指数曲线和 s 曲线。

若现象初期发展的速度很快,其后趋缓,逐渐趋近于一极限水平,这种发展形态即修正指数曲线形态。其曲线方程形式为:

$$\hat{Y}_t = k + ab^t \tag{8-11}$$

(8-11)式中,k(现象发展的极限水平)、a、b 均为未知参数, $k > 0, a \neq 0, 0 < b \neq 1$。当 $k > 0, a < 0, 0 < b < 1$ 时,随着时间 $t \to \infty$,$\hat{y}_t \to k$ 。

s 曲线又称为成长曲线,所描述的现象趋势特征是:初期增长缓慢(导入期),其后逐渐加快(成长期),当达到一定程度(成熟期)后,发展趋于平缓,维持在一定的保有量或高限渐近水平上。s 曲线通常有两种形式:龚铂资曲线和 Logistic 曲线。

龚铂资曲线方程形式为:

$$\hat{y}_t = ka^{b^t} \tag{8-12}$$

---

① 这部分内容供选择使用。

(8-12)式中，k、a、b 为未知参数，$k>0, 0<a\neq 1, 0<b\neq 1$。

龚铂资曲线有两条渐近线，上渐近线为 $y=k$，下渐近线为 $y=0$。用于描述现象从萌芽、成长、成熟到饱和的发展周期。实际中的很多现象，如产品寿命周期、人口增长、高档耐用消费品的销售等，都比较符合龚铂资曲线形态。

Logistic 曲线方程形式为：

$$\hat{y}_t = \frac{1}{k+ab^t} \tag{8-13}$$

(8-13)式中，k、a、b 为未知参数，$k>0, a>0, 0<b\neq 1$。

上述几种曲线趋势方程的参数可以通过适当的线性变换，先将其变换成线性函数，再利用回归分析的方法进行估计。

* §8.2.3　二次指数平滑法[①]

对于所拟合的线性方程，最小二乘法所得参数 a 和 b 均为常数，当现象增量变化起伏较大时，这种方法有一定局限。而二次指数平滑法中的参数 a_t、b_t 每个时期都是不同的，是随现象数量变化而变化的，因而能更好地跟踪现象数量的实际变化。

设二次指数平滑直线趋势拟合方程为：

$$\hat{y}_{t+\tau} = a_t + b_t\tau \tag{8-14}$$

式中，a_t 是 t 时期的数据均值（即 t 时期的直线截距，在完全线性条件下，$a_t=y_t$），b_t 是 t 时期的增长量；τ 代表 t 时期到需预测时期的间隔期数（$\tau=1,2,\cdots$）。

从表 8-2 实际值和不同 α 的平滑值可以看出，对于增长趋势序列，指数平滑值始终低于实际值，与实际值之间存在滞后偏差；若在第一次平滑值（称为一次平滑值，记为 E'_t）的基础上再计算一次平滑值（称为二次平滑值，记为 E''_t），我们会发现，一次平滑值与二次平滑值之间也存在滞后偏差，且 α 越小，两种滞后偏差都将越大。

由于滞后偏差的存在，我们不能直接以指数平滑值作为增长趋势序列的趋势估计值，这将使实际值与估计值之间产生系统偏差，而必须按滞后偏差的规律推算出直线方程的参数，再按方程 $\hat{Y}_{t+\tau}=a_t+b_t\tau$ 对各期趋势值进行估计和预测。

二次指数平滑法就是根据实际值与一次平滑值、一次平滑值与二次平滑值之间的滞后偏差规律对方程中的参数进行估计，从而消除滞后偏差，正确反映现象趋势的一种参数估计方法。设：

一次平滑值 $E'_t = E'_{t-1} + \alpha(y_t - E'_{t-1})$ 或 $=\alpha y_t + (1-\alpha)E'_{t-1}$　　(8-15)

二次平滑值 $E''_t = E''_{t-1} + \alpha(E'_t - E''_{t-1})$ 或 $=\alpha E'_t + (1-\alpha)E''_{t-1}$　　(8-16)

可以证明，原观测值与一次平滑值之间的滞后偏差为：

$$y_t - E'_t = \frac{1-\alpha}{\alpha}b_t \tag{8-17}$$

一次平滑值与二次平滑值之间的滞后偏差为：

$$E'_t - E''_t = \frac{1-\alpha}{\alpha}b_t \tag{8-18}$$

---

① 这部分内容供选择使用。

由(8-18),可得:

$$b_t = \frac{\alpha}{1-\alpha}(E'_t - E''_t) \qquad (8-19)$$

由(8-17),可得:

$$a_t = 2E'_t - E''_t \text{(完全线性条件下 } a_t = y_t\text{)} \qquad (8-20)$$

表 8-3 和图 8-5 是以表 8-2 数据按布朗二次平滑法计算的趋势估计值和趋势图。

表 8-3　我国历年城镇居民家庭人均可支配收入二次平滑法趋势值计算表(α=0.7)

年份	时期序号 t	人均可支配收入 y_t(元)	一次平滑值 E'_t	二次平滑值 E''_t	a_t	b_t	趋势估计值 $\hat{y}_{t+1}$
1992	1	2 026.6	2 026.6	2 026.6	2 026.6	0.0	—
1993	2	2 577.4	2 412.2	2 296.5	2 527.8	269.9	2 026.6
1994	3	3 496.2	3 171.0	2 908.6	3 433.3	612.1	2 797.7
1995	4	4 283.0	3 949.4	3 637.2	4 261.6	728.5	4 045.5
1996	5	4 838.9	4 572.0	4 291.6	4 852.5	654.4	4 990.2
1997	6	5 160.3	4 983.8	4 776.2	5 191.5	484.6	5 506.9
1998	7	5 425.1	5 292.7	5 137.7	5 447.7	361.6	5 676.1
1999	8	5 854.0	5 685.6	5 521.3	5 850.0	383.5	5 809.3
2000	9	6 280.0	6 101.7	5 927.6	6 275.8	406.3	6 233.5
2001	10	6 859.6	6 632.2	6 420.8	6 843.6	493.3	6 682.1
2002	11	7 702.8	7 381.6	7 093.4	7 669.9	672.6	7 336.9
2003	12	8 472.2	8 145.0	7 829.5	8 460.5	736.1	8 342.4
2004	13	9 421.6	9 038.6	8 675.9	9 401.4	846.4	9 196.7
2005	14	10 493.0	10 056.7	9 642.5	10 470.9	966.6	10 247.7
2006	15	11 759.5	11 248.7	10 766.8	11 730.5	1 124.3	11 437.5
2007	16	13 785.8	13 024.7	12 347.3	13 702.0	1 580.5	12 854.9
2008	17	15 780.8	14 954.0	14 172.0	15 736.0	1 824.7	15 282.5
2009	18	17 174.7	16 508.5	15 807.5	17 209.4	1 635.6	17 560.6
2010	19	19 109.4	18 329.1	17 572.6	19 085.6	1 765.1	18 845.0
2011	20	21 809.8	20 765.6	19 807.7	21 723.5	2 235.1	20 850.7
2012	21	24 564.7	23 425.0	22 339.8	24 510.1	2 532.1	23 958.6
2013	22	26 467.0	25 554.4	24 590.0	26 518.8	2 250.2	27 042.2
2014	23	28 843.9	27 857.0	26 876.9	28 837.1	2 286.9	28 769.0
2015	24	31 194.8	30 193.5	29 198.5	31 188.5	2 321.6	31 124.0
2016	25	33 616.0	32 589.2	31 572.0	33 606.5	2 373.5	33 510.1
2017	26	趋势预测值	35 980.0				

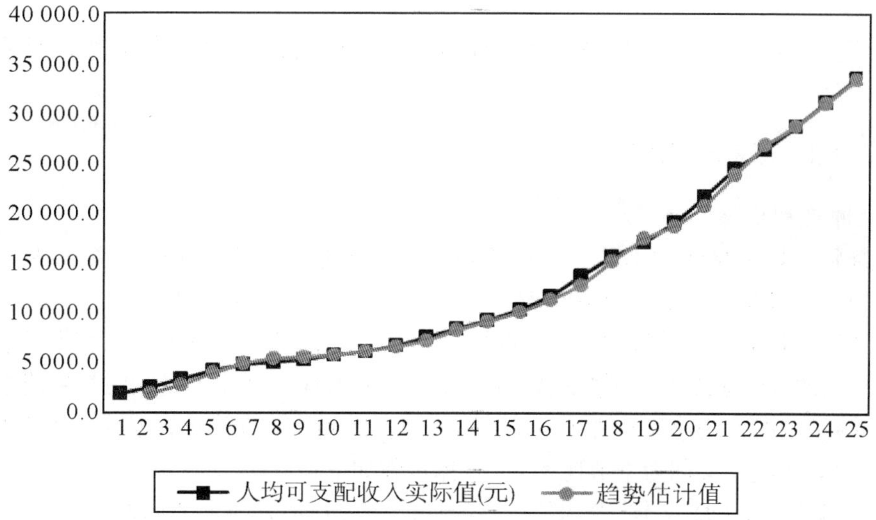

图 8-5　人均可支配收入的实际值与二次平滑法趋势方程拟合值

从表 8-3 和图 8-5 看出，由于 a_t 和 b_t 每个时期都随着现象数量的变化而变化，因此二次平滑法对实际值的拟合效果较最小二乘法更好。虽然所设立的趋势方程是直线趋势形式，但由于方程中的参数 a_t、b_t 是随时间变化的量，因此当 τ 为 1 时，所得各期趋势估计值并不一定是等量增长。只有当以 t 期为固定基准时期往后预测时，以后各期的趋势预测值表现为等量增长（趋势线为直线）。

用二次平滑法对未来时期进行预测，通常是按最后一期（或最能反映实际增长量的那一期）为固定基准时期进行外推预测。例如：

以最后一期（第 22 期）为基础对第 24 期和第 25 期做出预测（第 23 期预测值见表 8-3）：

$$\hat{y}_{25+2} = a_{25} + b_{25} \times 2 = 33\ 606.5 + 2\ 373.5 \times 2 = 38\ 353.5(\text{元})$$

$$\hat{y}_{25+3} = a_{25} + b_{25} \times 3 = 33\ 606.5 + 2\ 373.5 \times 3 = 40\ 727(\text{元})$$

具体应用中，若考虑到最后一期增量偏高（或偏低）会使其后的预测值偏高（或偏低），也可以选择最后一期之前的某一期为基础对以后时期做出预测。

§8.3　季节变动的测定方法

现实生活中，季节变动是一种极为普遍的现象，在市场和商业经济活动中尤其明显。对季节变动进行研究，便于掌握现象季节变动的特点和规律，正确认识现象的季节变动数量特征，为经济活动决策提供依据；通过分解和消除数列中的季节因素（称为序列的季节调整），便于更好地分析其他因素和进行现象之间的对比分析。

在进行季节变动分析之前，通常要求绘制折线图或散点图，认真观察序列的基本类型和季节变动的基本特征，以便于选择适当的季节测定方法。对于规律性较强的季节序列，其基础数据以不少于四年为宜；而规律性较差的序列，数据则应更多一些为好。

季节变动的测定方法，视序列是否有明显的增长趋势，分为原资料平均法和趋势剔除法两类。

§8.3.1 原资料平均法

(1)原理和步骤

原资料平均法是测定季节变动最简单的一种方法，适用于包含水平趋势、季节周期和不规则变动的序列，即 $Y=a\times S\times I$ 序列，其中 a 代表水平趋势值。

所谓原资料平均法，就是对原序列数据资料不通过剔除趋势的处理过程，直接对原数据用平均的方法剔除不规则变动后再分离出季节因素。其原理是：通过各年同期(同月或同季)平均的方法消除不规则变动，并以消除不规则变动后的数据除以水平趋势估计值求得季节因素(又称为季节比率)。具体步骤如下：

①求各年同期(月或季)平均数 $\bar{y}_i$ ($i=1,2,\cdots,L$)。L 为季节周期长度，对于月度资料，$L=12$；对于季度资料，$L=4$。这一步骤的目的是为了消除体现在各年同期数据上的不规则变动，相当于 $(a\times S\times I)/I=a\times S$。

②求全部数据的总平均数 $\bar{y}$，并以 $\bar{y}$ 作为水平趋势值 a 的估计值。这一步骤的目的是为了找出数列中的水平趋势值。

③以 $\bar{y}_i/\bar{y}$，得到季节比率 $\hat{S}_i$ ($i=1,2,\cdots,L$)。由于乘法模型要求一个周期内各季节比率平均为 1，即季节影响在一个周期内相互抵消，故要注意小数保留位数，使 $\sum_{i=1}^{L}\hat{S}_i=L$。这一步骤相当于$(a\times S)/a=S$。

例如，表 8-4 为某小区居民用电量资料：

表 8-4 某小区居民用电量(千度)季节比率计算表(原资料期平均法)

季度	第一年	第二年	第三年	第四年	平均	季节比率(%)
1	1 351	1 309	1 382	1 321	1 340.75	110.78
2	1 087	1 092	1 061	1 140	1 095.00	90.47
3	1 155	1 185	1 182	1 199	1 180.25	97.52
4	1 206	1 250	1 197	1 248	1 225.25	101.23
平均	1 198.75	1 209.00	1 205.50	1 227.00	1 210.31	100.00

从表 8-4 和图 8-6 可以看出该小区居民的用电量有一定的季节变动规律，而且没有明显的上升趋势，故可以用原资料平均法对其季节变动进行测定。

此例表明，该小区居民用电量若无季节因素和随机因素的影响，各季度用电量应该为一常数 1 210.313 千度。但由于受季节冷热变化和人为季节因素的影响，各季度用电量有很大差异。基本上是在每年 1 季度达到高峰，其季节比率为 110.78%；而在 2 季度处于最低水平，季节比率为 90.47%。

从乘法模型和季节比率的含义可看出，季节因素其实质是相对于趋势值的一种变

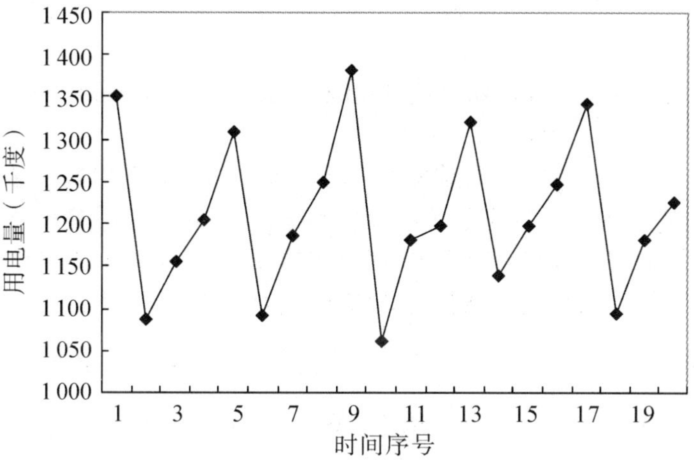

图 8-6 某小区居民用电量折线图

化程度,也即由于季节变动所引起的趋势值增加或减少的一种相对程度。这种相对程度揭示了季节变动的一般规律和生产、经营、消费的“淡季”“旺季”。当没有季节因素影响时,季节比率为 1 或 100%;其值高于 1 或 100%为旺季,低于 1 或 100%为淡季;淡、旺的幅度由季节比率的数值大小加以反映,其值越远离 1,季节因素影响越大,反之越小。

(2)水平趋势季节序列的预测

在 $Y=a\times S\times I$ 这种模式下,要对现象的未来发展做出预测,实际上只需要以一个水平趋势值乘以相应月份或季度的季节比率即可,公式为:

$$\hat{y}_{t+i}=\hat{\alpha}\times\hat{S}_i\quad(i=1,2,\cdots,L)\tag{8-21}$$

上例若对下一年度各季度用电量做出预测,并以各年季平均用电量的加权平均数(权数分别为 1、2、3、4)1 214.225 千度为其水平趋势的估计值 $\hat{\alpha}$,则其预测值分别为:

$\hat{y}_{16+1}=1\ 214.225\times1.107\ 8=1\ 345.12$(千度)

$\hat{y}_{16+2}=1\ 214.225\times0.904\ 7=1\ 098.51$(千度)

$\hat{y}_{16+3}=1\ 214.225\times0.975\ 2=1\ 184.11$(千度)

$\hat{y}_{16+4}=1\ 214.225\times1.012\ 3=1\ 229.16$(千度)

§8.3.2 趋势剔除法

(1)原理与步骤

原资料平均法只适合水平趋势的季节序列,如果序列中包含有明显的上升(下降)趋势,按原资料平均法测定季节因素就有一定局限:一则不能反映出序列的趋势增量,二则由于趋势因素的影响不能正确测定其季节比率。因此,对于 $Y=T\times S\times I$ 序列,要测定其中的季节因素,首先应从序列中剔除趋势,再将余下的部分通过平均的方法消除不规则变动,最后得到季节比率。其步骤如下:

①用移动平均法求出原序列中的趋势值。当平均项数 k 与季节周期长度 L 一致

时,移动平均可以消除季节变动和不规则变动,从而移动平均值即可作为现象的趋势值。

②以原序列各项数值分别除以其对应的移动平均值,以剔除序列中的趋势。这一步相当于 $(T \times S \times I)/T = S \times I$ 。

③将剔除趋势以后的比率数据 $S \times I$,求其各年同期的平均数。这一步的目的是为了消除不规则变动影响,相当于 $S \times I / I = S$ 。

由于乘法模型中季节变动影响在一个完整周期内平均为 1 或 100%,因此要检查第三步所得结果是否满足这个条件。若满足,这些平均数就是所希望得到的季节比率,即季节因素估计值 $\hat{S}_i$ ($i = 1,2,3,\cdots, L$);若不满足,则应对这些平均数进行调整。设这些平均数为 S_i^* ($i = 1,2,3,\cdots,L$),调整的方法即: $\hat{S}_i = S_i^* \times \dfrac{L}{\sum S_i^*}$,调整后的这些平均数即是所需要求的季节比率 $\hat{S}_i$ 。原资料平均法之所以未做这种调整是因为 $\sum_{i=1}^{L} \dfrac{\bar{y}_i}{\bar{y}} = \dfrac{\sum \bar{y}_i/L}{\bar{y}/L} = L$,也就是说, $\sum \hat{S}_i = L$ 是自动满足的。

现以表 8-1 数据为例说明这种方法的应用。用表 8-1 中零售总额数据 y_t 除以四期中心化移动平均值 M_t, 得到剔除了趋势值的数据(表 8-5 中 2010—2016 年各季数据)。然后按原资料平均法,得到季节比率。

表 8-5 我国住宿和餐饮业零售总额季节比率计算表

年度	1 季度	2 季度	3 季度	4 季度	合计
2010	—	—	1.003 1	1.087 3	—
2011	0.973 5	0.929 7	1.007 2	1.087 0	—
2012	0.975 9	0.928 1	1.012 0	1.100 5	—
2013	0.962 8	0.924 3	1.009 2	1.092 3	—
2014	0.970 7	0.928 7	1.008 0	1.092 9	—
2015	0.968 4	0.926 0	1.011 5	1.092 1	—
2016	0.969 3	0.926 1	—	—	—
平均	0.970 1	0.927 1	1.008 5	1.092 0	3.997 7
季节比率(%)	0.970 7	0.927 7	1.009 1	1.092 6	4.000 0

计算结果表明,我国住宿和餐饮业零售的一般规律是每年的 4 季度为旺季,季节比率为 109.32%,其次是 1 季度;2、3 季度的零售受季节因素影响相对较淡,季节比率都低于 100%。

(2)增长趋势季节数列的预测

在 $Y = T \times S \times I$ 这种模式下,要对现象的未来发展做出预测,除了认识现象的季节变动规律,还需要揭示其趋势规律,并建立恰当的趋势方程以便于外推预测。预测公式为:

$$\hat{y}_t = \hat{T}_t \times \hat{S}_{\text{对应季节}} \tag{8-22}$$

根据表 8-5 我国住宿和餐饮业零售总额数据对未来时期做出预测。从图表 8-1 四期中心化移动平均值可以看出,该现象的趋势类似直线,可设其趋势方程为: $\hat{T}_t = a + bt$,其中 a、b 用最小二乘法依据季节调整数据(附列在表 8-1 的第 6 列)求得。

根据 Excel 输出结果建立的趋势方程为: $\hat{T}_t = a + bt = 1\ 765.93 + 56.89t$。

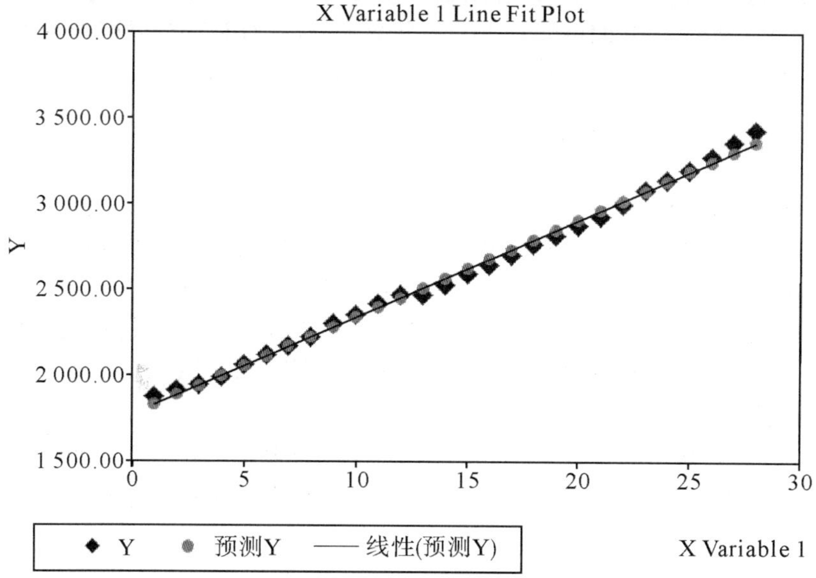

图 8-7　我国住宿和餐饮业增加值的季节调整数据趋势方程拟合

据此,可得 2018 年各季度零售总额预测值为:

$\hat{y}_{29} = \hat{T}_{29} \times \hat{S}_{1\text{季度}} = (1\ 765.93 + 56.89 \times 29) \times 0.970\ 7 = 3\ 315.66$(亿元)

$\hat{y}_{30} = \hat{T}_{30} \times \hat{S}_{2\text{季度}} = (1\ 765.93 + 56.89 \times 30) \times 0.927\ 7 = 3\ 221.56$(亿元)

$\hat{y}_{31} = \hat{T}_{31} \times \hat{S}_{3\text{季度}} = (1\ 765.93 + 56.89 \times 31) \times 1.009\ 1 = 3\ 561.64$(亿元)

$\hat{y}_{32} = \hat{T}_{32} \times \hat{S}_{4\text{季度}} = (1\ 765.93 + 56.89 \times 32) \times 1.092\ 6 = 3\ 918.51$(亿元)

若再往下预测,各季度趋势逐渐增加,但季节比率不变。但要注意的是,预测毕竟是建立在过去发展规律的基础上,且未考虑随机影响,由于事物的变化会受到很多因素的影响,有很多不可预计的变数,所以预测时期一般不宜太长,且对预测结果要结合社会经济背景做适当调整。

前面所提到的季节调整,是以原始数据除以对应季节的季节比率。找出季节比率的目的之一,是为了从时间序列中去掉季节影响,这个过程称为时间序列的季节调整(或消除季节影响)。对于乘法模型,用时间序列的每个观察值分别除以相应的季节比率,即可以对时间序列消除季节影响。季节调整后的时间序列可以对任何需要考察的报告期数据直接与确定的基期的数据进行比较,但未进行季节调整的时间序列只能计算同比(年距)增长量和发展速度。

§8.4 循环变动的测定方法

对循环周期进行研究、测定和分析，不仅有助于认识和掌握事物循环周期的变动规律，对制定政策、安排经济活动、有效遏制循环变动的不良影响提供科学依据；而且有助于预见下一个循环周期可能产生的各种影响，对其有利部分做好准备予以充分利用，对其不利部分事先采取措施以制止其发生或减少其影响。

§8.4.1 循环周期的类型

(1)古典型周期和增长型周期

按经济活动的绝对水平是否下降，可分为古典型周期和增长型周期。

古典型周期是指经济活动的绝对水平下降而后反弹，绝对水平上表现出涨落(峰谷)相间或扩张与紧缩相交替的波动。被认定为古典型周期的经济活动，其绝对量应具有较深度的振幅，即应表现出明显的峰和谷，周期的连续性(由扩张转为衰退，由紧缩到复苏)也很明显。

增长型周期在经济活动的绝对水平上不一定下降，但增长率有明显的涨落(峰谷)相间或扩张与紧缩相交替的波动，也就是增长率表现出明显的峰、谷和周期的连续性。

(2)短周期与长周期

按周期持续时间长短的不同，可分为短周期、中周期、中长周期及长周期，如2~5年左右的短周期、8~10年左右的中周期、15~25年左右的中长周期、50年左右的长周期，等等。

§8.4.2 循环周期的测定方法

在时间序列各种因素的测定中，循环周期的测定是较为困难的，因为一个序列所包含的各个循环周期在时间的长短、波动的大小及具体形态上都不尽相同，而且循环变动又往往与不规则变动混杂在一起，不易区分。常用的循环周期测定方法主要是分解法(也称剩余法)和增长率法。

(1)分解法

分解法又称为剩余法，是测定古典型周期的一种较为有效的常用方法。这种方法的原理，是先从序列中分解出长期趋势和季节变动，以原序列数值除以趋势和季节，剩余循环和不规则变动；再通过平均的方法消除不规则变动，最后分离出循环因素。

按序列的组合因素不同，分解法的步骤可分述如下：

①对于 $Y=T\times C\times I$ 序列。

A. 用适当的方法求出趋势估计值 $\hat{T}$；

B. 从原序列中剔除趋势：$y/\hat{T}$(相当于 $T\times C\times I/T=C\times I$)；

C. 对剔除趋势后的剩余值 $C\times I$ 计算三期移动平均值(必要时可重复进行)以消

除不规则变动的影响，分离出循环因素（相当于 $C \times I / I = C$）。

②对于 $Y = T \times S \times C \times I$ 序列。

A. 计算平均项数 N 与季节周期长度 L 相一致的移动平均值，该移动平均值相当于趋势-循环值 $T \times C$；

B. 以原序列除以移动平均值，剔除趋势-循环（相当于 $T \times S \times C \times I / T \times C = S \times I$）；

C. 用前述求季节比率的方法，对已剔除趋势-循环的剩余值 $S \times I$，通过平均去掉不规则变动，分离出季节因素（相当于 $S \times I / I = S$）；

D. 以原序列数值除以季节比率以消除季节影响（相当于 $Y / S = T \times S \times C \times I / S = T \times C \times I$）；

E. 重复（1）中①～③步骤，即可分离出循环因素。

（2）增长率法

增长率法主要适合于增长型循环周期。该周期的特征是经济活动的增长率表现出周期波动的特点，而绝对量上不一定下降。

这里的增长率即一般意义上的“环比增减速度”（对于年度数据而言）或“年距增减速度”（对于月度或季度数据而言）。实质上反映的是各年同月（或季）或逐年的一种相对增减变化。由于其计算依据前一年或前一年同月（季）的数值，因而易受随机波动的影响，难以真实反映现象循环波动的峰、谷和波动特征。但增长率法简便易行，能比较直观地反映现象增长率的波动特点，因而也常用于增长型循环周期的测定分析。

本章小结

1. 时间序列的四个组合成分：长期趋势、季节变动、循环变动和不规则变动。长期趋势（T）是事物在较长的时期内沿着某一方向持续发展变化的形态；季节变动（S）是现象在一年时间范围内以一定时期为一周期的较有规律的变动；循环变动（C）指现象呈现的若干年（通常不少于三年）为一周期的涨落相间、扩张与紧缩、波峰与波谷相交替的波动；不规则变动（I）是一种没有规律可遵循的偶然性、突发性的变动。

2. 长期趋势的分析方法：平滑法（移动平均、指数平滑法）和方程拟合法。移动平均是选择一定的项数逐项递移，对原序列计算一系列移动平均数以揭示现象长期趋势的方法；移动平均的主要特点是：对序列具有平滑修匀作用，能消除序列中的季节周期（平均项数与季节周期长度必须一致）。指数平滑法是通过计算一系列指数平滑值来消除序列中的不规则变动，揭示现象基本趋势的方法；指数平滑法能充分利用所有数据信息，并对近期数据赋予更大权数。方程拟合法是利用某种数学方程对原序列中的趋势进行拟合，揭示其长期趋势的一种方法；线性趋势方程中参数的估计通常采用最小二乘法。

3. 季节比率的测定方法：原资料平均法和趋势剔除法。原资料平均法适用于水平趋势的季节序列;趋势剔除法适用于有明显上升(下降)趋势的季节序列。季节比率的实质是由于季节变动所引起的趋势值增加或减少的一种相对程度;当没有季节因素影响时,季节比率为1或100%。序列的季节调整即以原始数据除以对应季节的季节比率,目的是从时间序列中去掉季节影响,便于分析。

4. 循环周期按经济活动的绝对水平是否下降分为古典型周期和增长型周期,按周期持续时间长短分为短周期、中周期、中长周期及长周期:其测定方法主要有分解法(剩余法)和增长率法。

思考题与练习题

1. 序列的长期趋势和季节变动是指什么?测定长期趋势和季节变动有什么意义?

2. 移动平均能不能消除季节变动或循环变动?为什么?

3. 对于有增长趋势的时间数列,能不能直接用移动平均值或指数平滑值作为其趋势估计值?为什么?

4. 试述直线趋势方程和指数曲线方程中各参数的意义。

5. 简述测定季节变动的"原资料平均法"和"趋势剔除法"的基本原理、步骤及应用条件。

6. 某公司10年间股票的每股收益如下(单位:元):0.64,0.73,0.94,1.14,1.33,1.53,1.67,1.68,2.10,2.50。通过线性趋势方程预测该公司下一年的收益,能告诉你该公司的什么情况?该公司是你应选择的合适的投资方向吗?

以下各题均要求利用Excel做折线图并操作演算。

7. 我国最近几年分季度的信息传输、计算机服务和软件业企业景气指数(%)资料如下,试用移动平均法分解其趋势值。

时期序号t	景气指数 y_t	时期序号t	景气指数 y_t
1	156.49	6	153.8
2	152.33	7	153.9
3	154.24	8	156.4
4	154.7	9	157
5	153.7	10	155.1

8. 某地区最近几年消费品零售额资料如下:

年份序号t	1	2	3	4	5	6
销售额(亿元) y_t	320	332	340	356	380	400

试以最小平方法建立直线趋势方程 $\hat{y}_t = a + bt$ ，解释方程中参数的经济意义，并对第 7 年的消费品零售额做出预测。

9. 某地某种商品近几年分季度的零售额（万元）资料如下，试用适当的方法建立适当的趋势方程，解释方程中参数的经济意义，并对下一年度各季度的零售额（万元）做出预测。

时期序号 t	零售额（万元）y_t	时期序号 t	零售额（万元）y_t
1	135.04	6	142.00
2	136.70	7	144.60
3	138.00	8	151.70
4	141.20	9	152.10
5	141.60		

10. 某商业企业最近 4 年各季度商品销售量（万件）资料如下表，试用原资料平均法计算各季度季节比率，并对第 5 年各季度销售额做出预测（以最后一年的平均值作为水平趋势预测值，百分数保留两位小数）。

	1 季度	2 季度	3 季度	4 季度	平均
第 1 年	12	43	54	7	—
第 2 年	11	45	57	10	—
第 3 年	13	50	58	8	—
第 4 年	9	45	55	6	—

11. 某企业过去 4 年电视机的销售量（单位：千台）时间序列资料如下：

年	季	销售量	年	季	销售量	年	季	销售量	年	季	销售量
1	1	4.8	2	1	5.8	3	1	6.0	4	1	6.3
	2	4.1		2	5.2		2	5.6		2	5.9
	3	6.0		3	6.8		3	7.5		3	8.0
	4	6.5		4	7.4		4	7.8		4	8.4

要求：

（1）用趋势剔除法计算季节比率；

（2）根据季节调整后的数据建立趋势方程；

（3）对下一年度的销售量做出预测。

＊12. 根据 8 题的资料，试以二次指数平滑方法（令 $E'_0 = E''_0 = y_1$；$\alpha = 0.6$）建立直线趋势方程 $\hat{y}_{t+\tau} = a_t + b_t\tau$ ，并对第 7 年的消费品零售额做出预测。

＊13. 我国历年原煤占能源生产总量比重（%）资料如下，试用适当的方法建立适

当的趋势方程，并对下一年度的比重(%)做出预测。

时期序号 t	原煤占能源生产总量的比重（%）	时期序号 t	原煤占能源生产总量的比重（%）
1	70.3	11	75.2
2	69.4	12	74.1
3	72.8	13	71.9
4	74.1	14	72.6
5	74.2	15	72
6	74.1	16	71.8
7	74.3	17	72.3
8	74	18	75.1
9	74.6	19	76
10	75.3	20	76.4

第 8 章思考题与练习题答案

第 9 章
统计指数与综合评价

在对社会经济现象进行动态分析时有两种情况:其一是单个现象,即只由一种事物构成的现象,如研究一种商品的销售量或购买价格的变化。由于同一种事物不同时期的数值可以直接对比,所以反映其发展变化可以用本书第三章介绍的发展速度;其二是不能直接加总的多个个体组成的现象,如多种商品的销售量,多种产品的价格等。由于不能将各个体的数值直接加总,所以要综合反映其变动,就不能用一般的发展速度,而要采用统计指数的方法来解决。时间数列分析法侧重于单个体现象的发展变化情况,而统计指数分析法着重于多个体现象的发展变化情况。某些不能找到同度量因素的多指标复杂现象,还需要利用综合评价的方法。

§9.1　统计指数

§9.1.1　统计指数的概念

指数起源于 18 世纪中叶欧洲资本主义快速发展时期。当时,由于大批金银源源不断地流入欧洲,使金银价格骤然上涨,引起社会的普遍关注,于是产生了反映物价变动程度的要求。经济学家和统计学家为了测定物价的变动,开始尝试编制价格指数。此后 200 多年,指数应用和指数理论不断发展,逐步扩展到社会经济领域的各个方面。指数是社会经济统计中历史最悠久、应用最广泛、与社会经济生活关系最密切的一种统计指标和分析方法。随着指数理论的不断发展,对指数的理解也在不断深化和更新。一般而言,对指数的理解,可区分为广义指数和狭义指数两种。

广义的指数是指一切说明社会经济现象数量变动或差异程度的相对数,英国百科全书定义:“指数是用来测定一个变量对于一个特定变量值大小的相对数”。如动态相对数、比较相对数、计划完成相对数都可以称为指数。

狭义的指数是指综合反映复杂现象总体数量变动或差异程度的特殊相对数。所谓复杂现象总体是指那些由许多不同度量单位、性质各异的个体组成、数量上不能直接加总的现象总体。例如,居民在一定时期所消费的食品、日用品、服务等项目,其数量不能直接相加;这些食品、日用品、服务项目等的价格虽然都以“元”计量,但也不能直接相加;即便是食品类的各种食品、日用品类的各种日用品和服务类的各种服务项目,其数量和价格也不能直接相加。因此,居民消费总量(食品消费总量等)和居民消费价格(食品消费价格等)是复杂现象总体。要反映居民消费数量和价格(食品消费数量和价格等)的变动,就必须想办法使不能相加的现象变成能够相加的、能够对比的现象,这个过程所得的相对数是个特殊相对数,也就是狭义的指数。从指数理论和方法上看,指数所研究的主要是狭义的指数,因此,本章所研究的指数主要是狭义的指数。

狭义指数具有综合性和平均性的特点。

所谓综合性,指狭义指数是综合反映多个个体构成的复杂现象总体的变动。综合性说明狭义指数是一种特殊的相对数,它是由一组变量或项目综合对比形成的。如居民消费价格指数不是反映一种消费品或是一种服务的价格的变动,而是综合反映居民所有生活消费项目价格的总变动。

所谓平均性,指狭义指数反映的总变动本质上是一种平均变动,是总体水平的一个代表性数值。由于各个个体的变动是参差不齐的,狭义指数反映的这种总变动实际上是将个体差异抽象,反映总体各个个体变动的一般程度。

§9.1.2 统计指数的作用

指数经过200多年的发展,已经广泛应用于工业生产、进出口贸易、铁路运输、工资、成本、生活费用、股票证券等各个方面。其中有些指数,如居民消费价格指数、购买力指数、工业品出厂价格指数、固定资产投资价格指数等,不仅成为社会经济生活的晴雨表,还和人们的日常生活休戚相关;有些指数,如股票价格指数、生产资料价格指数等还直接影响人们的投资行为。如今,指数的原理被进一步用于经济景气、经济效益、生活质量、综合国力及社会发展水平等的综合评价研究,在社会经济的各个方面都发挥着不可替代的重要作用。指数的主要作用可以概括为:

(1)综合反映复杂现象总体变动的方向和程度

统计研究社会经济现象的变动时,不仅要说明个别现象的变动情况,如某种产品产量的变动、某种商品价格的变动;还要说明由许多个体组成的总体的综合变动,如全部产品产量的总变动、全部商品价格的总变动。而这些复杂现象总体是不能直接对比的,必须根据狭义指数的原理,将不能相加的现象变成能够相加的现象再进行对比,从而综合反映复杂现象总体变动的方向和程度。

(2)利用指数体系对现象总额或总平均数变动进行因素分析

许多社会经济现象的总额或总平均数变动是受若干构成因素变动的影响,比如产品总成本的变动受到产品产量和单位产品成本变动的共同影响;商品销售额的变动受到商品销售量和价格变动的共同影响;总平均工资受到职工人数和各类别职工平均工资变动的共同影响。通过指数体系可以对现象的总变动进行因素分析,揭示各个影响因素的变动方向和变动程度以及对现象总额或总平均数变动的影响方向和影响程度。

§9.1.3 统计指数的分类

(1)个体指数和总指数

统计指数按反映现象范围的不同,分为个体指数和总指数。

个体指数是反映单个事物变动的相对数,即广义的指数。例如某种产品的产量指数,某种商品销售量指数,某种产品出厂价格指数,某种商品销售价格指数等。事实上,前述的发展速度就是一种个体指数,总额指数也可归为个体指数。

总指数是反映由多个个体构成、而这些个体是在数量上不能直接加总的复杂现象总体综合变动的相对数,即狭义的指数。如多种产品的产量指数,多种商品的销售量指数;多种产品的出厂价格指数,多种商品价格指数等。

在总体分组的情形下,常常还需要编制介于个体指数与总指数之间的组指数(类指数),反映总体中某一组(类)现象的变动。其计算方法与总指数相同,只是计算范围不同而已。当由个体指数计算类指数时,类指数实质上是总指数;当由类指数计算总指数时,将类指数视为个体指数。所以,从方法论上讲,类指数的计算与总指数一样。

(2)数量指标指数和质量指标指数

统计指数按反映现象特征的不同,分为数量指标指数和质量指标指数。

数量指标指数是根据数量指标计算的、说明现象总规模、总水平变动的指数,如产品产量指数、商品销售量指数。质量指标指数是根据质量指标计算的、说明现象对比关系、质量水平变动的指数,如价格指数、单位产品成本指数、劳动生产率指数等。

在统计指数理论中,把所要反映其数量变动的那个指标称为指数化指标。

(3)静态指数和动态指数

统计指数按反映现象对比性质的不同,分为动态指数和静态指数。

动态指数是用于说明现象在不同时间上对比的相对数,反映现象在时间上的变化过程和程度。常见的居民消费价格指数、零售价格指数、工业生产指数、股票价格指数等,都属于动态指数。

动态指数按采用的对比基期的不同,又分为环比指数和定基指数。在一个动态指数数列中,若各期指数都以上期为对比基期,称为环比指数;若各期指数都以某一固定时期为对比基期,则称为定基指数。

静态指数包括空间指数和计划完成指数。空间指数是将同一时间不同空间(如不同国家、地区、部门或企业等)的同类现象水平进行对比,反映现象在空间上的差异程度,如地区间的价格比较指数。计划完成指数是将某种现象的实际水平与计划水平进行对比,反映计划的执行情况或完成与未完成的程度,如产品成本计划完成情况指数。

§9.2　总指数的计算

总指数的基本计算方法有综合法和平均法两种,习惯上分别把这两种方法计算的总指数称为综合法指数和平均法指数,但是它们仅仅是总指数的两种计算方法,而不是总指数的分类。

§9.2.1　综合法指数

(1)综合法指数的原理

综合法指数是总指数的基本形式，是通过两个时期的综合总量对比计算的总指数。其主要特点是先综合而后对比。

如前所述，总指数是反映由多个个体构成的复杂现象总体综合变动的相对数。而构成复杂现象总体的多个个体由于其使用价值不同、度量单位不同，不能直接加总，统计上称为不同度量。因此，要综合反映复杂现象总体的变动，就必须首先解决不同度量的问题。为此，我们需要引入一个媒介因素，使不同度量、不能加总的现象转化为同度量、可以加总的现象。这种媒介因素在统计指数理论中被称为同度量因素。

对于具体研究的现象，以什么因素为同度量因素，要以现象之间的客观经济联系来决定。很多社会经济现象之间的联系，都可以用一种经济方程式来表示，比如：

$$销售总额=\sum(销售量\times价格)$$

$$总成本=\sum(产量\times单位成本)$$

$$工业总产出=\sum(工业产品产量\times出厂价格)$$

这些经济方程式等号右边的两个现象都是复杂现象总体，就指标的性质而言，其中一个是数量指标，例如销售量、产品产量等；一个是质量指标，例如价格、单位成本。它们是影响等号左边价值总量的因素。由于二者的乘积是价值量，而价值量是同度量的。因此，在计算指数时，经济方程式中的数量指标和质量指标互为同度量因素。

引入同度量因素以后，使不能直接相加的现象变成了能够相加的价值量，解决了复杂现象总体不能直接加总的问题，但价值总量的变动中不仅包含了所研究现象(指数化指标)的变动，也包含了同度量因素的变动。因此，在引进同度量因素的同时，还必须将同度量因素的时期固定下来，使所得的指数只反映指数化指标的变动。

归纳起来，综合法指数的基本编制原理是：首先引入同度量因素，解决复杂现象总体的指数化指标不能直接加总的问题；其次固定同度量因素，使综合总量的对比只反映指数化指标的变动。

(2)综合法指数的计算

【例 9-1】根据表 9-1 的资料，计算销售量总指数和价格总指数。

表 9-1　某商业企业商品销售量及价格统计表

商品名称	计量单位	销售量		价格(万元)	
		基期 q_0	报告期 q_1	基期 p_0	报告期 p_1
甲	件	12	10	20.0	26.0
乙	台	100	120	4.0	5.0
丙	箱	6	10	290.0	300.0

根据上表资料，用销售量个体指数分别反映各种商品销售量的变动：10/12×100%＝83.3%、120/100×100%＝120%、10/6×100%＝166.7%，表示报告期与基期相比三种商

品的销售量分别减少 16.7%、增长 20%及增长 66.7%。

我们的目的是要综合反映这三种商品销售量的总变动，因此需要计算销售量总指数。由于这些商品各有不同的使用价值和度量单位，销售量这一实物量指标是不能直接加总的。需要引入价格为同度量因素，用销售量乘以价格，使不能加总的销售量转化为可以加总的销售额。同时，价格还起到权数的作用，因为价格直接影响销售额，价格高的商品其销售量乘以价格所得销售额相对较大，对销售量总指数的影响也较大，而价格低的商品其销售量乘以价格所得销售额相对较小，对销售量总指数的影响也较小。由此可见，同度量因素不仅具有同度量的作用，还具有权数的作用。因此，同度量因素也称为权数。

同样的道理，用价格个体指数分别反映各种商品价格的变动：26/20×100% = 130%、5/4×100% = 125%、300/290×100% = 103.4%，表示报告期与基期相比三种商品的价格分别上升了 30%、25%、3.4%。

但我们的目的是要综合反映这三种商品价格的总变动，因此需要计算的是价格总指数。根据表 9-1 的资料可见，各种不同使用价值、不同计量单位的商品的价格是不能直接加总对比的。要反映不同商品价格的总变动，要以各种商品的销售量为同度量因素，用价格乘以销售量，使不能加总的价格转化为可以加总的销售额。这里的销售量，既起到了同度量的作用，又起到权数的作用。销售量高的商品其价格乘以销售量所得销售额相对较大，对价格总指数的影响也较大；销售量低的商品其价格乘以销售量所得销售额相对较小，对价格总指数的影响也较小。

在引进同度量因素的同时，还必须将同度量因素的时期固定下来。同度量因素固定的时期如何选择，是国内外统计理论界长期讨论的一个重要问题。

①把同度量因素固定在基期——拉氏指数。

1864 年，德国经济学家埃蒂恩・拉斯贝尔斯（Etienne Laspeyres，1834—1913）提出，计算指数时把同度量因素固定在基期，称为拉斯贝尔斯指数，简称拉氏指数。将同度量因素固定在基期，所计算出的指数不包含同度量因素的变化，只单纯反映指数化指标的变化。拉氏数量指标指数和拉氏质量指标指数计算公式分别为：

拉氏数量指标指数：

$$\bar{I}_q = \frac{\sum q_1 p_0}{\sum q_0 p_0} \tag{9-1}$$

拉氏质量指标指数：

$$\bar{I}_p = \frac{\sum p_1 q_0}{\sum p_0 q_0} \tag{9-2}$$

根据表 9-1 的资料，可以求得如表 9-2 所示的某商业企业商品销售额数据。

表 9-2　某商业企业商品销售量及价格统计表

商品名称	计量单位	销售量		价格(万元)		销售额(万元)			
		基期 q_0	报告期 q_1	基期 p_0	报告期 p_1	基期 q_0p_0	报告期 q_1p_1	假定 q_1p_0	假定 q_0p_1
甲	件	12	10	20.0	26.0	240	260	200	312
乙	台	10	120	4.0	5.0	400	600	480	500
丙	箱	6	10	290.0	300.0	1 740	3 000	2 900	1 800
合计	—	—	—		—	2 380	3 860	3 580	2 612

根据表 9-2 的资料,拉氏物量指数如下:

$$\bar{I}_q = \frac{\sum q_1p_0}{\sum q_0p_0} \times 100\% = \frac{3\ 580}{2\ 380} \times 100\% = 150.42\%$$

计算结果的含义是,报告期三种商品的销售量总的来说(或平均来说)比基期增长 50.42%。上述公式实质上是两个销售总额对比,分母 $\sum q_0p_0$ 为基期实际销售总额,分子 $\sum q_1p_0$ 为报告期销售的商品数量按基期价格计算的销售总额,即如果价格不变报告期的销售总额(称为假定销售总额)。但是分子与分母的差异是由于销售量变动而引起的,所以,上述计算结果还表示销售量总变动对销售总额的影响:由于三种商品销售量平均增长 50.42%,使销售总额也相应增长 50.42%。

由于销售量增加而使销售总额增加的绝对额为:

$$\sum q_1p_0 - \sum q_0p_0 = 3\ 580 - 2\ 380 = 1\ 200(\text{万元})$$

根据表 9-2 的资料,拉氏物价指数如下:

$$\bar{I}_p = \frac{\sum p_1q_0}{\sum p_0q_0} \times 100\% = \frac{2\ 612}{2\ 380} \times 100\% = 109.75\%$$

计算结果的含义是,报告期三种商品的价格总的(平均)来说比基期上涨 9.75%。上述公式中分母 $\sum p_0q_0$ 为基期实际销售总额,分子 $\sum p_1q_0$ 为假如以报告期的价格销售基期那么多商品的销售总额(假定销售总额),但是,分子与分母的差异是由于价格变动引起的。所以,上述计算结果还可表示价格总变动对销售总额的影响:由于价格上涨 9.75%使销售总额增加 9.75%。

由于价格上涨而使销售总额增加的绝对额为:

$$\sum p_1q_0 - \sum p_0q_0 = 2\ 612 - 2\ 380 = 232(\text{万元})$$

②把同度量因素固定在报告期——帕氏指数。

1874 年,另一位德国经济学家哈曼·帕歇(Hermann Paasche,1851—1925)提出应该把同度量因素固定在报告期。由此产生帕歇氏综合法指数,简称帕氏指数。帕氏数量指标指数和帕氏质量指标指数计算公式分别为:

帕氏数量指标综合法指数：$\bar{I}_q = \dfrac{\sum q_1 p_1}{\sum q_0 p_1}$　(9-3)

帕氏质量指标综合法指数：$\bar{I}_p = \dfrac{\sum p_1 q_1}{\sum p_0 q_1}$　(9-4)

以表 9-2 的资料代入帕氏物量指数公式：

$$\bar{I}_q = \frac{\sum q_1 p_1}{\sum q_0 p_1} \times 100\% = \frac{3\ 860}{2\ 612} \times 100\% = 147.78\%$$

由于物量增加引起销售额增加绝对额：

$$\sum q_1 p_1 - \sum q_0 p_1 = 3\ 860 - 2\ 612 = 1\ 248（万元）$$

以表 9-2 的资料代入帕氏物价指数公式：

$$\bar{I}_p = \frac{\sum p_1 q_1}{\sum p_0 q_1} \times 100\% = \frac{3\ 860}{3\ 580} \times 100\% = 107.82\%$$

由于物价增加引起销售额增加绝对额：

$$\sum p_1 q_1 - \sum p_0 q_1 = 3\ 860 - 3\ 580 = 280（万元）$$

一般说来，拉氏指数大于帕氏指数，即有：

$$\frac{\sum p_1 q_0}{\sum p_0 q_0} > \frac{\sum p_1 q_1}{\sum p_0 q_1} \qquad \frac{\sum q_1 p_0}{\sum q_0 p_0} > \frac{\sum q_1 p_1}{\sum q_0 p_1}$$

因为消费者面对相对价格的变化时，他们会用相对便宜的货物和服务替代那些相对昂贵的货物和服务，因此，用报告期销售量作权数，价格上涨率比较高的商品其权重比基期有所下降，价格上涨率比较低的商品其权重比基期有所上升。由于指数所涉及的绝大多数情况价比与量比呈负相关关系，从而拉氏指数往往大于帕氏指数，这种现象称为“帕歇效应”。

就经济意义而言，拉氏指数和帕氏指数孰优孰劣，并没有决然的标准。实际应用中，究竟将同度量因素固定在哪一个时期，采用哪一种指数形式，要根据不同的研究对象、目的、获取资料的难易程度等加以决定。但是由于拉氏指数和帕氏指数与总额指数有以下关系：

$$\frac{\sum q_1 p_0}{\sum q_0 p_0} \times \frac{\sum q_1 p_1}{\sum q_1 p_0} = \frac{\sum q_1 p_1}{\sum q_0 p_0}$$

$$\frac{\sum q_1 p_1}{\sum q_0 p_1} \times \frac{\sum p_1 q_0}{\sum p_0 q_0} = \frac{\sum q_1 p_1}{\sum q_0 p_0}$$

所以，为了指数体系的成立和进行因素分析，在编制物量指数时，通常将同度量因素固定在基期，编制物价指数时，通常将同度量因素固定在报告期。更一般地说，在计算数量指标指数时，多用拉氏指数公式，计算质量指标指数时，多用帕氏指数公式。本章以下的分析均按这种方法计算数量指标指数和质量指标指数。

③把同度量因素固定在某一特定时期——固定权数指数

计算产品物量指数时,为了便于各个时期指数的相互对比,还可用可比价格或某一特定时期的价格为同度量因素,即:

$$\bar{I}_q = \frac{\sum q_1 p_n}{\sum q_0 p_n} \tag{9-5}$$

其中,p_n 表示固定在某一特定时期的价格。

过去我国编制工业生产指数就主要是采用不变价格为同度量因素,这就是一种固定权数指数。计算各年的产量指数都以同一不变价格(例如 1990 年不变价格)为同度量因素。其优点是便于产量的动态对比,缺点是编制不变价格只能编制主要工业产品的不变价格,且当市场价格变化较大或固定价格使用时间较长时,和实际情况背离较远。

§9.2.2 平均法指数

(1)平均法指数的原理

平均法指数是通过对个体指数加权平均求总指数的方法。

运用综合法指数公式计算总指数,无论选择哪一种同度量因素,当把不同度量的指标转化为可以加总的价值总量指标时,在其公式中,或是分子,或是分母是一种假定总额,即$\sum p_0 q_1$ 或$\sum p_1 q_0$。当研究对象范围过大,要获取各个个体基期、报告期的数量指标以及相应的质量指标的数据就存在相当的困难。人们在实践中通常根据抽样调查取得代表商品的个体指数,然后对个体指数加权平均求得总指数。

计算平均法指数要解决的主要问题是:采用哪种平均方法?权数如何确定?常用的平均方法主要包括算术平均法和调和平均法;权数的确定既要考虑经济意义,又要考虑获取资料的可行性,所以产生出基期总额($q_0 p_0$)、报告期总额($q_1 p_1$)和比重权数(w)等权数形式。

(2)平均法指数的计算

按指数化指标的性质和平均方法不同,平均法指数分为加权算术平均法指数和加权调和平均法指数。

①加权算术平均法指数。

加权算术平均法指数是采用算术平均形式对个体指数进行加权平均计算而得的。为了使分子、分母有明确的经济意义,权数应为基期总额。公式为:

$$\bar{I}_q = \frac{\sum \frac{q_1}{q_0} q_0 p_0}{\sum q_0 p_0} \tag{9-6}$$

$$\bar{I}_p = \frac{\sum \frac{p_1}{p_0} q_0 p_0}{\sum q_0 p_0} \tag{9-7}$$

【例 9-2】根据表 9-3 的有关资料,用加权算术平均法计算销售量总指数。

表 9-3　某商业企业商品个体指数及销售额统计表

商品名称	计量单位	销售量个体指数 $I_q = q_1/q_0$	价格个体指数 $I_p = p_1/p_0$	销售额(万元)	
				基期 q_0p_0	报告期 q_1p_1
甲	件	0.833	1.300	240	260
乙	支	1.200	1.250	400	600
丙	台	1.667	1.034	1 740	3 000
合计	—	—	—	2 380	3 860

销售量总指数为:

$$\bar{I}_q = \frac{\sum \frac{q_1}{q_0}q_0p_0}{\sum q_0p_0} = \frac{0.833 \times 240 + 1.2 \times 400 + 1.667 \times 1\ 740}{240 + 400 + 1\ 740}$$

$$= \frac{3\ 580}{2\ 380} = 150.42\%$$

销售量变动对销售总额的影响绝对额为:

$$\sum \frac{q_1}{q_0}q_0p_0 - \sum q_op_0 = 3\ 580 - 2\ 380 = 1\ 200(\text{万元})$$

价格总指数为:

$$\bar{I}_q = \frac{\sum \frac{q_1}{q_0}q_0p_0}{\sum q_0p_0} = \frac{1.3 \times 240 + 1.25 \times 400 + 1.034\ 5 \times 1\ 740}{240 + 400 + 1\ 740}$$

$$= \frac{2\ 612}{2\ 380} = 109.74\%$$

价格变动对销售总额的影响绝对额:

$$\sum q_1p_1 - \sum \frac{1}{\frac{p_1}{p_0}}q_1p_1 = 2\ 612 - 2\ 380 = 232(\text{万元})$$

上述计算结果与前述拉氏指数结果完全相同。从计算公式(9-6)和(9-7)不难看出,在同一资料情况下,以基期总额 p_0q_0 为权数的加权算术平均法指数与拉氏综合法指数是一致的。二者只是计算形式不同,经济意义和计算结果完全相同。

加权算术平均法指数不仅可以用绝对数(总额)加权,也可以用比重加权。所谓比重权数的平均法指数是指采用比重对个体指数加权平均求总指数的方法,往往采用算术平均法,其基本形式为:

$$\bar{I} = \frac{\sum I_w}{\sum w} \quad (9-8)$$

采用比重权数的平均法指数，不仅可以避免每次编制指数搜集权数资料的困难，而且也便于前后不同时期的对比；但无法根据分子分母之差反映指数所引起的总额变化的绝对差额。

②加权调和平均法指数。

加权调和平均法指数是采用调和平均形式对个体指数进行加权平均计算总指数的方法。为了使分子、分母有明确的经济意义，权数应为报告期总额。公式为：

$$\bar{I}_q = \frac{\sum q_1p_1}{\sum \frac{1}{\frac{q_1}{q_0}} q_1p_1} \tag{9-9}$$

$$\bar{I}_p = \frac{\sum q_1p_1}{\sum \frac{1}{\frac{p_1}{p_0}} q_1p_1} \tag{9-10}$$

根据表 9-3 资料，用加权调和平均法计算销售量（数量指标）总指数和价格（质量指标）总指数。

销售量总指数：

$$\bar{I}_p = \frac{\sum q_1p_1}{\sum \frac{1}{\frac{q_1}{q_0}} q_1p_1} = \frac{260 + 600 + 3\ 000}{\frac{260}{0.833} + \frac{600}{1.20} + \frac{3\ 000}{1.667}} = \frac{3\ 860}{2\ 612} = 147.78\%$$

销售量变动对销售总额的影响绝对额：

$$\sum q_1p_1 - \sum \frac{1}{\frac{q_1}{q_0}} q_1p_1 = 3\ 860 - 2\ 612 = 1\ 248（万元）$$

价格总指数：

$$\bar{I}_p = \frac{\sum q_1p_1}{\sum \frac{1}{\frac{p_1}{p_0}} q_1p_1} = \frac{260 + 600 + 3\ 000}{\frac{260}{1.3} + \frac{600}{1.25} + \frac{3\ 000}{1.034}} = \frac{3\ 860}{3\ 580} = 107.82\%$$

价格变动对销售总额的影响绝对额：

$$\sum q_1p_1 - \sum \frac{1}{\frac{p_1}{p_0}} q_1p_1 = 3\ 860 - 3\ 580 = 280（万元）$$

可见，其计算结果与前面用综合法帕氏指数计算的结果完全相同。从计算公式（9-9）和（9-10）不难看出，就同一资料，以报告期总额 q_1p_1 为权数的加权调和平均法指数与帕氏综合法指数是一致的。二者只是计算形式不同，经济意义和计算结果完全相同。

§9.2.3　几种常用的价格指数

(1)居民消费价格指数

居民消费价格指数，是各国政府都非常重视并且一直在编制的一种经济指数，也是我国政府统计部门编制并发布的最重要的价格指数。居民消费价格指数同人们生活休戚相关，它综合反映居民家庭所购买的各种消费品和服务的价格变动程度，用以观察和分析消费品和服务价格变动对城乡居民实际生活费支出的影响。这一指标通常影响着政府关于财政、货币、消费、工资、社会保障等政策的制定，是研究人民生活水平、监测社会稳定性、进行宏观经济分析和调控的重要依据。其具体作用和应用主要体现在以下几个方面：

①测定通货膨胀。通货膨胀的严重程度用通货膨胀率来反映，说明一定时期内商品价格持续上升的幅度。通货膨胀率一般以居民消费价格指数来表示。

②反映货币购买力的变动程度。货币购买力是指单位货币所能购买的消费品和服务的数量。价格上升意味着货币贬值，货币购买力下降；反之，价格下降意味着货币升值，货币购买力上升。货币购买力指数通常就是用居民消费价格指数的倒数来计算的。

③将价值量指标的名义值减缩为实际值，以消除价格变化的影响。如用名义工资除以居民消费价格指数，得到实际工资。类似地，可测定居民实际可支配收入水平和实际消费水平等。

我国居民消费价格指数采用固定加权算术平均指数方法编制，其主要编制过程和特点是：首先，把居民消费分为食品、烟酒及用品、衣着、家庭设备用品及服务、医疗保健及个人用品、交通和通信、娱乐教育文化用品及服务、居住等八大类。每个大类又分为若干种类，中类还有基本分类，共有 263 个基本分类，各地每月调查 600~700 种规格产品价格。基本分类中包括若干代表规格品。其次，从以上各类中选择代表性商品和服务项目入编指数。再次，根据城乡居民家庭生活支出构成确定权数，例如食品大类的权数为食品类支出额占全部支出额的比重，粮食中类的权数为粮食支出在食品大类支出额所占的比重。最后，按从低到高的顺序，采用比重加权算术平均公式，依次编制各小类、中类的消费价格指数和消费价格总指数。

该指数每月编制并公布，具有较强的及时性。为了满足分层面分析的需要，不仅编制全国的，也编制分地区的、分城乡的居民消费价格指数。2001 年起，将对比基准固定为 2000 年平均价格水平，以后每五年或十年更换一次对比基期。

(2)农产品生产价格指数

农产品生产价格指数是反映一定时期内，农产品生产者出售农产品价格水平变动趋势及幅度的相对数。该指数可以客观反映全国农产品生产价格水平和结构变动情况，满足农业与国民经济核算需要。其中某代表品生产价格指数是通过对全部有出售该产品行为的调查单位的个体指数进行几何平均求得的；类价格指数是通过对其所属的类(代表品)的价格指数进行加权平均求得。季度累计价格指数的计算方法与分季指数的计算方法相同。

(3)工业品出厂价格指数

工业品出厂价格指数是反映一定时期内全部工业产品出厂价格总水平的变动趋势和程度的相对数,包括工业企业售给本企业以外所有单位的各种产品和直接售给居民用于生活消费的产品。该指数可以观察出厂价格变动对工业总产值及增加值的影响。

(4)股票价格指数

股票作为一种特殊的金融商品,也有价格。广义的股票价格,包括票面价格、发行价格、账面价格、清算价格、内在价格、市场价格等。狭义的股票价格,即通常所说的市场价格,也称股票行市。它完全随股市供求行情变化而涨落。股票价格指数是根据精心选择的那些具有代表性和敏感性强的样本股票某时点平均市场价格计算的动态相对数,用以反映某一股市股票价格总的变动趋势。在成熟市场经济中,股价指数不仅是投资者决策的重要依据,也是国民经济的晴雨表。目前,世界各国的主要证券交易所都有自己的股票价格指数。

股价指数的计算方法很多,一般采用综合指数形式,以发行量(流通量)为权数,权数可以固定在基期(拉氏公式),也可以固定在报告期(帕氏公式),但大多数股价指数采用帕氏公式。

§9.3 指数体系与因素分析

§9.3.1 指数体系的概念与作用

(1)指数体系的概念

指数体系是若干个有联系的指数形成的整体。社会经济现象之间总是相互联系的,每一现象的变动都受到其他因素的影响和制约。这些因素之间的联系往往可以通过指标之间的经济关系式反映出来,例如:商品销售额=商品销售量×销售价格。现象之间的这种联系反映在指数关系上就形成指数体系,例如:商品销售额指数=商品销售量指数×销售价格指数。

由于各因素指数所用权数时期不同,故有不同的指数体系。比较常用的是拉氏数量指标指数和帕氏质量指标指数形成的综合法指数体系,以及基期总量加权算术平均数量指数和报告期总量加权调和平均质量指数形成的平均法指数体系。公式分别为:

综合法指数体系:

$$\frac{\sum q_1p_1}{\sum q_0p_0}=\frac{\sum q_1p_0}{\sum q_0p_0}\times\frac{\sum p_1q_1}{\sum p_0q_1} \tag{9-11}$$

$$\sum q_1p_1-\sum q_0p_0=\left(\sum q_1p_0-\sum q_0p_0\right)+\left(\sum p_1q_1-\sum p_0q_1\right) \tag{9-12}$$

平均法指数体系:

$$\frac{\sum q_1p_1}{\sum q_0p_0} = \frac{\sum I_q q_0p_0}{\sum q_0p_0} \times \frac{\sum p_1q_1}{\sum \frac{p_1q_1}{I_p}} \tag{9-13}$$

$$\sum q_1p_1 - \sum q_0p_0 = \left(\sum I_q q_0p_0 - \sum q_0p_0\right) + \left(\sum p_1q_1 - \sum \frac{p_1q_1}{I_p}\right) \tag{9-14}$$

(2)指数体系的作用

①利用指数体系,可进行指数之间的相互推算。即根据有关现象的变动程度来推算另一现象的变动程度。如同样多的货币报告期所能购买的商品数量相当于基期的90%,则可推算是因为价格上升了 11.11%:

$$价格指数 = \frac{购买额指数}{购买量指数} = \frac{100\%}{90\%} = 111.11\%$$

②利用指数体系进行因素分析。由于某种现象的变动是受多个影响因素变动共同作用的结果,利用指数体系,就可以分别测定各个影响因素对所研究现象的影响。在用于多因素分析时,习惯上又称为连锁关系替代法。这种方法不仅适用于分析现象总量的变动,也适用于分析分组情况下总平均数的变动。

§9.3.2　因素分析

所谓因素分析是利用指数体系从相对数和绝对数两方面分析现象的总变动受各个因素变动影响的情况。根据现象之间的客观联系确定指数体系,是因素分析的前提。

因素分析按分析对象的数量特征分为总量指标因素分析和平均指标因素分析;按影响因素的多少,分为两因素分析和多因素分析。

因素分析的步骤是:首先计算现象总变动指数和绝对差额,其次分别计算影响其变动的数量指标指数及绝对差额和质量指标指数及绝对差额;最后分析影响因素的变动对现象总变动影响的程度。

(1)现象总量变动的两因素分析

对由两因素构成的现象总量,进行因素分析的步骤是:首先计算所研究现象变动的相对程度及绝对差额,然后分别计算两个影响因素指数及由此引起的所研究现象变动的绝对差额,最后列出三者之间的数量联系关系并进行文字的综合说明。

【例 9-3】下面以表 9-2 资料为例,对该商场三种商品销售额的变动进行两因素分析。

①销售额指数及绝对增减额:

$$\bar{I}_{qp} = \frac{\sum q_1p_1}{\sum q_0p_0} = \frac{3\ 860}{2\ 380} = 162.18\%$$

$$\sum q_1p_1 - \sum q_0p_0 = 3\ 860 - 2\ 380 = 1\ 480(万元)$$

②销售量总指数及由于销售量变动引起的销售额绝对增减额:

$$\bar{I}_q = \frac{\sum q_1p_0}{\sum q_0p_0} = \frac{3\ 580}{2\ 380} = 150.42\%$$

$$\sum q_1p_0 - \sum q_0p_0 = 3\ 850 - 2\ 380 = 1\ 200(万元)$$

③价格总指数及由于价格变动引起销售额的绝对增减额：

$$\bar{I}_p = \frac{\sum q_1p_1}{\sum q_1p_0} = \frac{3\ 860}{3\ 580} = 107.82\%$$

$$\sum q_1p_1 - \sum q_1p_0 = 3\ 860 - 3\ 580 = 280(万元)$$

④三者所形成的指数体系关系及分析说明：

计算结果表明，这三种商品购买额报告期比基期增长了 62.18%，即增加 1 480 万元。其中，由于三种商品的购买量平均增长 50.42%，使购买额增长 50.42%，增加 1 200 万元；又由于三种商品的价格平均上升了 7.82%，使购买额相应上升了 7.82%，增加 280 万元。三者之间的关系为：

162.18% = 150.42%×107.82%

1 480(万元) = 1 200(万元)+280(万元)

(2)现象总量变动的多因素分析

多因素分析就是将所研究现象分解为三个或三个以上的影响因素，分别测定各影响因素的变动程度及其影响作用。多因素分析原理和方法与两因素分析是一致的，但在分析过程中要注意两点：

第一，各因素的排列顺序应以它们之间的相互联系为依据，使两两相乘有经济意义，以便确定同度量因素所属的时期。

例如：利润额 = 销售量×单位商品销售价格×销售利润率

= 销售额×销售利润率

第二，测定其中某个因素的作用时，要使其余所有的因素固定下来。也就是说，计算各影响因素指数时，作为同度量因素的指标不是一个，而是两个或两个以上。在全部影响因素中，数量指标和质量指标的区分是两两相对而言的，一般将数量指标固定在报告期，将质量指标固定在基期。

【例 9-4】以某表 9-4 资料对某企业销售利润总额的变动进行三因素分析。

表 9-4　某企业销售量、价格和利润率资料

产品名称	计量单位	销售量		价格(元)		销售利润率(%)	
		p_0	q_1	p_0	P_1	m_0	m_0
甲	辆	150	160	35 000	32 000	11	13
乙	台	250	250	18 000	17 600	20	19
丙	件	5 000	5 500	290	310	7	8

该例中，对销售利润总额的变动进行三因素分析将分别计算销售量总指数、价格总指数、销售利润率总指数及由于各因素变动引起的利润绝对增减额。

在计算销售量总指数时，由于销售量是数量指标，同度量因素单位商品销售价格和销售利润率相对于销售量而言都是质量指标，均应固定在基期。若从两两比较来看，道理也是一样的。销售量和价格比较，销售量是数量指标，价格是质量指标；而销售量和价格的乘积是销售额，销售额和销售利润率比较，销售额是数量指标，销售利润率是质量指标。所以计算销售量总指数时，同度量因素销售价格和销售利润率均为质量指标，都固定在基期。

在计算价格总指数时，价格相对于销售量而言是质量指标，销售量是数量指标，故销售量应固定在报告期；而价格与销售量的乘积销售额是数量指标，销售利润率相对于销售额是质量指标，所以，销售利润率应固定在基期。

在计算销售利润率总指数时，销售量和价格的乘积——销售额，相对于销售利润率是数量指标，销售利润率是质量指标。所以，销售量和价格作为销售额这个概念时，二者都要固定在报告期。

表 9-5　某企业利润额变动三因素分析计算表

产品名称	计量单位	销售量		价格（元）		利润率（%）		利润额（万元）			
		q_0	q_1	p_0	P_1	m_0	m_0	$q_0p_0m_0$	$q_1p_1m_1$	$q_1p_0m_0$	$q_1p_1m_0$
甲	辆	150	160	35 000	32 000	11	13	57. 75	66. 56	61. 60	56. 32
乙	台	250	250	18 000	17 600	20	19	90. 00	83. 60	90. 00	88. 00
丙	件	5 000	5 500	290	310	7	8	10. 15	13. 64	11. 17	11. 94
合计	—	—	—	—	—	—	—	157. 90	163. 80	162. 77	156. 26

①利润总额指数及绝对增减额：

$$\bar{I}_{qpm}=\frac{\sum q_1p_1m_1}{\sum q_0p_0m_0}=\frac{163.8}{157.9}=103.70\%$$

$$\sum q_1p_1m_1-\sum q_0p_0m_0=163.8-157.9=5.9(\text{万元})$$

②销售量总指数及由于销售量变动引起的利润绝对增减额：

$$\bar{I}_q=\frac{\sum q_1p_0m_0}{\sum q_0p_0m_0}=\frac{162.77}{157.9}=103.08\%$$

$$\sum q_1p_0m_0-\sum q_0p_0m_0=162.77-157.9=4.87(\text{万元})$$

③价格总指数及由于价格变动引起的利润绝对增减额：

$$\bar{I}_p=\frac{\sum q_1p_1m_0}{\sum q_1p_0m_0}=\frac{156.26}{162.77}=96.00\%$$

$$\sum q_1p_1m_0-\sum q_1p_0m_0=156.26-162.77=-6.51(\text{万元})$$

④销售利润率总指数及由于销售利润率变动引起的利润绝对增减额：

$$\bar{I}_m=\frac{\sum q_1p_1m_1}{\sum q_1p_1m_0}=\frac{163.8}{156.26}=104.80\%$$

$\sum q_1p_1m_1 - \sum q_1p_1m_0 = 163.8 - 156.26 = 7.54$(万元)

⑤四者之间的体系关系及分析说明：

$$\frac{\sum q_1p_1m_1}{\sum q_0p_0m_0} = \frac{\sum q_1p_0m_0}{\sum q_0p_0m_0} \times \frac{\sum q_1p_1m_0}{\sum q_1p_0m_0} \times \frac{\sum q_1p_1m_1}{\sum q_1p_1m_0} \tag{9-15}$$

即：103.7% = 103.08%×96%×104.8%

$$\sum q_1p_1m_1 - \sum q_0p_0m_0 = (\sum q_1p_0m_0 - \sum q_0p_0m_0) + (\sum q_1p_1m_0 - \sum q_1p_0m_0) + (\sum q_1p_1m_1 - \sum q_1p_1m_0) \tag{9-16}$$

即：5.9 万元= 4.87 万元-6.51 万元+7.54 万元

以上计算表明，该企业报告期与基期相比销售利润总额增长了 3.70%，增加销售利润额 5.9 万元，这是由于三种产品的销售量增长使销售利润总额增长 3.08%，增加 4.87 万元；销售价格平均下降 4.00%，使销售利润额减少 6.51 万元；销售利润率平均上升 4.8%，使销售利润额增加 7.54 万元。这是三个因素共同作用的结果。从中可知该企业销售利润总额的增加，主要在改善经营管理，提高了销售利润率。

总量变动的因素分析方法也常常称为"连锁替代法"，从上边把总量分解成两因素和三因素的例子可以看出，其做法是从基期开始，第一步假定第一个因素变化，这个因素的下标变成 1，后边的因素保持不变，即下标为 0；第二步假定第二个因素变化，则第二个因素的下标变成 1，前后因素在第一步的基础上不变，即第一个因素的下标为 1，第三个因素的下标为 0，依次类推。其过程可以表示如下：

$$\sum q_0p_0 \xrightarrow{q\text{变化}} \sum q_1p_0 \xrightarrow{p\text{变化}} \sum q_1p_1$$

$$\sum a_0b_0c_0 \xrightarrow{a\text{变化}} \sum a_1b_0c_0 \xrightarrow{b\text{变化}} \sum a_1b_1c_0 \xrightarrow{c\text{变化}} \sum a_1b_1c_1$$

(3)总平均数变动的因素分析

在实际问题的分析中，常常需要对总体平均指标的变动进行对比分析，即编制总平均数指数。如编制平均工资指数、劳动生产率指数、平均价格指数等。

在分组条件下，总平均数的变动受两个因素的影响：一个是各组平均数变动的影响，另一个是各组单位数在总体单位数中所占比重变动的影响。例如，某单位职工平均工资的变动，既受各类职工工资水平(组平均工资)变动的影响，也受各类职工人数占职工总数比重变化的影响；某公司劳动生产率的变动，既受下属各单位劳动生产率变动的影响，也受各单位职工构成的影响。如果我们分别将这两个因素中的一个视为数量指标、一个视为质量指标，则可以根据前述现象总量变动的因素分析原理，利用指数体系分析总平均数的变动及其各个因素的影响。总平均数变动所形成的指数体系为：

总平均数指数=组平均数指数(固定构成指数)×结构影响指数

用符号表示是：

$$\frac{\frac{\sum x_1 f_1}{\sum f_1}}{\frac{\sum x_0 f_0}{\sum f_0}} = \frac{\frac{\sum x_1 f_1}{\sum f_1}}{\frac{\sum x_0 f_1}{\sum f_1}} \times \frac{\frac{\sum x_0 f_1}{\sum f_1}}{\frac{\sum x_0 f_0}{\sum f_0}} \tag{9.17}$$

其绝对数体系关系是：

$$\frac{\sum x_1 f_1}{\sum f_1} - \frac{\sum x_0 f_0}{\sum f_0} = \left(\frac{\sum x_1 f_1}{\sum f_1} - \frac{\sum x_0 f_1}{\sum f_1}\right) + \left(\frac{\sum x_0 f_1}{\sum f_1} - \frac{\sum x_0 f_0}{\sum f_0}\right) \tag{9.18}$$

同前面的综合法指数和平均法指数比较，总平均数的变动分析有以下两个特点：

第一，它是利用分组资料计算的指数。它所测定的总体平均数是对组平均数的加权平均，其权数是各组单位数占总体单位总数的比重。因此，它所综合的不是不可同度量的变量，而是不同地区、不同单位或不同部门等的同一指标，无需采用同度量因素。

第二，总平均数指数除了测定总体平均指标变动程度外，还可以测定总体内部各组水平的平均变动和总体结构变动对总平均数变动的影响。

【例 9-5】以表 9-6 资料，分析某公司劳动生产率的变动及其原因。

表 9-6　某公司下属三个分厂的职工人数和劳动生产率资料

	职工人数（人）		劳动生产率（万元/人）		总产出（万元）		
	f_0	f_1	x_0	x_1	x_0f_0	x_1f_1	x_0f_1
一分厂	150	160	30	32	4 500	5 120	4 800
二分厂	180	170	40	47	7 200	7 990	6 800
三分厂	200	140	45	50	9 000	7 000	6 300
合 计	530	470	39. 057	42. 787	20 700	20 110	17 900

①计算反映该公司总平均劳动生产率变动程度的总平均数指数及总平均劳动生产率增减绝对额：

$$\frac{\frac{\sum x_1 f_1}{\sum f_1}}{\frac{\sum x_0 f_0}{\sum f_0}} = \frac{\frac{20\ 110}{470}}{\frac{20\ 700}{530}} = \frac{42.787}{39.057} = 109.55\%$$

$$\frac{\sum x_1 f_1}{\sum f_1} - \frac{\sum x_0 f_0}{\sum f_0} = 42.787 - 39.057 = 3.73(\text{万元})$$

②反映各分厂职工实际劳动生产率的平均变动，即计算反映劳动生产率（组平均数）变动的组平均数指数（固定构成指数）及由于各分厂职工实际劳动生产率变动影

响总平均劳动生产率增减绝对额：

$$\frac{\dfrac{\sum x_1f_1}{\sum f_1}}{\dfrac{\sum x_0f_1}{\sum f_1}}=\frac{\dfrac{20\ 110}{470}}{\dfrac{17\ 900}{470}}=\frac{42.787}{38.085}=112.35\%$$

$$\frac{\sum x_1f_1}{\sum f_1}-\frac{\sum x_0f_1}{\sum f_1}=42.787-38.085=4.702(\text{万元})$$

③测定全公司职工人数结构变化而引起的劳动生产率变动，即计算结构影响指数及由于各分厂职工人数结构变动影响总平均劳动生产率增减绝对额：

$$\frac{\dfrac{\sum x_0f_1}{\sum f_1}}{\dfrac{\sum x_0f_0}{\sum f_0}}=\frac{\dfrac{17\ 900}{470}}{\dfrac{20\ 700}{530}}=\frac{38.085}{39.057}=97.51\%$$

$$\frac{\sum x_0f_1}{\sum f_1}-\frac{\sum x_0f_0}{\sum f_0}=38.085-39.057=-0.972(\text{万元})$$

④三者的指数体系关系及分析说明

109.55%=112.35%×97.51%

3.73 万元=4.702 万元-0.972 万元

计算结果表明：该公司报告期职工总平均劳动生产率比基期上升 9.55%，平均每个职工的销售额较基期增加 3.73 万元。其中由于各分厂职工劳动生产率平均上升 12.35%，使公司总平均劳动生产率上升 12.35%，每个职工销售额平均增加 4.072 万元；由于各分厂职工人数比重发生变动（特别是劳动生产率比较低的甲分厂的职工人数比重上升），使公司总平均劳动生产率下降 2.49%，每个职工销售额平均减少 0.972 万元。这两个影响因素中，组平均数指数真实反映了各分厂实际劳动生产率的变动程度。

§9.4 综合评价

§9.4.1 综合评价的意义

综合评价是多指标综合评价的简称，指在建立评价指标体系的基础上，利用一定的方法，对各个指标做预处理，构建综合评价模型，求得综合评价值，据以对现象总体进行比较、分类和排序的一种统计分析方法。

综合评价主要是根据所研究的社会、经济、自然、科技等领域的同类事物在横向

（同一时间）或同一事物在纵向（不同时间）上的表现，对其进行分类、比较和排序。社会、经济、自然、科技等现象总体总是由多因素构成的，要正确认识总体的状况，就要从不同的侧面和角度对其数量进行反映和分析，这就会形成由多个指标构成的指标体系。但是各个指标在不同时间或不同空间的数值大小各不相同，可能会出现相互矛盾、异向变化等复杂情况。为达到对总体的全面认识，就必须把反映被评价事物的多个指标的信息综合起来，得到一个综合指标，从而进行横向或纵向对比。这样的对比既有全面性，又有综合性。多指标综合评价的基本作用在于对被评价对象在不同时间或空间的整体性分类、比较和排序。本章主要介绍对被评价对象的比较和排序。

近年来，综合评价的研究和应用发展很快，综合评价广泛应用于综合国力、经济效益、社会进步、生活质量等领域。综合评价方法除了常规的计分法、指数法等外，也广泛采用模糊数学、多元统计、多目标决策等方法。

综合评价虽然对从总体上评价优劣、排序有很大的作用，但是它也有一定的局限性，主要表现在：

第一，将若干个指标数值综合成一个数值，损失了原有指标带来的大量信息，使结果变得比较抽象，难以解释其经济意义。

第二，主观性很强。一方面，选择什么指标、选择多少指标无一不体现研究者对社会经济状况的主观认识；另一方面，对社会经济现象进行综合评价时，多数是根据指标的重要性主观赋权，哪个指标更重要，不同的人，站在不同的角度、不同的地区，认识是不相同的，没有普遍认同的标准。

第三，评价的结果不具有唯一性，选择不同的方法，可能有不同的结果，即使采用同样的方法，由于各指标的赋权不同，也有可能使评价的结果不同。

§9.4.2　综合评价的一般步骤

对不同空间和不同时间的社会经济现象进行整体性比较和排序，是政府、部门、行业等决策者和管理者非常重视的问题，因此，在经济活动实践中，不断地提出新的综合评价方法。不同的方法各有特点，但是基本步骤大致相同，其一般步骤是：

（1）明确综合评价的目的

任何经济活动分析都是针对一定的目的进行的，综合评价也不例外。只有目的明确，才能围绕这一目的进行影响因素分析，从而确定选择什么指标，采用什么方法。综合评价可以是对总体的全面评价，如对各个地区发展状况的评价，也可以是对某一专题的评价，如对各个地区宏观经济效益的评价。

（2）选择评价指标体系

社会经济现象总体受诸多因素的影响，单个评价指标，只能反映现象总体的某一方面或某一侧面的状况，为达到对总体的全面认识，就必须建立能反映总体各个方面的多指标组成的体系。指标的选择最重要的原则是目的性、可比性、低相关性和可操作性。

目的性是指所设计的评价指标及整个评价指标体系必须紧紧围绕综合评价目的层层展开，使最后的评价结论明确反映评价意图。

可比性是指所选择的指标应该是评价对象普遍具有的特征，以保证评价指标体系对每个评价单位是可比的。一般不要选择一些具有明显倾向性的或特色性的指标。

低相关性是指避免过多相关性高的指标同时入选。有些指标的相关性比较高，如GDP、GDP 增长速度、人均 GDP、人均 GDP 增长速度。选择评价指标时，尽可能多的囊括相关程度比较低的指标，避免过多相关性高的指标同时入选，因为如果指标之间相关程度过高，实际上就等于加大了这类指标的权重。

可操作性是指一个综合评价指标体系要能够付诸实践、得以顺利实施，就要求每个评价指标都能够准确、及时地搜集到实际数据。虽然有些指标很重要，但是无法获取数据，或者即使可以估计出数据，而数据质量非常差，也不能纳入评价指标体系，而应该寻找其他更具操作性的指标。

(3)确定评价指标的同向化和同度量化方法

如上所述，评价指标体系是从不同的侧面说明总体的数量特征，具有不同的性质。有的指标从正面说明总体，属于正向指标，数值越大越好；有的指标从反面说明总体，属于逆向指标，数值越小越好；有的指标可能从某个适度区间说明总体，属于适度指标，数值适中为好；有的指标用相对数、平均数表示，有的指标用绝对数表示。为了避免不同性质评价指标的作用相互抵消和解决计量单位不同(不同度量)的指标的加总问题，在综合评价时，必须做到两点：一是使所有的指标都从同一方向说明总体，这就提出了如何使指标同向化的问题。一般实际评价时，以逆向指标正向化为多。二是使所有的指标可以相加，这就提出了如何消除指标之间不同计量单位、不同度量对指标数值大小的影响和不能加总的问题，即要对指标进行无量纲化处理。指标的无量纲化是综合评价的前提，是把指标实际值转化为评价值的过程。

(4)确定各评价指标的权重

所谓确定权重，就是根据各个指标在综合评价中的重要程度，或者根据指标数值的质量，赋予其一定的权数。某个指标越重要，或其指标值的准确性高，其权数就应该越大，以体现主次有别、质量高低有别。权数往往用相对数表示，其和为 1 或 100%。如果指标体系分为不同层次，可以分别对不同层次进行综合评价，在此基础上再对总体进行综合评价。在这种情况下，每一层次的指标权数之和应该为 1 或 100%。同一组指标数值，会由于指标权数不同而得到不同的、甚至截然相反的结论。因此，权数的确定是一个十分棘手而又值得进一步研究的问题。

确定权数的方法一般有主观赋权法和客观赋权法。主观赋权法是指由若干专家或分析人员，根据他们各自的专业知识和经验来分析和确定各评价指标的权数。德尔菲法(专家咨询法)就是一种典型的主观赋权法。客观赋权法是指根据评价指标本身的数值特征或指标之间的内在关系来确定各评价指标的权数，它由调查所得的实际数据决定，不受主观因素的影响。

(5)计算综合评价值

有了同度量化和无量纲化的指标并确定了权重后，还要确定指标合成的模型，以便把所有指标数值综合成一个数值，从而进行比较排序。常用的多指标合成的方法有：加权算术平均法、几何平均法和混合法等。

对不同时间或不同空间的综合评价值可以直接排序，进一步进行分析说明，找出问题所在和薄弱环节，提出意见和建议，为决策提供依据。

§9.4.3　综合评价的常用方法

要将反映客观现象总体不同内容、具有不同表现形式和不同计量单位的众多指标进行综合，使其得到一个反映总体状况的综合评价指标，这只能在不同指标同度量的基础上才可能实现。因此，凡能进行同度量的方法，都可以作为综合评价的方法。这里介绍几种实践中常用的方法。

(1)排队计分法

排队计分法的具体方法如下：

$y_i = 100 - \frac{k-1}{n-1} \times 100$ 将评价单位的各项评价指标依优劣秩序排队，并按如下公式计算各名次单位的具体得分：

式中，y_i：单项指标的得分；

k：1，2，…，n，表示排队名次；

n：参加评比的单位数。

对得分一般采用加权算术平均法，将各单位参评的各单项评价指标得分综合为总分。总分数的多少综合说明各单位整体状况的优劣高低，并可据以确定各单位在总体中所处的具体位置。

排队计分法具有以下一些优点：第一，不必人为寻找，因此比较标准，被评价单位的单项评价值由该单位在总体中的相对位置来确定。第二，不必事先将指标作同向化处理，确定名次时已考虑了正指标和逆指标的不同。第三，各单项指标的评价值都有统一的变化范围，即介于(0，100)的区间内，因此，不会出现某一单项评价值过高从而对总评价值影响过大的情况，即评价结果不易受极端值的影响。第四，对数据的项数多少和分布状况没有严格要求。第五，不仅适用于一般的数值型评价指标，也适用于包含定性指标(只要可以区分出各单位的顺序或等级)的综合评价问题。

排队计分法也有其缺点：它是由指标值在全部评价单位中的位置，即名次，而不是其数值本身的大小来决定单项评价值，致使评价指标的原始信息有所损失。例如，就评价指标的数值而言，第一名和第二名之间的差异可能远远大于第二名与第三名之间的差异，但由于名次差异相同，体现在评价值上的差异也就相同。

(2)加权指数法

这是利用加权算术平均法指数的形式，对单项评价指标指数加权平均，求得总指数，据此对现象判断排序的综合评价方法。这里单项评价指标指数不是以基准期水平作比较的标准，而是用总体平均水平或规划值或其他某个公认值作为比较标准。它的一般做法是：

分别计算各项评价指标值与对比标准值的指数，实现其单项评价指标的无量纲化；用各指标经济重要程度确定的权数作加权平均计算，得综合评价总指数。综合评价总指数公式为：

$$\bar{k}=\frac{\sum\left(\frac{x_i}{X_i}\right)w_i}{\sum w_i}$$

式中，$\bar{k}$：综合评价指数值；

x_i：第 i 个指标的实际值；

X_i：第 i 个指标的对比标准值；

w_i：第 i 个指标的权数；

$\frac{x_i}{X_i}$：第 i 个指标的个体指数。

对于逆指标，可先利用倒数法进行同向化处理，将逆指标变换为正指标。这样，依据正向化指标得到的综合评价总指数值越大，总体的综合评价状况越优。

指数法的优点是：评价结果的含义清晰易懂，评价指数充分反映了各评价指标数值的实际情况，可充分地体现各评价单位之间的差距。但指数法也存在着一定的缺点：第一，确定比较标准值是个困难。若以被评价单位基期数值作为比较标准值，所得单项评价指数实际上就是发展速度。各评价单位的起点不同，将基数悬殊的评价单位的发展速度等同看待，有"鞭打快牛"之嫌，可能致使评价结果不尽合理。第二，单项评价指数没有明确的、统一的取值范围（即理论上无上下限）。若存在极大值时，单项评价值过大，在计算综合评价指数时，就会夸大该评价指标对总评价值的影响作用，严重掩盖了其他评价指标方面的不足。

（3）改进的功效系数法

改进功效系数法是依据多目标规划原理，提出的一种综合评价方法。该方法的基本步骤如下：

根据研究目的确定每个评价指标的满意值不容许值。实际工作中，有人把指标数值按大小顺序排队，以第 i 个指标的前若干个数据（如 10%个数据）的平均值作为满意值，后若干个数据（如 10%个数据）的平均值作为不容许值。

利用功效函数计算单项评价指标的得分。功效函数公式为：

$$y_i=\frac{x_i-x_i^s}{x_i^h-x_i^s}\times 40+60$$

式中，y_i：第 i 个指标的单项评价分；

x_i：第 i 个指标的实际发生；

x_i^h：第 i 个指标的满意值；

x_i^s：第 i 个指标的不容许值；

40，60：给定的参数。

根据各评价指标的权数，将单项评价值 y_i 加权平均得到综合评价值。计算综合评价值的平均法有加权几何平均法和加权算术平均法两种计算方法。实际应用中，为了简单直观，大多采用加权算术平均法。

功效系数法的优点是：评价指标不需要经过同向化处理；指标数值与单项评价值

之间是线性转换关系，评价值能够反映出各评价指标的实际水平，可充分地体现各评价单位之间的差距；而且单项评价指标值一般为 60～100，与指数法相比，在很大程度上限定了单项评价值的取值范围，使某些过高的单项评价值对综合评价值的影响有明显减弱。

功效系数法也存在不足。主要表现在必须事先确定两个对比标准，因此有一定操作难度。不同对比标准所得到的单项评价值不同，从而对综合评价结果的稳定性和客观性有一定影响。

本章小结

1. 指数是指说明现象数量变动或差异程度的相对数。狭义指数是指综合反映复杂现象总体数量变动或差异程度的特殊相对数。狭义指数具有综合性和平均性的特点。

2. 个体指数是反映单个事物变动的相对数；总指数是反映复杂现象总体综合变动的相对数。数量指标指数是根据数量指标计算的，说明现象在总体规模上、总水平上变动的指数。质量指标指数是根据质量指标计算的，说明现象在总体对比关系、总体质量上数量变动的指数。

3. 总指数的基本计算方法有综合法和平均法，综合法指数是通过两个时期的综合总量（价值总量）对比计算的总指数；平均法指数是通过对个体指数加权平均而求得的总指数。

4. 使不同度量、不能加总的现象转化为同度量可采用同度量因素，同度量因素还具有权数的作用。

5. 拉氏综合法指数将同度量因素固定在基期；帕氏综合法指数将同度量因素固定在报告期。

6. 指数体系是若干个有联系的指数形成的整体。指数体系可进行指数之间的相互推算和进行因素分析。

7. 综合评价是在建立评价指标体系的基础上构建综合评价模型，求得综合评价值，据以对现象总体进行比较、分类和排序的一种统计分析方法。

思考题与练习题

1. 加权综合法指数与加权平均法指数有何联系和区别？
2. 帕氏指数公式与拉氏指数公式的区别是什么？
3. 怎样理解狭义指数具有综合性和平均性的特点？
4. 试举出居民消费价格指数的三个主要作用。
5. 综合评价的一般步骤有哪些？

6. 某地区基期和报告期社会商品零售总额分别为 780 亿元，925 亿元，报告期比基期商品零售数量平均上升了 10%，请问与基期相比该地区：

(1)报告期因零售量变化使社会商品零售总额增加多少亿元？

(2)报告期零售价格变动对消费者的支出有何影响？

7. 某企业生产三种产品，其产量和单价资料如下：

产品名称	计量单位	产量		单价(元)	
		基期	报告期	基期	报告期
甲	件	200	215	25	24
乙	吨	300	400	40	46
丙	套	480	550	60	54

试从相对数和绝对数两个方面对该企业总产值变动进行因素分析。

8. 已知四种商品的销售额及价格指数资料如下：

商品种类	计量单位	基期销售额(万元)	报告期销售额(万元)	价格涨跌(%)
甲	套	400	450	2.0
乙	件	300	280	-5.0
丙	台	2 000	2 200	0
丁	只	2 500	3 200	1.5
合计	—	5 200	6 130	—

要求根据上表资料从相对数和绝对数两方面分析计算四种商品销售总额的变动及其原因，并说明引起销售总额变动的主要原因是什么？

9. 某商品在两个市场出售资料如下表：

	一季度		二季度	
	单价(元/千克)	销售量(千克)	单价(元/千克)	销售量(千克)
甲	2.90	600	2.85	500
乙	3.20	400	3.15	1 000
合计	—	1 000	—	1 500

要求：试分析该商品总平均价格的变动及原因。

10. 依据表中资料，计算甲、乙、丙三个地区的经济效益综合指数。

指标名称	计量单位	标准数	权数	报告期指标值		
				甲地区	乙地区	丙地区
（甲）	（乙）	（1）	（2）	（3）	（4）	（5）
社会总成本增加值率	元/百元	45. 0	30	46	48	45
社会总成本利税率	元/百元	20. 0	25	25	26	21
社会劳动生产率	万元/人	2. 0	24	2. 2	2. 4	1. 8
商品流动费用率	%	15. 0	5	16	18	14
产品销售率	%	85. 0	15	86	90	78
综合经济效益	—	—	100			

第 9 章思考题与练习题答案

参考文献

[1]陈希孺，陈桂景，吴启光，等. 线性模型参数的估计理论[J]. 北京：科学出版社，1985(98)：5.

[2] 德沃，威勒曼，博克.统计学：数据与模型 [M].3 版.耿修林，译.北京：中国人民大学出版社，2016.

[3]茆诗松，王静龙，濮晓龙，等. 高等数理统计 [M].2 版.北京：高等教育出版社，2006.

[4]王青华，向蓉美，杨作廪. 几种常规综合评价方法的比较[J]. 统计与信息论坛，2003(2)：30-33.

[5] 门登霍尔，辛西奇.统计学(原书第 6 版)[M]. 关静，译.北京：机械工业出版社.2018.

附 录

附表 1 标准正态分布函数值表

本表列出了标准正态分布 $N(0,1)$ 的分布函数

$$\Phi(x)=\int_{-\infty}^{x}\frac{1}{\sqrt{2\pi}}e^{-\frac{t^2}{2}}\mathrm{d}t$$

的值。

x	0.00	0.01	0.02	0.03	0.04	0.05	0.06	0.07	0.08	0.09
0.0	0.500 0	0.504 0	0.508 0	0.512 0	0.516 0	0.519 9	0.523 9	0.527 9	0.531 9	0.535 9
0.1	0.539 8	0.543 8	0.547 8	0.551 7	0.555 7	0.559 6	0.563 6	0.567 5	0.571 4	0.575 3
0.2	0.579 3	0.583 2	0.587 1	0.591 0	0.594 8	0.598 7	0.602 6	0.606 4	0.610 3	0.614 1
0.3	0.617 9	0.621 7	0.625 5	0.629 3	0.633 1	0.636 8	0.640 6	0.644 3	0.648 0	0.651 7
0.4	0.655 4	0.659 1	0.662 8	0.666 4	0.670 0	0.673 6	0.677 2	0.680 8	0.684 4	0.687 9
0.5	0.691 5	0.695 0	0.698 5	0.701 9	0.705 4	0.708 8	0.712 3	0.715 7	0.719 0	0.722 4
0.6	0.725 7	0.729 1	0.732 4	0.735 7	0.738 9	0.742 2	0.745 4	0.748 6	0.751 7	0.754 9
0.7	0.758 0	0.761 1	0.764 2	0.767 3	0.770 4	0.773 4	0.776 4	0.779 4	0.782 3	0.785 2
0.8	0.788 1	0.791 0	0.793 9	0.796 7	0.799 5	0.802 3	0.805 1	0.807 8	0.810 6	0.813 3
0.9	0.815 9	0.818 6	0.821 2	0.823 8	0.826 4	0.828 9	0.831 5	0.834 0	0.836 5	0.838 9

附表 1(续)

x	0.00	0.01	0.02	0.03	0.04	0.05	0.06	0.07	0.08	0.09
1.0	0.841 3	0.843 8	0.846 1	0.848 5	0.850 8	0.853 1	0.855 4	0.857 7	0.859 9	0.862 1
1.1	0.864 3	0.866 5	0.868 6	0.870 8	0.872 9	0.874 9	0.877 0	0.879 0	0.881 0	0.883 0
1.2	0.884 9	0.886 9	0.888 8	0.890 7	0.892 5	0.894 4	0.896 2	0.898 0	0.899 7	0.901 5
1.3	0.903 2	0.904 9	0.906 6	0.908 2	0.909 9	0.911 5	0.913 1	0.914 7	0.916 2	0.917 7
1.4	0.919 2	0.920 7	0.922 2	0.923 6	0.925 1	0.926 5	0.927 9	0.929 2	0.930 6	0.931 9
1.5	0.933 2	0.934 5	0.935 7	0.937 0	0.938 2	0.939 4	0.940 6	0.941 8	0.942 9	0.944 1
1.6	0.945 2	0.946 3	0.947 4	0.948 4	0.949 5	0.950 5	0.951 5	0.952 9	0.953 5	0.954 5
1.7	0.955 4	0.956 4	0.957 3	0.958 2	0.959 1	0.959 9	0.960 8	0.961 6	0.962 5	0.963 3
1.8	0.964 1	0.964 9	0.965 6	0.966 4	0.967 1	0.967 8	0.968 6	0.969 3	0.969 9	0.970 3
1.9	0.971 3	0.971 9	0.972 6	0.973 2	0.973 8	0.974 4	0.975 0	0.975 6	0.976 1	0.976 7
2.0	0.977 2	0.977 8	0.978 3	0.978 8	0.9 793	0.979 8	0.980 3	0.980 8	0.981 2	0.981 7
2.1	0.982 1	0.982 6	0.983 0	0.983 4	0.983 8	0.984 2	0.984 6	0.985 0	0.985 4	0.985 7
2.2	0.986 1	0.986 4	0.986 8	0.987 1	0.987 5	0.987 8	0.988 1	0.988 4	0.988 7	0.989 0
2.3	0.989 3	0.989 6	0.989 8	0.990 1	0.990 4	0.990 6	0.990 9	0.991 1	0.991 3	0.991 6
2.4	0.991 8	0.992 0	0.992 2	0.992 5	0.992 7	0.992 9	0.993 1	0.993 2	0.993 4	0.993 6
2.5	0.993 8	0.994 0	0.994 1	0.994 3	0.994 5	0.994 6	0.994 8	0.994 9	0.995 1	0.995 2
2.6	0.995 3	0.995 5	0.995 6	0.995 7	0.995 9	0.996 0	0.996 1	0.996 2	0.996 3	0.996 4
2.7	0.996 5	0.996 6	0.996 7	0.996 8	0.996 9	0.997 0	0.997 1	0.997 2	0.997 3	0.997 4
2.8	0.997 4	0.997 5	0.997 6	0.997 7	0.997 7	0.997 8	0.997 9	0.997 9	0.998 0	0.998 1
2.9	0.998 1	0.998 2	0.998 2	0.998 3	0.998 4	0.998 4	0.998 5	0.998 5	0.998 6	0.998 6
3.0	0.998 7	0.998 7	0.998 7	0.998 8	0.998 8	0.998 9	0.998 9	0.998 9	0.999 0	0.999 0
3.1	0.999 0	0.999 1	0.999 1	0.999 1	0.999 2	0.999 2	0.999 2	0.999 2	0.999 3	0.999 3
3.2	0.999 3	0.999 3	0.999 4	0.999 4	0.999 4	0.999 4	0.999 4	0.999 5	0.999 5	0.999 5
3.3	0.999 5	0.999 5	0.999 5	0.999 6	0.999 6	0.999 6	0.999 6	0.999 6	0.999 6	0.999 7
3.4	0.999 7	0.999 7	0.999 7	0.999 7	0.999 7	0.999 7	0.999 7	0.999 7	0.999 7	0.999 8

附表2　t 分布上侧分位数表

本表列出了 $t(n)$ 分布的上侧 α 分位数 $t_{\alpha}(n)$，它满足

$$P(t(n) > t_{\alpha}(n)) = \alpha.$$

n \ α	0.25	0.10	0.05	0.025	0.01	0.005
1	1.000 0	3.077 7	6.313 8	12.706 2	31.820 7	63.657 4
2	0.816 5	1.885 6	2.920 0	4.302 7	6.964 6	9.924 8
3	0.764 9	1.637 7	2.353 4	3.182 4	4.540 7	5.840 9
4	0.740 7	1.533 2	2.131 8	2.776 4	3.746 9	4.604 1
5	0.726 7	1.475 9	2.015 0	2.570 6	3.364 9	4.032 2
6	0.717 6	1.439 8	1.943 2	2.446 9	3.142 7	3.707 4
7	0.711 1	1.414 9	1.894 6	2.364 6	2.998 0	3.499 5
8	0.706 4	1.396 8	1.859 5	2.306 0	2.896 5	3.366 5
9	0.702 7	1.383 0	1.833 1	2.262 2	2.821 4	3.249 8
10	0.699 8	1.372 2	1.812 5	2.228 1	2.763 8	3.169 3
11	0.697 4	1.363 4	1.795 9	2.201 0	2.718 1	3.105 8
12	0.695 5	1.356 2	1.782 3	2.178 8	2.681 0	3.054 5
13	0.693 8	1.350 2	1.770 9	2.160 4	2.650 3	3.012 3
14	0.692 4	1.345 0	1.761 3	2.144 8	2.624 5	2.976 8
15	0.691 2	1.340 6	1.753 1	2.131 5	2.602 5	2.946 7
16	0.690 1	1.336 8	1.745 9	2.119 9	2.583 5	2.920 8
17	0.689 2	1.333 4	1.739 6	2.109 8	2.566 9	2.898 2
18	0.688 4	1.330 4	1.734 1	2.100 9	2.552 4	2.878 4
19	0.687 6	1.327 7	1.729 1	2.093 0	2.539 5	2.860 9
20	0.687 0	1.325 3	1.724 7	2.086 0	2.528 0	2.845 3

附表 2(续)

α / n	0. 25	0. 10	0. 05	0. 025	0. 01	0. 005
21	0. 686 4	1. 323 2	1. 720 7	2. 079 6	2. 517 7	2. 831 4
22	0. 685 8	1. 321 2	1. 717 1	2. 073 9	2. 508 3	2. 818 8
23	0. 685 3	1. 319 5	1. 713 9	2. 068 7	2. 499 9	2. 807 3
24	0. 684 8	1. 317 8	1. 710 9	2. 063 9	2. 492 2	2. 796 9
25	0. 684 4	1. 316 3	1. 708 1	2. 059 5	2. 485 1	2. 787 4
26	0. 684 0	1. 315 0	1. 705 6	2. 055 5	2. 478 6	2. 778 7
27	0. 683 7	1. 313 7	1. 703 3	2. 051 8	2. 472 7	2. 770 7
28	0. 683 4	1. 312 5	1. 701 1	2. 048 4	2. 467 1	2. 763 3
29	0. 683 0	1. 311 3	1. 699 1	2. 045 2	2. 462 0	2. 756 4
30	0. 682 8	1. 310 4	1. 697 3	2. 042 3	2. 457 3	2. 750 0
31	0. 682 5	1. 309 5	1. 695 5	2. 039 5	2. 452 8	2. 744 0
32	0. 682 2	1. 308 6	1. 693 9	2. 036 9	2. 448 7	2. 738 5
33	0. 682 0	1. 307 7	1. 692 4	2. 034 5	2. 444 8	2. 733 3
34	0. 681 8	1. 307 0	1. 690 9	2. 032 2	2. 441 1	2. 728 4
35	0. 681 6	1. 306 2	1. 689 6	2. 030 1	2. 437 7	2. 723 8
36	0. 681 4	1. 305 5	1. 688 3	2. 028 1	2. 434 5	2. 719 5
37	0. 681 2	1. 304 9	1. 687 1	2. 026 2	2. 431 4	2. 715 4
38	0. 681 0	1. 304 2	1. 686 0	2. 024 4	2. 428 6	2. 711 6
39	0. 680 8	1. 303 6	1. 684 9	2. 022 7	2. 425 8	2. 707 9
40	0. 680 7	1. 303 1	1. 683 9	2. 021 1	2. 423 3	2. 704 5
41	0. 680 5	1. 302 5	1. 682 9	2. 019 5	2. 420 8	2. 701 2
42	0. 680 4	1. 302 0	1. 682 0	2. 018 1	2. 418 5	2. 698 1
43	0. 680 2	1. 301 6	1. 681 1	2. 016 7	2. 416 3	2. 695 1
44	0. 680 1	1. 301 1	1. 680 2	2. 015 4	2. 414 1	2. 692 3
45	0. 680 0	1. 300 6	1. 679 4	2. 014 1	2. 412 1	2. 689 6

附表 3　χ^2 分布上侧分位数表

本表列出了$\chi^2(n)$分布的上侧 α 分位数$\chi^2_\alpha(n)$，它满足

$$P(\chi^2(n) > \chi^2_\alpha(n)) = \alpha.$$

n \ α	0.995	0.99	0.975	0.95	0.90	0.75
1	—	—	0.001	0.004	0.016	0.102
2	0.010	0.020	0.051	0.103	0.211	0.575
3	0.072	0.115	0.216	0.352	0.584	1.213
4	0.207	0.297	0.484	0.711	1.064	1.923
5	0.412	0.554	0.831	1.145	1.610	2.675
6	0.676	0.872	1.237	1.635	2.204	3.455
7	0.989	1.239	1.690	2.167	2.833	4.255
8	1.344	1.646	2.180	2.733	3.490	5.071
9	1.735	2.088	2.700	3.325	4.168	5.899
10	2.156	2.558	3.247	3.940	4.865	6.737
11	2.603	3.053	3.816	4.575	5.578	7.584
12	3.074	3.571	4.404	5.226	6.304	8.438
13	3.565	4.107	5.009	5.892	7.042	9.299
14	4.075	4.660	5.629	6.571	7.790	10.165
15	4.601	5.229	6.262	7.261	8.547	11.037
16	5.142	5.812	6.908	7.962	9.312	11.912
17	5.697	6.408	7.564	8.672	10.085	12.792
18	6.265	7.015	8.231	9.390	10.865	13.675
19	6.814	7.633	8.907	10.117	11.651	14.562
20	7.434	8.260	9.591	10.851	12.443	15.452

附表 3(续 1)

α / n	0. 995	0. 99	0. 975	0. 95	0. 90	0. 75
21	8. 034	8. 897	10. 283	11. 591	13. 240	16. 344
22	8. 643	9. 542	10. 982	12. 338	14. 042	17. 240
23	9. 260	10. 196	11. 689	13. 091	14. 848	18. 137
24	9. 886	10. 856	12. 401	13. 848	15. 659	19. 037
25	10. 520	11. 524	13. 120	14. 611	16. 473	19. 939
26	11. 160	12. 198	13. 844	15. 379	17. 292	20. 843
27	11. 808	12. 879	14. 573	16. 151	18. 114	21. 749
28	12. 461	13. 565	15. 308	16. 928	18. 939	22. 657
29	13. 121	14. 257	16. 047	17. 708	19. 768	23. 567
30	13. 787	14. 954	16. 791	18. 493	20. 599	24. 478
31	14. 458	15. 655	17. 539	19. 281	21. 434	25. 390
32	15. 134	16. 362	18. 291	20. 072	22. 271	26. 304
33	15. 815	17. 074	19. 047	20. 867	23. 110	27. 219
34	16. 501	17. 789	19. 806	21. 664	23. 952	28. 136
35	17. 192	18. 509	20. 569	22. 456	24. 797	29. 054
36	17. 887	19. 233	21. 336	23. 269	25. 643	29. 973
37	18. 586	19. 960	22. 106	24. 075	26. 492	30. 893
38	19. 289	20. 691	22. 878	24. 884	27. 343	31. 815
39	19. 996	21. 426	23. 654	25. 695	28. 196	32. 737
40	20. 707	22. 164	24. 433	26. 509	29. 051	33. 660
41	21. 421	22. 906	25. 215	27. 326	29. 907	34. 585
42	22. 138	23. 650	25. 999	28. 144	30. 765	35. 510
43	22. 859	24. 398	26. 785	28. 965	31. 625	36. 436
44	23. 584	25. 148	27. 575	29. 787	32. 487	37. 363
45	24. 411	25. 901	28. 366	30. 612	33. 350	38. 291

附表 3(续 2)

n \ α	0.25	0.10	0.05	0.025	0.01	0.005
1	1.323	2.706	3.841	5.024	6.635	7.879
2	2.773	4.605	5.991	7.378	9.210	10.597
3	4.108	6.251	7.815	9.348	11.345	12.838
4	5.385	7.779	9.488	11.143	13.277	14.860
5	6.626	9.236	11.071	12.833	15.086	16.750
6	7.841	10.645	12.592	14.449	16.812	18.548
7	9.037	12.017	14.067	16.013	18.475	20.278
8	10.219	13.362	15.507	17.535	20.090	21.955
9	11.389	14.684	16.919	19.023	21.666	23.589
10	12.549	15.987	18.307	20.483	23.209	25.188
11	13.701	17.275	19.675	21.920	24.725	26.757
12	14.845	18.549	21.026	23.337	26.217	28.299
13	15.984	19.812	22.362	24.736	27.688	29.819
14	17.117	21.064	23.685	26.119	29.141	31.319
15	18.245	22.307	24.996	27.488	30.578	32.801
16	19.369	23.542	26.296	28.845	32.000	34.267
17	20.489	24.769	27.587	30.191	33.409	35.718
18	21.605	25.989	28.869	31.526	34.805	37.156
19	22.718	27.204	30.144	32.852	36.191	38.582
20	23.828	28.412	31.410	34.170	37.566	39.997
21	24.935	29.615	32.671	36.479	38.932	41.401
22	26.039	30.813	33.924	36.781	40.289	42.796
23	27.141	32.007	35.172	38.076	41.638	44.181
24	28.241	33.196	36.415	39.364	42.980	45.559
25	29.339	34.382	37.652	40.646	44.314	46.928

附表3(续3)

n \ α	0.25	0.10	0.05	0.025	0.01	0.005
26	30.435	35.563	38.885	41.923	45.643	48.290
27	31.528	36.741	40.113	43.194	46.963	49.645
28	32.620	37.916	41.337	44.461	48.278	50.993
29	33.711	39.087	42.557	45.722	49.588	52.336
30	34.800	40.256	43.773	46.979	50.892	53.672
31	35.887	41.422	44.985	48.232	52.191	55.003
32	36.973	42.585	46.194	49.480	53.486	56.328
33	38.058	43.745	47.400	50.725	54.776	57.648
34	39.141	44.903	48.602	51.966	56.061	58.964
35	40.223	46.059	49.802	53.203	57.342	60.275
36	41.304	47.212	50.998	54.437	58.619	61.581
37	42.383	48.363	52.192	55.668	59.892	62.883
38	43.462	49.513	53.884	56.896	61.162	64.181
39	44.539	50.600	54.572	58.120	62.428	65.476
40	45.616	51.805	55.758	59.342	63.691	66.766
41	46.692	52.949	56.942	60.561	64.950	68.053
42	47.766	54.090	58.124	61.777	66.206	69.336
43	48.840	55.230	59.304	62.990	67.459	70.616
44	49.913	56.369	60.481	64.201	69.710	71.893
45	50.985	57.505	61.656	65.410	69.957	73.166

附表4 F 分布上侧分位数表

本表列出了 $F(n_1,n_2)$ 分布的上侧 α 分位数 $F_\alpha(n_1,n_2)$，它满足：

$$P(F(n_1,n_2) > F_\alpha(n_1,n_2)) = \alpha.$$

(1) $\alpha = 0.25$

n_2 \ n_1	1	2	3	4	5	6	7	8	9	10	12	15	20	24	30	40	60	120	∞	n_1 / n_2
1	5.83	7.50	8.20	8.58	8.82	8.98	9.10	9.19	9.26	9.32	9.41	9.49	9.58	9.63	9.67	9.71	9.76	9.80	9.85	1
2	2.57	3.00	3.15	3.23	3.28	3.41	3.34	3.35	3.37	3.38	3.39	3.41	3.43	3.43	3.44	3.45	3.46	3.47	3.48	2
3	2.02	2.28	2.36	2.39	2.41	2.42	2.43	2.44	2.44	2.44	2.45	2.46	2.46	2.46	2.47	2.47	2.47	2.47	2.47	3
4	1.81	2.00	2.05	2.06	2.07	2.08	2.08	2.08	2.08	2.08	2.08	2.08	2.08	2.08	2.08	2.08	2.08	2.08	2.08	4
5	1.69	1.85	1.88	1.89	1.89	1.89	1.89	1.89	1.89	1.89	1.89	1.89	1.88	1.88	1.88	1.88	1.87	1.87	1.87	5
6	1.62	1.76	1.78	1.79	1.79	1.78	1.78	1.78	1.77	1.77	1.77	1.76	1.76	1.75	1.75	1.75	1.74	1.74	1.74	6
7	1.57	1.70	1.72	1.72	1.71	1.71	1.70	1.70	1.69	1.69	1.68	1.68	1.67	1.67	1.66	1.66	1.65	1.65	1.65	7
8	1.54	1.66	1.67	1.66	1.66	1.65	1.64	1.64	1.63	1.63	1.62	1.62	1.61	1.60	1.60	1.59	1.59	1.58	1.58	8
9	1.51	1.62	1.63	1.63	1.62	1.61	1.60	1.60	1.59	1.59	1.58	1.57	1.56	1.56	1.55	1.54	1.54	1.53	1.53	9
10	1.49	1.60	1.60	1.59	1.59	1.58	1.57	1.56	1.56	1.55	1.54	1.53	1.52	1.52	1.51	1.51	1.50	1.49	1.48	10
11	1.47	1.58	1.58	1.57	1.56	1.55	1.54	1.53	1.53	1.52	1.51	1.50	1.49	1.49	1.48	1.47	1.47	1.46	1.45	11
12	1.46	1.56	1.56	1.55	1.54	1.53	1.52	1.51	1.51	1.50	1.49	1.48	1.47	1.46	1.45	1.45	1.44	1.43	1.42	12
13	1.45	1.55	1.55	1.53	1.52	1.51	1.50	1.49	1.49	1.48	1.47	1.46	1.45	1.44	1.43	1.42	1.42	1.41	1.40	13
14	1.44	1.53	1.53	1.52	1.51	1.50	1.49	1.48	1.47	1.46	1.45	1.44	1.43	1.42	1.41	1.41	1.40	1.39	1.38	14
15	1.43	1.52	1.52	1.51	1.49	1.48	1.47	1.46	1.46	1.45	1.44	1.43	1.41	1.41	1.40	1.39	1.38	1.37	1.36	15
16	1.42	1.51	1.51	1.50	1.48	1.47	1.46	1.45	1.44	1.44	1.43	1.41	1.40	1.39	1.38	1.37	1.36	1.35	1.34	16
17	1.42	1.51	1.50	1.49	1.47	1.46	1.45	1.44	1.43	1.43	1.41	1.40	1.39	1.38	1.37	1.36	1.35	1.34	1.33	17
18	1.41	1.50	1.49	1.48	1.46	1.45	1.44	1.43	1.42	1.42	1.40	1.39	1.38	1.37	1.36	1.35	1.34	1.33	1.32	18
19	1.41	1.49	1.49	1.47	1.46	1.44	1.43	1.42	1.41	1.41	1.40	1.38	1.37	1.36	1.35	1.34	1.33	1.32	1.30	19
20	1.40	1.49	1.48	1.47	1.45	1.44	1.43	1.42	1.41	1.40	1.39	1.37	1.36	1.35	1.34	1.33	1.32	1.31	1.29	20
21	1.40	1.48	1.48	1.46	1.44	1.43	1.42	1.41	1.40	1.39	1.38	1.37	1.35	1.34	1.33	1.32	1.31	1.30	1.28	21
22	1.40	1.48	1.47	1.45	1.44	1.42	1.41	1.40	1.39	1.39	1.37	1.36	1.34	1.33	1.32	1.31	1.30	1.29	1.28	22
23	1.39	1.47	1.47	1.43	1.45	1.42	1.41	1.40	1.39	1.38	1.37	1.35	1.34	1.33	1.32	1.31	1.30	1.28	1.27	23
24	1.39	1.47	1.46	1.44	1.43	1.41	1.40	1.39	1.38	1.38	1.36	1.35	1.33	1.32	1.31	1.30	1.29	1.28	1.26	24
25	1.39	1.47	1.46	1.44	1.42	1.41	1.40	1.39	1.38	1.37	1.36	1.34	1.33	1.32	1.31	1.29	1.28	1.27	1.25	25
26	1.38	1.46	1.45	1.44	1.42	1.41	1.39	1.38	1.37	1.37	1.35	1.34	1.32	1.31	1.30	1.29	1.28	1.26	1.25	26
27	1.38	1.46	1.45	1.43	1.42	1.40	1.39	1.38	1.37	1.36	1.35	1.33	1.32	1.31	1.30	1.28	1.27	1.26	1.24	27
28	1.38	1.46	1.45	1.43	1.41	1.40	1.39	1.38	1.37	1.36	1.34	1.33	1.31	1.30	1.29	1.28	1.27	1.25	1.24	28
29	1.38	1.45	1.45	1.43	1.41	1.40	1.38	1.37	1.36	1.35	1.34	1.32	1.31	1.30	1.29	1.27	1.26	1.25	1.23	29
30	1.38	1.45	1.44	1.42	1.41	1.39	1.38	1.37	1.36	1.35	1.34	1.32	1.30	1.29	1.28	1.27	1.26	1.24	1.23	30
40	1.36	1.44	1.42	1.40	1.39	1.37	1.36	1.35	1.34	1.33	1.31	1.30	1.28	1.26	1.25	1.24	1.22	1.21	1.19	40
60	1.35	1.42	1.41	1.38	1.37	1.35	1.33	1.32	1.31	1.30	1.29	1.27	1.25	1.24	1.22	1.21	1.19	1.17	1.15	60
120	1.34	1.40	1.39	1.37	1.35	1.33	1.31	1.30	1.29	1.28	1.26	1.24	1.22	1.21	1.19	1.18	1.16	1.13	1.10	120
∞	1.32	1.39	1.37	1.35	1.33	1.31	1.29	1.28	1.27	1.25	1.24	1.22	1.19	1.18	1.16	1.14	1.12	1.08	1.00	∞

(2) $\alpha = 0.10$ 附表4(续1)

n_2 \ n_1	1	2	3	4	5	6	7	8	9	10	15	20	30	50	100	200	500	∞	n_1 / n_2
1	39.9	49.5	53.6	55.8	57.2	58.2	58.9	59.4	59.9	60.2	61.2	61.7	62.3	62.7	63.0	63.2	63.3	63.3	1
2	8.53	9.00	9.16	9.24	9.29	9.33	9.35	9.37	9.38	9.39	9.42	9.44	9.46	9.47	9.48	9.49	9.49	9.49	2
3	5.54	5.46	5.39	5.34	5.31	5.28	5.27	5.25	5.24	5.23	5.20	5.18	5.17	5.15	5.14	5.14	5.14	5.13	3
4	4.54	4.32	4.19	4.11	4.05	4.01	3.98	3.95	3.94	3.92	3.87	3.84	3.82	3.80	3.78	3.77	3.76	3.76	4
5	4.06	3.78	3.62	3.52	3.45	3.40	3.37	3.34	3.32	3.30	3.24	3.21	3.17	3.15	3.13	3.12	3.11	3.10	5
6	3.78	3.46	3.29	3.18	3.11	3.05	3.01	2.98	2.96	2.94	2.87	2.84	2.80	2.77	2.75	2.73	2.73	2.72	6
7	3.59	3.26	3.07	2.96	2.88	2.83	2.78	2.75	2.72	2.70	2.63	2.59	2.56	2.52	2.50	2.48	2.48	2.47	7
8	3.46	3.11	2.92	2.81	2.73	2.67	2.62	2.59	2.56	2.54	2.46	2.42	2.38	2.35	2.32	2.31	2.30	2.29	8
9	3.36	3.01	2.81	2.69	2.61	2.55	2.51	2.47	2.44	2.42	2.34	2.30	2.25	2.22	2.19	2.17	2.17	2.16	9
10	3.28	2.92	2.73	2.61	2.52	2.46	2.41	2.38	2.35	2.32	2.24	2.20	2.16	2.12	2.09	2.07	2.06	2.06	10
11	3.23	2.86	2.66	2.54	2.45	2.39	2.34	2.30	2.27	2.25	2.17	2.12	2.08	2.04	2.00	1.99	1.98	1.97	11
12	3.18	2.81	2.61	2.48	2.39	2.33	2.28	2.24	2.21	2.19	2.10	2.06	2.01	1.97	1.94	1.92	1.91	1.90	12
13	3.14	2.76	2.56	2.43	2.35	2.28	2.23	2.20	2.16	2.14	2.05	2.01	1.96	1.92	1.88	1.86	1.85	1.85	13
14	3.10	2.73	2.52	2.39	2.31	2.24	2.19	2.15	2.12	2.10	2.01	1.96	1.91	1.87	1.83	1.82	1.80	1.80	14
15	3.07	2.70	2.49	2.36	2.27	2.21	2.16	2.12	2.09	2.06	1.97	1.92	1.87	1.83	1.79	1.77	1.76	1.76	15
16	3.05	2.67	2.46	2.33	2.24	2.18	2.13	2.09	2.06	2.03	1.94	1.89	1.84	1.79	1.76	1.74	1.73	1.72	16
17	3.03	2.64	2.44	2.31	2.22	2.15	2.10	2.06	2.03	2.00	1.91	1.86	1.81	1.76	1.73	1.71	1.69	1.69	17
18	3.01	2.62	2.42	2.29	2.20	2.13	2.08	2.04	2.00	1.98	1.89	1.84	1.78	1.74	1.70	1.68	1.67	1.66	18
19	2.99	2.61	2.40	2.27	2.18	2.11	2.06	2.02	1.98	1.96	1.86	1.81	1.76	1.71	1.67	1.65	1.64	1.63	19
20	2.97	2.59	2.38	2.25	2.16	2.09	2.04	2.00	1.96	1.94	1.84	1.79	1.74	1.69	1.65	1.63	1.62	1.61	20
22	2.95	2.56	2.35	2.22	2.13	2.06	2.01	1.97	1.93	1.90	1.81	1.76	1.70	1.65	1.61	1.59	1.58	1.57	22
24	2.93	2.54	2.33	2.19	2.10	2.04	1.98	1.94	1.91	1.88	1.78	1.73	1.67	1.62	1.58	1.56	1.54	1.53	24
26	2.91	2.52	2.31	2.17	2.08	2.01	1.96	1.92	1.88	1.86	1.76	1.71	1.65	1.59	1.55	1.53	1.51	1.50	26
28	2.89	2.50	2.29	2.16	2.06	2.00	1.94	1.90	1.87	1.84	1.74	1.69	1.63	1.57	1.53	1.50	1.49	1.48	28
30	2.88	2.49	2.28	2.14	2.05	1.98	1.93	1.88	1.85	1.82	1.72	1.67	1.61	1.55	1.51	1.48	1.47	1.46	30
40	2.84	2.44	2.23	2.09	2.00	1.93	1.87	1.83	1.79	1.76	1.66	1.61	1.54	1.48	1.43	1.41	1.39	1.38	40
50	2.81	2.41	2.20	2.06	1.97	1.90	1.84	1.80	1.76	1.73	1.63	1.57	1.50	1.44	1.39	1.36	1.34	1.33	50
60	2.79	2.39	2.18	2.04	1.95	1.87	1.82	1.77	1.74	1.71	1.60	1.54	1.48	1.41	1.36	1.33	1.31	1.29	60
80	2.77	2.37	2.15	2.02	1.92	1.85	1.79	1.75	1.71	1.68	1.57	1.51	1.44	1.38	1.32	1.28	1.26	1.24	80
100	2.76	2.36	2.14	2.00	1.91	1.83	1.78	1.73	1.70	1.66	1.56	1.49	1.42	1.35	1.29	1.26	1.23	1.21	100
200	2.73	2.33	2.11	1.97	1.88	1.80	1.75	1.70	1.66	1.63	1.52	1.46	1.38	1.31	1.24	1.20	1.17	1.14	200
500	2.72	2.31	2.10	1.96	1.86	1.79	1.73	1.68	1.64	1.61	1.50	1.44	1.36	1.28	1.21	1.16	1.12	1.09	500
∞	2.71	2.30	2.08	1.94	1.85	1.77	1.72	1.67	1.63	1.60	1.49	1.42	1.34	1.26	1.18	1.13	1.08	1.00	∞

(3)$\alpha = 0.05$

附表4(续2)

n_2 \ n_1	1	2	3	4	5	6	7	8	9	10	12	14	16	18	20	n_1 / n_2
1	161	200	216	225	230	234	237	239	241	242	244	245	246	247	248	1
2	18.5	19.0	19.2	19.2	19.3	19.3	19.4	19.4	19.4	19.4	19.4	19.4	19.4	19.4	19.4	2
3	10.1	9.55	9.28	9.12	9.01	8.94	8.89	8.85	8.81	8.79	8.74	8.71	8.69	8.67	8.66	3
4	7.71	6.94	6.59	6.39	6.26	6.16	6.09	6.04	6.00	5.96	5.91	5.87	5.84	5.82	5.80	4
5	6.61	5.79	5.41	5.19	5.05	4.95	4.88	4.82	4.77	4.74	4.68	4.64	4.60	4.58	4.56	5
6	5.99	5.14	4.76	4.53	4.39	4.28	4.21	4.15	4.10	4.06	4.00	3.96	3.92	3.90	3.87	6
7	5.59	4.74	4.35	4.12	3.97	3.87	3.79	3.73	3.68	3.64	3.57	3.53	3.49	3.47	3.44	7
8	5.32	4.46	4.07	3.84	3.69	3.58	3.50	3.44	3.39	3.35	3.28	3.24	3.20	3.17	3.15	8
9	5.12	4.26	3.86	3.63	3.48	3.37	3.23	3.23	3.18	3.14	3.07	3.03	2.99	2.96	2.94	9
10	4.96	4.10	3.71	3.48	3.33	3.22	3.14	3.07	3.02	2.98	2.91	2.86	2.83	2.80	2.77	10
11	4.84	3.98	3.59	3.36	3.20	3.09	3.01	2.95	2.90	2.85	2.79	2.74	2.70	2.67	2.65	11
12	4.75	3.89	3.49	3.26	3.11	3.00	2.91	2.85	2.80	2.75	2.69	2.64	2.60	2.57	2.54	12
13	4.67	3.81	3.41	3.18	3.03	2.92	2.83	2.77	2.71	2.67	2.60	2.55	2.51	2.48	2.46	13
14	4.60	3.74	3.34	3.11	2.96	2.85	2.76	2.70	2.65	2.60	2.53	2.48	2.44	2.41	2.39	14
15	4.54	3.68	3.29	3.06	2.90	2.79	2.71	2.64	2.59	2.54	2.48	2.42	2.38	2.35	2.33	15
16	4.49	3.63	3.24	3.01	2.85	2.74	2.66	2.59	2.54	2.49	2.42	2.37	2.33	2.30	2.28	16
17	4.45	3.59	3.20	2.96	2.81	2.70	2.61	2.55	2.49	2.45	2.38	2.33	2.29	2.26	2.23	17
18	4.41	3.55	3.16	2.93	2.77	2.66	2.58	2.51	2.46	2.41	2.34	2.29	2.25	2.22	2.19	18
19	4.38	3.52	3.13	2.90	2.74	2.63	2.54	2.48	2.42	2.38	2.31	2.26	2.21	2.18	2.16	19
20	4.35	3.49	3.10	2.87	2.71	2.60	2.51	2.45	2.39	2.35	2.28	2.22	2.18	2.15	2.12	20
21	4.32	3.47	3.07	2.84	2.68	2.57	2.49	2.42	2.37	2.32	2.25	2.20	2.16	2.12	2.10	21
22	4.30	3.44	3.05	2.82	2.66	2.55	2.46	2.40	2.34	2.30	2.23	2.17	2.13	2.10	2.07	22
23	4.28	3.42	3.03	2.80	2.64	2.53	2.44	2.37	2.32	2.27	2.20	2.15	2.11	2.07	2.05	23
24	4.26	3.40	3.01	2.78	2.62	2.51	2.42	2.36	2.30	2.25	2.18	2.13	2.09	2.05	2.03	24
25	4.24	3.39	2.99	2.76	2.60	2.49	2.40	2.34	2.28	2.24	2.16	2.11	2.07	2.04	2.01	25
26	4.23	3.37	2.98	2.74	2.59	2.47	2.39	2.32	2.27	2.22	2.15	2.09	2.05	2.02	1.99	26
27	4.21	3.35	2.96	2.73	2.57	2.46	2.37	2.31	2.25	2.20	2.13	2.08	2.04	2.00	1.97	27
28	4.20	3.34	2.95	2.71	2.56	2.45	2.36	2.29	2.24	2.19	2.12	2.06	2.02	1.99	1.96	28
29	4.18	3.33	2.93	2.70	2.55	2.43	2.35	2.28	2.22	2.18	2.10	2.05	2.01	1.97	1.94	29
30	4.17	3.32	2.92	2.69	2.53	2.42	2.33	2.27	2.21	2.16	2.09	2.04	1.99	1.96	1.93	30
32	4.15	3.29	2.90	2.67	2.51	2.40	2.31	2.24	2.19	2.14	2.07	2.01	1.97	1.94	1.91	32
34	4.13	3.28	2.88	2.65	2.49	2.38	2.29	2.23	2.17	2.12	2.05	1.99	1.95	1.92	1.89	34
36	4.11	3.26	2.87	2.63	2.48	2.36	2.28	2.21	2.15	2.11	2.03	1.98	1.93	1.90	1.87	36
38	4.10	3.24	2.85	2.62	2.46	2.35	2.26	2.19	2.14	2.09	2.02	1.96	1.92	1.88	1.85	38
40	4.08	3.23	2.84	2.61	2.45	2.34	2.25	2.18	2.12	2.08	2.00	1.95	1.90	1.87	1.84	40
42	4.07	3.22	2.83	2.59	2.44	2.32	2.24	2.17	2.11	2.06	1.99	1.93	1.89	1.86	1.83	42
44	4.06	3.21	2.82	2.58	2.43	2.31	2.23	2.16	2.10	2.05	1.98	1.92	1.88	1.84	1.81	44
46	4.05	3.20	2.81	2.57	2.42	2.30	2.22	2.15	2.09	2.04	1.97	1.91	1.87	1.83	1.80	46
48	4.04	3.19	2.80	2.57	2.41	2.29	2.21	2.14	2.08	2.03	1.96	1.90	1.86	1.82	1.79	48
50	4.03	3.18	2.79	2.56	2.40	2.29	2.20	2.13	2.07	2.03	1.95	1.89	1.85	1.81	1.78	50
60	4.00	3.15	2.76	2.53	2.37	2.25	2.17	2.10	2.04	1.99	1.92	1.86	1.82	1.78	1.75	60
80	3.96	3.11	2.72	2.49	2.33	2.21	2.13	2.06	2.00	1.95	1.88	1.82	1.77	1.73	1.70	80
100	3.94	3.09	2.70	2.46	2.31	2.19	2.10	2.03	1.97	1.93	1.85	1.79	1.75	1.71	1.68	100
125	3.92	3.07	2.68	2.44	2.29	2.17	2.08	2.01	1.96	1.91	1.83	1.77	1.72	1.69	1.65	125
150	3.90	3.06	2.66	2.43	2.27	2.16	2.07	2.00	1.94	1.89	1.82	1.76	1.71	1.67	1.64	150
200	3.89	3.04	2.65	2.42	2.26	2.14	2.06	1.98	1.93	1.88	1.80	1.74	1.69	1.66	1.62	200
300	3.87	3.03	2.63	2.40	2.24	2.13	2.04	1.97	1.91	1.86	1.78	1.72	1.68	1.64	1.61	300
500	3.86	3.01	2.62	2.39	2.23	2.12	2.03	1.96	1.90	1.85	1.77	1.71	1.66	1.62	1.59	500
1 000	3.85	3.00	2.61	2.38	2.22	2.11	2.02	1.95	1.89	1.84	1.76	1.70	1.65	1.61	1.58	1 000
∞	3.84	3.00	2.60	2.37	2.21	2.10	2.01	1.94	1.88	1.83	1.75	1.69	1.64	1.60	1.57	∞

$\alpha = 0.05$　　　　附表 4(续 3)

n_2 \ n_1	22	24	26	28	30	35	40	45	50	60	80	100	200	500	∞	n_1 / n_2
1	249	249	249	250	250	251	251	251	252	252	252	253	254	254	254	1
2	19.5	19.5	19.5	19.5	19.5	19.5	19.5	19.5	19.5	19.5	19.5	19.5	19.5	19.5	19.5	2
3	8.65	8.64	8.63	8.62	8.62	8.60	8.59	8.59	8.58	8.57	8.56	8.55	8.54	8.53	8.53	3
4	5.79	5.77	5.76	5.75	5.75	5.73	5.72	5.71	5.70	5.69	5.67	5.66	5.65	5.64	5.63	4
5	4.54	4.53	4.52	4.50	4.50	4.48	4.46	4.45	4.44	4.43	4.41	4.41	4.39	4.37	4.37	5
6	3.86	3.84	3.83	3.82	3.81	3.79	3.77	3.76	3.75	3.74	3.72	3.71	3.69	3.68	3.67	6
7	3.43	3.41	3.40	3.39	2.38	3.36	3.34	3.33	3.32	3.30	3.29	3.27	3.25	3.24	3.23	7
8	3.13	3.12	3.10	3.09	3.08	3.06	3.04	3.03	3.02	3.01	2.99	2.97	2.95	2.94	2.93	8
9	2.92	2.90	2.89	2.87	2.86	2.84	2.83	2.81	2.80	2.79	2.77	2.76	2.73	2.72	2.71	9
10	2.75	2.74	2.72	2.71	2.70	2.68	2.66	2.65	2.64	2.62	2.60	2.59	2.56	2.55	2.54	10
11	2.63	2.61	2.59	2.58	2.57	2.55	2.53	2.52	2.51	2.49	2.47	2.46	2.43	2.42	2.40	11
12	2.52	2.51	2.49	2.48	2.47	2.44	2.43	2.41	2.40	2.38	2.36	2.35	2.32	2.31	2.30	12
13	2.44	2.42	2.41	2.39	2.38	2.36	2.34	2.33	2.31	2.30	2.27	2.26	2.23	2.22	2.21	13
14	2.37	2.35	2.33	2.32	2.31	2.28	2.27	2.25	2.24	2.22	2.20	2.19	2.16	2.14	2.13	14
15	2.31	2.29	2.27	2.26	2.25	2.22	2.20	2.19	2.18	2.16	2.14	2.12	2.10	2.08	2.07	15
16	2.25	2.24	2.22	2.21	2.19	2.17	2.15	2.14	2.12	2.11	2.08	2.07	2.04	2.02	2.01	16
17	2.21	2.19	2.17	2.16	2.15	2.12	2.10	2.09	2.08	2.06	2.03	2.02	1.99	1.97	1.96	17
18	2.17	2.15	2.13	2.12	2.11	2.08	2.06	2.05	2.04	2.02	1.99	1.98	1.95	1.93	1.92	18
19	2.13	2.11	2.10	2.08	2.07	2.05	2.03	2.01	2.00	1.98	1.96	1.94	1.91	1.89	1.88	19
20	2.10	2.08	2.07	2.05	2.04	2.01	1.99	1.98	1.97	1.95	1.92	1.91	1.88	1.86	1.84	20
21	2.07	2.05	2.04	2.02	2.01	1.98	1.96	1.95	1.94	1.92	1.89	1.88	1.84	1.82	1.81	21
22	2.05	2.03	2.01	2.00	1.98	1.96	1.94	1.92	1.91	1.89	1.86	1.85	1.82	1.80	1.78	22
23	2.02	2.00	1.99	1.97	1.96	1.93	1.91	1.90	1.88	1.86	1.84	1.82	1.79	1.77	1.76	23
24	2.00	1.98	1.97	1.95	1.94	1.91	1.89	1.88	1.86	1.84	1.82	1.80	1.77	1.75	1.73	24
25	1.98	1.96	1.95	1.93	1.92	1.89	1.87	1.86	1.84	1.82	1.80	1.78	1.75	1.73	1.71	25
26	1.97	1.95	1.93	1.91	1.90	1.87	1.85	1.84	1.82	1.80	1.78	1.76	1.73	1.71	1.69	26
27	1.95	1.93	1.91	1.90	1.88	1.86	1.84	1.82	1.81	1.79	1.76	1.74	1.71	1.69	1.67	27
28	1.93	1.91	1.90	1.88	1.87	1.84	1.82	1.80	1.79	1.77	1.74	1.73	1.69	1.67	1.65	28
29	1.92	1.90	1.88	1.87	1.85	1.83	1.81	1.79	1.77	1.75	1.73	1.71	1.67	1.65	1.64	29
30	1.91	1.89	1.87	1.85	1.84	1.81	1.79	1.77	1.76	1.74	1.71	1.70	1.66	1.64	1.62	30
32	1.88	1.86	1.85	1.83	1.82	1.79	1.77	1.75	1.74	1.71	1.69	1.67	1.63	1.61	1.59	32
34	1.86	1.84	1.82	1.80	1.80	1.77	1.75	1.73	1.71	1.69	1.66	1.65	1.61	1.59	1.57	34
36	1.85	1.82	1.81	1.79	1.78	1.75	1.73	1.71	1.69	1.67	1.64	1.62	1.59	1.56	1.55	36
38	1.83	1.81	1.79	1.77	1.76	1.73	1.71	1.69	1.68	1.65	1.62	1.61	1.57	1.54	1.53	38
40	1.81	1.79	1.77	1.76	1.74	1.72	1.69	1.67	1.66	1.64	1.61	1.59	1.55	1.53	1.51	40
42	1.80	1.78	1.76	1.74	1.73	1.70	1.68	1.66	1.65	1.62	1.59	1.57	1.53	1.51	1.49	42
44	1.79	1.77	1.75	1.73	1.72	1.69	1.67	1.65	1.63	1.61	1.58	1.56	1.52	1.49	1.48	44
46	1.78	1.76	1.74	1.72	1.71	1.68	1.85	1.64	1.62	1.60	1.57	1.55	1.51	1.48	1.46	46
48	1.77	1.75	1.73	1.71	1.70	1.67	1.64	1.62	1.61	1.59	1.56	1.54	1.49	1.47	1.45	48
50	1.76	1.74	1.72	1.70	1.69	1.66	1.63	1.61	1.60	1.58	1.54	1.52	1.48	1.46	1.44	50
60	1.72	1.70	1.68	1.66	1.65	1.62	1.59	1.57	1.56	1.53	1.50	1.48	1.44	1.41	1.39	60
80	1.68	1.65	1.63	1.62	1.60	1.57	1.54	1.52	1.51	1.48	1.45	1.43	1.38	1.35	1.32	80
100	1.65	1.63	1.61	1.59	1.57	1.54	1.52	1.49	1.48	1.45	1.41	1.39	1.34	1.31	1.28	100
125	1.63	1.60	1.58	1.57	1.55	1.52	1.49	1.47	1.45	1.42	1.39	1.36	1.31	1.27	1.25	125
150	1.61	1.59	1.57	1.55	1.53	1.50	1.48	1.45	1.44	1.41	1.37	1.34	1.29	1.25	1.22	150
200	1.60	1.57	1.55	1.53	1.52	1.48	1.46	1.43	1.41	1.39	1.35	1.32	1.26	1.22	1.19	200
300	1.58	1.55	1.53	1.51	1.50	1.46	1.43	1.41	1.39	1.36	1.32	1.30	1.23	1.19	1.15	300
500	1.56	1.54	1.52	1.50	1.48	1.45	1.42	1.40	1.38	1.34	1.30	1.28	1.21	1.16	1.11	500
1 000	1.55	1.53	1.51	1.49	1.47	1.44	1.41	1.38	1.36	1.33	1.29	1.26	1.19	1.13	1.08	1 000
∞	1.54	1.52	1.50	1.48	1.46	1.42	1.39	1.37	1.35	1.32	1.27	1.24	1.17	1.11	1.00	∞

(4)$\alpha = 0.01$

附表4(续4)

n_2 \ n_1	1	2	3	4	5	6	7	8	9	10	12	14	16	18	20	n_1 / n_2
1	405	500	540	563	576	586	593	598	602	606	611	614	617	619	621	1
2	98.5	99.0	99.2	99.2	99.3	99.3	99.4	99.4	99.4	99.4	99.4	99.4	99.4	99.4	99.4	2
3	34.1	30.8	29.5	28.7	28.2	27.9	27.7	27.5	27.3	27.2	27.1	26.9	26.8	26.8	26.7	3
4	21.2	18.0	16.7	16.0	15.5	15.2	15.0	14.8	14.7	14.5	14.4	14.2	14.2	14.1	14.0	4
5	16.3	13.3	12.1	11.4	11.0	10.7	10.5	10.3	10.2	10.1	9.89	9.77	9.68	9.61	9.55	5
6	13.7	10.9	9.78	9.15	8.75	8.47	8.26	8.10	7.98	7.87	7.72	7.60	7.52	7.45	7.40	6
7	12.2	9.55	8.45	7.85	7.46	7.19	6.99	6.84	6.72	6.62	6.47	6.36	6.27	6.21	6.16	7
8	11.3	8.65	7.59	7.01	6.63	6.37	6.18	6.03	5.91	5.81	5.67	5.56	5.48	5.41	5.36	8
9	10.6	8.02	6.99	6.42	6.06	5.80	5.61	5.47	5.35	5.26	5.11	5.00	4.92	4.86	4.81	9
10	10.0	7.56	6.55	5.99	5.64	5.39	5.20	5.06	4.94	4.85	4.71	4.60	4.52	4.46	4.41	10
11	9.65	7.21	6.22	5.67	5.32	5.07	4.89	4.74	4.63	4.54	4.40	4.29	4.21	4.15	4.10	11
12	9.33	6.93	5.95	5.41	5.06	4.82	4.64	4.50	4.39	4.30	4.16	4.05	3.97	3.91	3.86	12
13	9.07	6.70	5.74	5.21	4.86	4.62	4.44	4.30	4.19	4.10	3.96	3.86	3.78	3.71	3.66	13
14	8.86	6.51	5.56	5.04	4.70	4.46	4.28	4.14	4.03	3.94	3.80	3.70	3.62	3.56	3.51	14
15	8.68	6.36	5.42	4.89	4.56	4.32	4.14	4.00	3.89	3.80	3.67	3.56	3.49	3.42	3.37	15
16	8.53	6.23	5.29	4.77	4.44	4.20	4.03	3.89	3.78	3.69	3.55	3.45	3.37	3.31	3.26	16
17	8.40	6.11	5.18	4.67	4.34	4.11	3.93	3.79	3.68	3.59	3.46	3.35	3.27	3.21	3.16	17
18	8.29	6.01	5.09	4.58	4.25	4.00	3.84	3.71	3.60	3.51	3.37	3.27	3.19	3.13	3.08	18
19	8.18	5.93	5.01	4.50	4.17	3.94	3.77	3.63	3.52	3.43	3.30	3.19	3.12	3.05	3.00	19
20	8.10	5.85	4.94	4.43	4.10	3.87	3.70	3.56	3.46	3.37	3.23	3.13	3.05	2.99	2.94	20
21	8.02	5.78	4.87	4.37	4.04	3.81	3.64	3.51	3.40	3.31	3.17	3.07	2.99	2.93	2.88	21
22	7.95	5.72	4.82	4.31	3.99	3.76	3.59	3.45	3.35	3.26	3.12	3.02	2.94	2.88	2.83	22
23	7.88	5.66	4.76	4.26	3.94	3.71	3.54	3.41	3.30	3.21	3.07	2.97	2.89	2.83	2.78	23
24	7.82	5.61	4.72	4.22	3.90	3.67	3.50	3.36	3.26	3.17	3.03	2.93	2.85	2.79	2.74	24
25	7.77	5.57	4.68	4.18	3.86	3.63	3.46	3.32	3.22	3.13	2.99	2.89	2.81	2.75	2.79	25
26	7.72	5.53	4.64	4.14	3.82	3.59	3.42	3.29	3.18	3.09	2.96	2.86	2.78	2.72	2.66	26
27	7.68	5.49	4.60	4.11	3.78	3.56	3.39	3.26	3.15	3.06	2.93	2.82	2.75	2.68	2.63	27
28	7.64	5.45	4.57	4.07	3.75	3.53	3.36	3.23	3.12	3.03	2.90	2.79	2.72	2.65	2.60	28
29	7.60	5.42	4.54	4.04	3.73	3.50	3.33	3.20	3.09	3.00	2.87	2.77	2.69	2.62	2.57	29
30	7.56	5.39	4.51	4.02	3.70	3.47	3.30	3.17	3.07	2.98	2.84	2.74	2.66	2.60	2.55	30
32	7.50	5.34	4.46	3.97	3.65	3.43	3.26	3.13	3.02	2.93	2.80	2.70	2.62	2.55	2.50	32
34	7.44	5.29	4.42	3.93	3.61	3.39	3.22	3.09	2.98	2.89	2.76	2.66	2.58	2.51	2.46	34
36	7.40	5.25	4.38	3.89	3.57	3.35	3.18	3.05	2.95	2.86	2.72	2.62	2.54	2.48	2.43	36
38	7.35	5.21	4.34	3.86	3.54	3.32	3.15	3.02	2.92	2.83	2.69	2.59	2.51	2.45	2.40	38
40	7.31	5.18	4.31	3.83	3.51	3.29	3.12	2.99	2.89	2.80	2.66	2.56	2.48	2.42	2.37	40
42	7.28	5.15	4.29	3.80	3.49	3.27	3.10	2.97	2.86	2.78	2.64	2.54	2.46	2.40	2.34	42
44	7.25	5.12	4.26	3.78	3.47	3.24	3.08	2.95	2.84	2.75	2.62	2.52	2.44	2.37	2.32	44
46	7.22	5.10	4.24	3.76	3.44	3.22	3.06	2.93	2.82	2.73	2.60	2.50	2.42	2.35	2.30	46
48	7.20	5.08	4.22	3.74	3.43	3.20	3.04	2.91	2.80	2.72	2.58	2.48	2.40	2.33	2.28	48
50	7.17	5.06	4.20	3.72	3.41	3.19	3.02	2.89	2.79	2.70	2.56	2.46	2.38	2.32	2.27	50
60	7.08	4.98	4.13	3.65	3.34	3.12	2.95	2.82	2.72	2.63	2.50	2.39	2.31	2.25	2.20	60
80	6.96	4.88	4.04	3.56	3.26	3.04	2.87	2.74	2.64	2.55	2.42	2.31	2.23	2.17	2.12	80
100	6.90	4.82	3.98	3.51	3.21	2.99	2.82	2.69	2.59	2.50	2.37	2.26	2.19	2.12	2.07	100
125	6.84	4.78	3.94	3.47	3.17	2.95	2.79	2.66	2.55	2.47	2.33	2.23	2.15	2.08	2.03	125
150	6.81	4.75	3.92	3.45	3.14	2.92	2.76	2.63	2.53	2.44	2.31	2.20	2.12	2.06	2.00	150
200	6.76	4.71	3.88	3.41	3.11	2.89	2.73	2.60	2.50	2.41	2.27	2.17	2.09	2.02	1.97	200
300	6.72	4.68	3.85	3.38	3.08	2.86	2.70	2.57	2.47	2.38	2.24	2.14	2.06	1.99	1.94	300
500	6.69	4.65	3.82	3.36	3.05	2.84	2.68	2.55	2.44	2.36	2.22	2.12	2.04	1.97	1.92	500
1 000	6.66	4.63	3.80	3.34	3.04	2.82	2.66	2.53	2.43	2.34	2.20	2.10	2.02	1.95	1.90	1 000
∞	6.63	4.61	3.78	3.32	3.02	2.80	2.64	2.51	2.41	2.32	2.18	2.08	2.00	1.93	1.88	∞

$\alpha = 0.01$ 附表4(续5)

n_2 \ n_1	22	24	26	28	30	35	40	45	50	60	80	100	200	500	∞	n_1 / n_2
1	622	623	624	625	626	628	629	630	630	631	633	633	635	636	637	1
2	99.5	99.5	99.5	99.5	99.5	99.5	99.5	99.5	99.5	99.5	99.5	99.5	99.5	99.5	99.5	2
3	26.6	26.6	26.6	26.5	26.5	26.5	26.4	26.4	26.4	26.3	26.3	26.2	26.2	26.1	26.1	3
4	14.0	13.9	13.9	13.9	13.8	13.8	13.7	13.7	13.7	13.7	13.6	13.6	13.5	13.5	13.5	4
5	9.51	9.47	9.43	9.40	9.38	9.33	9.29	9.26	9.24	9.20	9.16	9.13	9.08	9.04	9.02	5
6	7.35	7.31	7.28	7.25	7.23	7.18	7.14	7.11	7.09	7.06	7.01	6.99	6.93	6.90	6.88	6
7	6.11	6.07	6.04	6.02	5.99	5.94	5.91	5.88	5.86	5.82	5.78	5.75	5.70	5.67	5.65	7
8	5.32	5.28	5.25	5.22	5.20	5.15	5.12	5.00	5.07	5.03	4.99	4.96	4.91	4.88	4.86	8
9	4.77	4.73	4.70	4.67	4.65	4.60	4.57	4.54	4.52	4.48	4.44	4.42	4.36	4.33	4.31	9
10	4.36	4.33	4.30	4.27	4.25	4.20	4.17	4.14	4.12	4.08	4.04	4.01	3.96	3.93	3.91	10
11	4.06	4.02	3.99	3.96	3.94	3.89	3.86	3.83	3.81	3.78	3.73	3.71	3.66	3.62	3.60	11
12	3.82	3.78	3.75	3.72	3.70	3.65	3.62	3.59	3.57	3.54	3.49	3.47	3.41	3.38	3.36	12
13	3.62	3.59	3.56	3.53	3.51	3.46	3.43	3.40	3.38	3.34	3.30	3.27	3.22	3.19	3.17	13
14	3.46	3.43	3.40	3.37	3.35	3.30	3.27	3.24	3.22	3.18	3.14	3.11	3.06	3.03	3.00	14
15	3.33	3.29	3.26	3.24	3.21	3.17	3.13	3.10	3.08	3.05	3.00	2.98	2.92	2.89	2.87	15
16	3.22	3.18	3.15	3.12	3.10	3.05	3.02	2.99	2.97	2.93	2.89	2.86	2.81	2.78	2.75	16
17	3.12	3.08	3.05	3.03	3.00	2.96	2.92	2.89	2.87	2.83	2.79	2.76	2.71	2.68	2.65	17
18	3.03	3.00	2.97	2.94	2.92	2.87	2.84	2.81	2.78	2.75	2.70	2.68	2.62	2.59	2.57	18
19	2.96	2.92	2.89	2.87	2.84	2.80	2.76	2.73	2.71	2.67	2.63	2.60	2.55	2.51	2.49	19
20	2.90	2.86	2.83	2.80	2.78	2.73	2.69	2.67	2.64	2.61	2.56	2.54	2.48	2.44	2.42	20
21	2.84	2.80	2.77	2.74	2.72	2.67	2.64	2.61	2.58	2.55	2.50	2.48	2.42	2.38	2.36	21
22	2.78	2.75	2.72	2.69	2.67	2.62	2.58	2.55	2.53	2.50	2.45	2.42	2.36	2.33	2.31	22
23	2.74	2.70	2.67	2.64	2.62	2.57	2.54	2.51	2.48	2.45	2.40	2.37	2.32	2.28	2.26	23
24	2.70	2.66	2.63	2.60	2.58	2.53	2.49	2.46	2.44	2.40	2.36	2.33	2.27	2.24	2.21	24
25	2.68	2.62	2.59	2.56	2.54	2.49	2.45	2.42	2.40	2.36	2.32	2.29	2.23	2.19	2.17	25
26	2.62	2.58	2.55	2.53	2.50	2.45	2.42	2.39	2.36	2.33	2.28	2.25	2.19	2.16	2.13	26
27	2.59	2.55	2.52	2.49	2.47	2.42	2.38	2.35	2.33	2.29	2.25	2.22	2.16	2.12	2.10	27
28	2.56	2.52	2.49	2.46	2.44	2.39	2.35	2.32	2.30	2.26	2.22	2.19	2.13	2.09	2.06	28
29	2.53	2.46	2.46	2.44	2.41	2.36	2.33	2.30	2.27	2.23	2.19	2.16	2.10	2.06	2.03	29
30	2.51	2.47	2.44	2.41	2.39	2.34	2.30	2.27	2.25	2.21	2.16	2.13	2.07	2.03	2.01	30
32	2.46	2.42	2.39	2.36	2.34	2.29	2.25	2.22	2.20	2.16	2.11	2.08	2.02	1.98	1.96	32
34	2.42	2.38	2.35	2.32	2.30	2.25	2.21	2.18	2.16	2.12	2.07	2.04	1.98	1.94	1.91	34
36	2.38	2.35	2.32	2.29	2.26	2.21	2.17	2.14	2.12	2.08	2.03	2.00	1.94	1.90	1.87	36
38	2.35	2.32	2.28	2.26	2.23	2.18	2.14	2.11	2.09	2.05	2.00	1.97	1.90	1.86	1.84	38
40	2.33	2.29	2.26	2.23	2.20	2.15	2.11	2.08	2.06	2.02	1.97	1.94	1.87	1.83	1.80	40
42	2.30	2.26	2.23	2.20	2.18	2.13	2.09	2.06	2.03	1.99	1.94	1.91	1.85	1.80	1.78	42
44	2.28	2.24	2.21	2.18	2.15	2.10	2.06	2.03	2.01	1.97	1.92	1.89	1.82	1.78	1.75	44
46	2.26	2.22	2.19	2.16	2.13	2.08	2.04	2.01	1.99	1.95	1.90	1.86	1.80	1.75	1.73	46
48	2.24	2.20	2.17	2.14	2.12	2.06	2.02	1.99	1.97	1.93	1.88	1.84	1.78	1.73	1.70	48
50	2.22	2.18	2.15	2.12	2.10	2.05	2.01	1.97	1.95	1.91	1.86	1.82	1.76	1.71	1.68	50
60	2.15	2.12	2.08	2.05	2.03	1.98	1.94	1.90	1.88	1.84	1.78	1.75	1.68	1.63	1.60	60
80	2.07	2.03	2.00	1.97	1.94	1.89	1.85	1.81	1.79	1.75	1.69	1.66	1.58	1.53	1.49	80
100	2.02	1.98	1.94	1.92	1.89	1.84	1.80	1.76	1.73	1.69	1.63	1.60	1.52	1.47	1.43	100
125	1.98	1.94	1.91	1.88	1.85	1.80	1.76	1.72	1.69	1.65	1.59	1.55	1.47	1.41	1.37	125
150	1.96	1.92	1.88	1.85	1.83	1.77	1.73	1.69	1.66	1.62	1.56	1.52	1.43	1.38	1.33	150
200	1.93	1.89	1.85	1.82	1.79	1.74	1.69	1.66	1.63	1.58	1.52	1.48	1.39	1.33	1.23	200
300	1.89	1.85	1.82	1.79	1.76	1.71	1.66	1.62	1.59	1.55	1.48	1.44	1.35	1.28	1.22	300
500	1.87	1.83	1.79	1.76	1.74	1.68	1.63	1.60	1.56	1.52	1.45	1.41	1.31	1.23	1.16	500
1 000	1.85	1.81	1.77	1.74	1.72	1.66	1.61	1.57	1.54	1.50	1.43	1.38	1.28	1.19	1.11	1 000
∞	1.83	1.79	1.76	1.72	1.70	1.64	1.59	1.55	1.52	1.47	1.40	1.36	1.25	1.15	1.00	∞